21 世纪全国高等院校连锁经营类规划教材

连锁企业信息系统管理

陈拥军　主　编

杨　峰　王　玉　副主编

北京大学出版社
PEKING UNIVERSITY PRESS

内 容 简 介

本书在内容结构上，按照连锁企业信息系统管理的专业基础理论、专业应用技术和专业管理知识三部分组织编写，特别介绍了连锁企业电子商务和商务智能应用等现实热点和难点问题。本书多角度系统介绍了连锁企业管理信息系统以及管理信息系统的有关概念、层次、结构、功能等专业基础理论；阐述了连锁企业管理中的物流管理、库存管理和相关技术应用以及决策支持系统、专家系统和商务智能的基本原理；讨论了电子商务理论和连锁企业的应用问题，并结合全程电子商务平台介绍了电子商务的实践；对连锁企业信息系统规划、系统分析与设计的基本方法和工具进行介绍；分析了连锁企业信息技术的组织管理和信息技术投资的评估问题。

本书可作为连锁企业管理及相关专业的本专科生、研究生以及专业培训的教学用书，也可以作为对连锁企业管理感兴趣人士的参考书。

图书在版编目（CIP）数据

连锁企业信息系统管理/陈拥军主编．—北京：北京大学出版社，2009.1
（21世纪全国高等院校连锁经营类规划教材）
ISBN 978-7-301-14606-4

I．连…　II．陈…　III．连锁商店—企业管理—管理信息系统—高等学校—教材
IV．F717.6-39

中国版本图书馆CIP数据核字（2008）第181207号

书　　名：连锁企业信息系统管理
著作责任者：陈拥军　主编
责 任 编 辑：栾　鸥
标 准 书 号：ISBN 978-7-301-14606-4/F・2080
出　版　者：北京大学出版社
地　　　址：北京市海淀区成府路205号　100871
电　　　话：邮购部62752015　发行部62750672　编辑部62756923　出版部62754962
网　　　址：http://www.pup.cn
电 子 信 箱：xxjs@pup.pku.edu.cn
印　刷　者：三河市博文印刷有限公司
发　行　者：北京大学出版社
经　销　者：新华书店
787毫米×980毫米　16开本　14.5印张　284千字
2009年1月第1版　2017年1月第5次印刷
定　　　价：29.00元

前　　言

信息技术和互联网的高速发展是20世纪人类科学技术史上的重大事件。管理信息系统是信息技术与企业管理相结合的产物，自它诞生之日起，就与企业的管理活动和业务管理工作建立了紧密的联系。管理信息系统在给我们的管理工作带来高效率和现代化的同时，也不断提高着我们的管理水平，改变着企业管理的方式和方法。计算机管理在今天的连锁企业经营管理中已经成为一种必需。

在本书的编写过程中，编者力求简明扼要、专通结合。既充分反映管理信息系统及其发展的概貌，又结合连锁经营管理专业的需要；既充分反映管理信息系统的专业知识体系要求，又考虑专业教学工作的层次要求。我们力求使读者通过本书的应用性学习基本掌握管理信息系统的基本理论，了解和认识管理信息系统的基本技术及在连锁经营管理中的应用。

在本书的编写过程中，作者参考、借鉴和融合了国内外学者的科学研究和专业教材成果。本书具有体系基本完整、理论与实践结合、难易把握适中、循序渐进和深入浅出的特点。在内容结构上，按照连锁企业信息系统管理的专业基础理论、专业应用技术和专业管理知识三部分组织编写，体现了专业理论教学和专业技能训练相互配套的、符合专业培养目标的要求。

全书共分10章。第1章到第3章，从专业基础的角度系统介绍了连锁企业管理信息系统以及管理信息系统的有关概念、层次、结构、功能等专业基础理论；第4章和第5章，从专业应用技术的角度阐述了连锁企业管理中的物流管理、库存管理和相关技术应用以及决策支持系统、专家系统和商务智能的基本原理；第6章讨论了电子商务理论和连锁企业的应用问题，并结合全程电子商务平台介绍了电子商务的实践；第7章到第8章，对连锁企业信息系统规划、系统分析与设计的基本方法和工具进行介绍；第9章和第10章，从专业管理的角度分析了连锁企业信息技术的组织管理和信息技术投资的评估问题。

在本书中，各章先列明本章的学习目标，再从案例导读出发，通过知识回顾和专业分析过渡到本章的主要学习内容上，配合名词解释、特别提示、企业案例、延伸阅读、资料备要等形式，强化基础知识的学习和专业能力要求，进行有针对性的小结。力求让读者在学习理论的同时，增强分析和实践能力。《连锁企业信息系统管理》作为连锁经营管理专业丛书的一种，也可以作为各类培训机构的培训教材。

本书由广东商学院陈拥军任主编，杨峰和王玉任副主编。在本书的编写过程中，广东商学院的朱树人教授和刘祖斌博士给予了专业意见和建议，书中还引用了一些机构或个人撰写的资料，均列明出处，在此表示衷心的感谢。

编　者

2008.9.10

目　录

第1章 连锁企业信息系统概述

【学习目标】

1.认识连锁经营与连锁企业

2.了解连锁企业信息化的必然性

3.理解数据、信息与知识的概念

4.理解信息技术和信息系统及其区别

5.认识和理解信息系统的概念

6.了解信息系统的分类

7.掌握信息系统的架构

8.认识信息系统管理对连锁企业的作用

9.了解连锁企业信息化的现状与对策

案 例 导 读

沃尔玛给中国连锁企业信息化的启示

沃尔玛的信息化策略在业内一直受到好评，它是怎样一步一步完善自己的信息系统的呢？现在我们就一起来看一看。

2002—2005年，沃尔玛连续4年蝉联全球财富500强的首位，这与先进信息系统的采用是分不开的。沃尔玛创始人山姆·沃尔顿曾经说过，他主张不惜代价建立先进信息系统的理念其实很简单，“我如果看不到每一件商品进出的财务记录和分析数据，这就不是做零售”。沃尔玛的神话无疑印证了信息化对现代零售企业的重要性。尤其是在信息技术大行其道的环境下，商战企业一旦落后，就会步步出错，直至被淘汰。

1981年，沃尔玛开始试验利用商品条码和电子扫描器实现存货自动控制，走在了其他零售商前面。采用商品条码代替了大量手工劳动，大幅缩短了顾客结账时间，更便于利用计算机跟踪商品从进货到库存、配货、送货、上架和售出的全过程。20世纪80年代，沃尔玛开始利用电子数据交换系统（EDI）与供应商建立自动订货系统。到 1990 年，沃尔玛已与它的 5 000 余家供应商中的 1 800 家实现了电子数据交换，成为全美应用 EDI 技术的最大用户。20 世纪 80 年代末，沃尔玛配送中心的运行已完全实现了自动化。每种商品都有条码，由十几公里长的传送带传送商品，用激光扫描器和电脑追踪每件商品的储存位置及运送情况。到 20 世纪 90 年代，在整个公司销售的 8 万种商品中，85%是由这些配送中心供应的。

信息化是沃尔玛迈向成功的重要原因之一。一方面，沃尔玛通过供应链信息化系统实现了全球统一采购及供货商自己管理上架商品，使得产品进价比竞争对手降低 10%；另一方面，沃尔玛还通过卫星监控各地的销售网络，对商品进行及时的进货管理和库存分配。

中国连锁企业的竞争也空前激烈。要想在激烈的竞争中胜出就必须建立更加完备的信息系统，通过信息系统的建立来强化规模经济的优势。

资料来源：http://www.cnbm.net.cn/article/cw108778216.html

信息技术的应用已经成为现代企业经营的重要特点。随着市场竞争的加剧，利用信息系统增强企业的综合能力已成为共识，残酷的市场竞争也使信息系统管理成为企业生存、发展的新法则。企业能否通过数字化、信息化提升管理能力和服务水平，不仅关系到当前的客户竞争，更会影响未来持续的发展能力。

那些成功发展和壮大起来的大公司都创造性地利用了现代信息技术，如戴尔（Dell）的直销模式、亚马孙书店（Amazon.com）的网上销售、联邦快递（UPS）的包裹跟踪系统、沃尔玛的卫星订货系统，已经成为信息技术应用的重要范例。无处不在的信息、无处不在的信息技术，加上环境的变化，都在向我们宣告信息时代的到来。信息时代的到来意味着企业将面临与工业时代完全不一样的经营环境，既有新挑战，也有新机遇。

面对信息化，连锁企业正逐步从劳动密集型向资本、技术密集型发展，营销方式和流通渠道也发生着新的变化。连锁企业要把信息化管理作为未来的发展方向，这样才能应对未来的挑战。

名词解释

连锁经营

连锁经营是指在核心企业的领导下，由分散的、经营同类商品和服务的若干企业，通过规范化经营实现规模效益的企业联合体组织形式。

1.1 信息时代连锁企业面临的挑战

▶ 1.1.1 连锁经营与连锁企业

连锁经营可分为三种主要类型。

（1）直营连锁（Direct Chain），也称正规连锁。连锁的各门店由连锁经营公司全资或控股开设，在总部的直接控制下，开展统一经营。以同一资本直接采取连锁经营的门店称为直营店，也称连锁店。1859 年，美国大西洋和太平洋茶叶公司（简称 A&P）建立的第一家连锁门店被称为世界上最早的直营连锁组织。

（2）自由连锁（Voluntary & Free Chain）。自由连锁也称自愿连锁，它由若干个门店或企业自愿组合起来，在不改变各自资产所有权关系的情况下，以共同进货为纽带开展经营。1887 年，美国一百三十多家食品零售商联合起来，共同投资成立了一家联合批发企业，以对抗大型连锁企业的垄断。这就是世界上第一家“自由连锁”的商业组织。

（3）特许连锁（Franchise & Licensed Chain）。特许连锁也称合同连锁、加盟连锁。加盟连锁店的门店同总部签订合同，取得使用总部商标、商号、经营技术及销售总部开发商品的特许权，经营权集中在总部。加盟连锁店的门店均为独立法人，以特许连锁方式经营的门店称为加盟店。1865 年，在美国成立的胜家缝纫机公司是世界上第一个特许加盟连锁店。

▶ 1.1.2 连锁企业的特征

（1）标准化。连锁经营的标准化表现在两个方面。一是作业标准化。总部、门店及配送中心对商品的订货、采购、配送、销售等各司其职，并且制定规范化的规章制度，整个程序严格按照总公司所拟订的流程来完成。二是企业整体形象标准化。商店的开发、设计、设备购置、商品陈列、广告设计、技术管理等都集中在总部。由总部提供连锁店选址、开办前的培训、经营过程中的监督指导、交流等服务，从而保证各连锁店整体形象的一致性。

（2）专业化。专业化体现在总部与各成员店及配送中心的专业分工上，也体现在各个环节、岗位、人员的专业分工上。它使得采购、销售、送货、仓储、商品陈列、橱窗装潢、财务、促销、公共关系、经营决策等各个领域都有专人负责。

（3）简单化。简单化要求必须将财务、货源供求、物流、信息管理等各环节简单化，制定简明扼要的操作手册，员工按手册操作，各司其职，各尽其责，去掉不必要的环节和内容，以提高效率。

▶ 1.1.3 连锁经营的发展史及现状

（1）早期成长阶段。19 世纪 60 年代到 20 世纪 50 年代为连锁经营模式的早期成长阶段，称为传统连锁时代。表现为正规连锁、自由连锁和特许连锁的出现及初步成型。连锁经营在西方各国得到尝试，但由于技术问题的限制，连锁经营规模化、标准化、简单化的竞争优势并未充分体现。

（2）高速发展阶段。20 世纪 50 年代到 70 年代，由于交通运输系统的发展及电子技术的广泛应用，连锁商业进入高速发展阶段。先进的电子技术在销售活动和商业管理上的大量运用，为连锁企业大规模布局、实行统一管理提供了条件。各大连锁商店纷纷使用销售点系统（Point of Sale，POS），用以检验商品陈列和价格变动的效果，以及解决诸如货架空间分配等问题，通过商品的高速周转，获得较高赢利。如美国，到 1977 年，90%左右的零售商店在财务核算方面都使用了电子出纳设备。70 年代后期，大型计算机的使用将各门店原本独立的计算机联成网络，实现了统一的信息管理系统。信息管理系统确保了经营管理的高效运作及信息的及时传递，为连锁企业“统一采购、统一经营、统一核算、统一商品价格、统一配送”等规模化经营提供了技术保障。在这一时期，借助于交通网络和电子信息技术的发展，连锁经营的规模化、标准化、简单化的优势得以充分体现。

（3）现代发展阶段。20 世纪 80 年代起，连锁企业进入“连锁经营电子化”阶段。规模化、专业化、标准化、信息化等连锁经营的特点充分展示出来，连锁经营已经向业态多元化及国际化方向发展。连锁经营的迅速发展，主要得益于计算机技术和通信技术的发展，得益于条形码的开发和应用，得益于销售点系统、电子转账作业系统、电子订货系统和物流配送系统的发展。随着信息技术的不断进步，如供应链技术、电子商务技术、商务智能技术等不断渗入连锁企业的经营管理中，连锁经营将更趋现代化和电子化。

特别提示

连锁企业信息化

连锁企业信息化是指连锁经营企业通过对信息技术和信息系统的应用，从经营的组织到管理等各方面进行的战略性改变，是连锁企业应对信息社会发展的一项重要的战略决策。

连锁经营区别于传统商业经营的明显特点就是它是集中与分散的统一。连锁企业虽然是由各分散的连锁门店组成的一个整体，但是必须通过集中管理和规范化运作才能实现资源的最佳配置和优化经营，使连锁企业中的物流、商流、资金流和信息流构成一个庞大的网络体系。只有当信息流在网络中活跃起来并且畅通时，配送中心、各连锁门店以及连锁总店各职能部门的业务活动才能高效地联系起来，发挥整体优势，真正实现连锁经营的规模效益。这就要求连锁企业必须借助于完善的计算机管理信息系统，而不再凭经验或零散的市场信息的传统方式来经营管理。连锁企业规模越大，地域分布越广，信息化管理的迫切性就越大。信息技术的有效运用可以有力支持企业的竞争战略，获得竞争优势，这一点已经被越来越多的连锁企业所认识。

▶ 1.1.4　连锁企业信息化的必然性

1. 信息化对连锁企业外部环境的影响

信息化对众多行业及企业产生了巨大的影响，连锁企业作为企业的一部分，既受到同一般企业一样的影响，也有其特性。

（1）网络大环境的形成。从外部环境来看，信息技术的发展使得整个世界越来越小，形成了通常所说的“地球村”，连锁企业的竞争环境将由区域化向全球化发展。连锁企业将在技术环境与经济环境结合在一起的大环境下，考虑连锁企业的经营战略和企业管理模式等问题。

（2）行业竞争结构的改变。一个行业的竞争状况是由五种作用力决定的，这五种作用力是：现有竞争者的竞争、潜在进入者的威胁、替代品的威胁、买方讨价还价能力、卖方讨价还价能力。这五种作用力越强，行业的竞争就越激烈。随着信息技术逐渐渗透到企业价值链的各个环节，连锁企业内部价值链扩展到连锁企业的供应商和客户网络，这就从多个方面改变了连锁行业的五种作用力，改变了行业的竞争机制。

（3）顾客需求行为的变化。因特网不仅为顾客了解产品提供了极大的方便，也是一个理想的产品销售渠道。电子商务的发展，势必引起顾客消费模式和需求行为的变化，这种变化要求连锁企业引入先进的信息技术如供应链、电子商务等以适应新的市场环境。

2. 信息化促使连锁企业内部管理发生变革

信息技术不仅改变了企业的外部环境，也促使企业内部的管理模式发生重大变革。主要表现在组织结构、营销方式、内部协调、顾客服务等方面。

（1）组织结构的变革。信息技术在连锁企业中的应用使得传统的等级管理向全员参与、模块组织、水平组织等新型组织模式转变，企业内部上下级之间的距离大为缩短，组织结构向扁平化方向发展。

（2）营销方式的扩展。随着因特网成为现代企业重要的营销工具，网络营销和电子商务已经成为连锁企业整体营销战略中的一个有机组成部分。连锁企业以因特网为基本手段营造网上经营环境，不仅通过因特网来销售产品，还通过网络营销实现了提升品牌形象、增进顾客关系、改善顾客服务、网上市场调研等功能。

（3）内部协调方式的变革。协调是管理工作的核心内容，传统的协调以面对面交流为主要手段。企业内部网络和各种新型通信手段改变了这种交流模式，使得连锁企业内部沟通和协调不再受地理位置的限制，这种协调方式更加高效，成本更为低廉，它也为区域性企业向全国甚至全球范围扩张提供了便利条件。

3. 连锁企业业务处理与扩展的需要

（1）连锁企业经营的各种“链”之间的高效无缝连接，必须依靠信息技术。

连锁企业的经营管理“链”包括以下几点：

① 组织链——战略架构、目标体系、组织系统、管理机制、营运标准、监控体系等；

② 商品链——商品定位、供应链关系、采购系统、物流系统、销售系统等；

③ 资金链——资金筹集、投资决策、业务运作费用、商品周转金、供应商货款支付等；

④ 信息链——业务信息、财务信息、营运信息、管理决策信息、决策支持系统等。

（2）众多经营网点的物流配送和商品信息管理离不开信息技术。

连锁企业众多经营网点需要准确及时的物流配送，这种物流配送依赖于地理信息系统、电子地图、全球定位系统等信息管理技术的运用。此外，连锁企业管理人员每天都要接触的系统信息包括：商品库存、商品订货、商品退换货、促销、收银、供应商信息等数百个报表及成千上万条重要信息，所有这些信息的管理工作都依靠信息技术的参与和日常管理。

（3）连锁企业经营业态多样化的发展趋势与信息技术息息相关。近年来，大型连锁企业都在实施业态多样化的发展战略。如上海的联华、北京的物美都从单一的超市业态发展成为包括大卖场、标准超市、生鲜超市、折扣店等多种业态的大型连锁企业。多业态经营的成功更需要现代信息技术的支持。

1.2 信息与信息系统

▶1.2.1 信息与信息系统

1. 数据

数据是人们用来反映客观世界而记录下来的可以鉴别的符号。数据是客观实体的属性值，是那些未经加工的事实或是对一种特定现象的描述。例如，当前的温度、一个零件的成本或一个人的年龄，这些都是数据。

2. 信息

按照狭义的理解，信息可以用来消除不确定性。按照广义的理解，有两种认识：从本体意义上说，信息泛指一切事物运动的状态和运动的方式；从认识论的意义上说，信息是关于事物运动状态和运动方式的反映。信息和数据是相对来说的，信息也可以是那些经过某种方式加工或以更具意义的形式提供的数据。例如，今日温度与去年今日的温度的对比情况，或者成本的同期下降百分比等都属于信息。信息具有事实性、时效性、价值性、等级性等特点。

3. 知识

知识是在信息基础上的又一次升华。知识的创造是在人与人之间进行的信息累积，所提供的是具有一定价值的，而且是值得信赖的信息，是一种可以直接解决问题的信息。知识相对于数据与信息来说，比较难以结构化，而且很难用设备直接获取，其转移的过程更多地是通过学习、培训等进行的。

4. 信息技术与信息系统

特别提示

信息技术（Information Technology）

信息技术包括计算机、软件、网络、工作站、服务器以及智能处理等技术。

信息系统（Information System）

信息系统，被定义为组织在面对挑战时，一种基于信息技术的组织和管理上的解决方案。通常负责收集、查询、处理、存储和传递信息，以支持组织的决策和控制。信息系统不只是信息技术，它是指利用各种技术，收集、处理、存储、使用和传播信息的方法，强调的是一套方法、手段，而不仅仅是技术本身。它基于技术却又超越了单纯的技术概念。

（1）信息技术。大多数时候，我们并不严格区分信息系统（Information System，IS）和信息技术（Information Technology，IT）这两个概念，它们都代表了一种以处理信息为主的新技术。不过相对来说信息技术强调的是技术，主要指硬件、软件和通信网络，人们可以利用信息技术非常方便地获取、处理、存储、发送和共享信息和其他数字内容。现代信息技术不同于以往改变时代的技术如电力等，信息技术是一种人机交互的结果，它不是纯粹的自动化或电子化，而是涉及企业内部以及企业与合作伙伴之间流程的重组。因此信息技术应用效果的发挥在很大程度上依赖于人们如何利用它。

（2）信息系统的概念。对于信息系统的概念，国内外学者从不同角度给出了不同的看法。

从技术角度看，信息系统可以定义为一组相互关联的能够通过收集、处理、存储和传播信息来支持组织内部决策和控制的部件的集合。

从经营角度看，信息系统是一个基于信息技术的，为了应对环境造成的挑战而生成的组织和管理的解决方案。

从企业的观点来看，企业并不是为了处理本身的信息而存在的，企业处理信息是用来改善组织的绩效并创造利润的，信息系统是替组织创造价值的重要工具。信息系统的意义不在于强调信息技术，而在于强调是否对环境的挑战提出一个好的解决方案。

从信息系统的设计上看，信息系统不是技术导向的，而是价值导向的。在分析企业所面临的挑战与问题后，全面地考虑在技术、组织与管理三个方面的解决方案，才能形成一个真正的信息系统。

从社会-技术系统的观点看，信息系统是一个以人为主导，利用计算机硬件、软件、网络通信设备以及其他办公设备，进行信息的收集、传输、加工、储存、更新和维护，以企业战略竞优、提高效益和效率为目的，支持企业高层决策、中层控制、基层运作的集成化的人机系统。

图 1.1 信息系统的要素

从上面的分析看，信息系统并没有一个固定而统一的定义，尽管在不同的场合、不同的时间以及从不同的角度来看信息系统，可以有不同的解释。但从信息系统的内容看，都包含了管理、信息技术和组织三个方面的要素，如图 1.1 所示。

忽略管理、信息技术和组织任何一个方面都不可能构成一个良好的信息系统。也就是说任何一个信息系统的技术方案都应配合一个适当的组织方案。有时为了促成这个配合，也应不惜牺牲一些技术上的效率，而组织本身以及员工也应随着科技的引进，通过培训、学习与规划中的组织变革一起，使系统能够顺利运行。因此，可以把信息系统简单定义为组织在面对挑战时，一种基于信息技术的组织和管理上的解决方案。

（3）信息系统与信息技术的区别。信息系统可以独立于信息技术而存在。事实上信息系统早在信息技术产生之前就已经存在了，例如纸和笔构成的简单信息系统，通过口头进行交流的非正式的信息系统等。信息技术出现以后，信息系统有目的地利用信息技术更好地实现它自己的功能。由于信息技术能更有效地支持信息系统，于是信息系统就成为了由一系列硬件、软件、网络等构成的，以实现信息的收集、处理、存储、传递等的相关组成部分的集合，用以辅助企业的管理和决策。本书中提到的信息系统主要指基于信息技术的信息系统。

5. 管理信息系统与信息系统

国内关于管理信息系统（MIS）概念的理解存在狭义和广义之分。由于 20 世纪六七十年代从国外引进“管理信息系统”这一概念时，组织信息系统的应用于仍处于以提高信息管理水平为主的阶段，人们就把组织信息系统的应用与当时的“管理信息系统”等同起来。一直到现在，无论是企业界还是学术界，仍然采用“管理信息系统”来描述组织所有用于提高组织管理能力和管理水平的系统应用以及相应的分析、设计开发、管理与控制等活动。我们可以把这称为广义的“管理信息系统”。

随着信息系统应用的发展，国际上更多地是把“管理信息系统”作为组织信息化应用的一个组成部分或一个发展阶段，而不是覆盖组织整体信息技术应用的概念，这就是狭义的“管理信息系统”。实际上，目前国际上更多地是用“信息系统”来描述组织所有用于提高组织管理能力和管理水平的系统应用，所以从这个意义上看，可以把国外关于信息系统的概念研究与国内的管理信息系统等同起来。在本书里，对信息系统与管理信息系统不做严格区分。但在具体阐述过程中，主要将采用“信息系统”一词来取代广义上的“管理信息系统”，而狭义上的仍然使用“管理信息系统”一词，以免读者混淆。

▶ 1.2.2　信息系统的分类

1. 从职能的角度划分

信息系统是与企业的职能设置以及组织结构相对应的。一个企业根据分工机制往往会存在财务部门、生产部门、市场部门、人事部门等，信息系统为支持这些职能的运行，也存在着相应的财务信息系统、生产信息系统等。如图 1.2 所示。

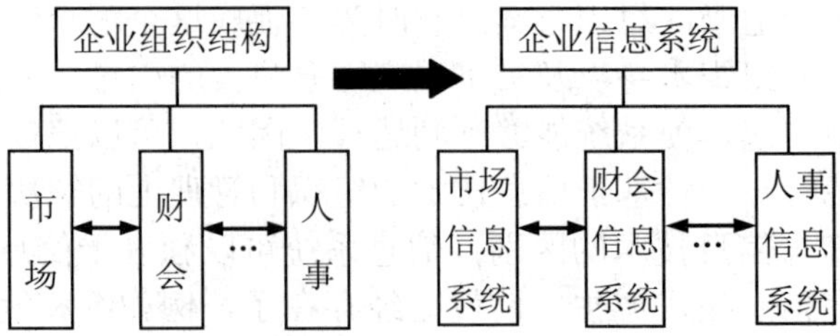

图 1.2 信息系统与组织结构的关系

2. 从管理层次划分

企业的经营管理活动可以分成 4 个层次：战略层、管理控制层、知识层、事务处理层。每个管理层次的信息需求不同。战略层需要全局性的信息，常常要对未来的情况作出估计，需要得到经过科学预测的信息。管理层关注阶段性信息，需要的信息通常比较概括，不需要太详细。知识层由知识工人和数据工人组成，负责帮助组织把知识运用到管理或经营中去。事务处理层所处理的信息是重复性的，信息的内容描述得相当详细，主要是结构化信息。

根据企业管理层次的不同信息需求，其信息系统可分为战略信息系统、管理信息系统、知识管理系统与事务处理系统。

战略信息系统包括销售预测、运行计划、能力计划、赢利预测、财务模型等在内的战略层活动，主要是为高层主管服务的。

管理信息系统包括销售分析、预算控制、库存管理、市场调研和统计、供应商分析、需求计划等在内的管理层活动，为中层的管理人员和一般管理人员服务。

知识管理系统则主要处理知识的存贮、传递、共享等内容，包括办公自动化、公文流转、文档管理、工作流等知识层活动，主要为知识工作人员提供服务。

事务处理系统包括订单输入和处理、运输及调度、账务处理、存货控制、应收应付、员工记录和工资、成本核算、采购等事务处理层活动，为底层的操作人员服务。

3. 从组织内外划分

可以划分为组织内信息系统与组织间信息系统。组织内信息系统主要是面对组织内部的各种事务，用计算机进行管理的信息系统。组织内信息系统主要服务于企业管理的各层次系统，包括：

（1）事务处理系统（Transaction Processing System，TPS）；

（2）知识工作系统（Knowledge Work System，KWS）；

（3）办公自动化系统（Office Automation System，OAS）；

（4）管理信息系统（Management Information System，MIS）；

（5）决策支持系统（Decision Support System，DSS）；

（6）经理支持系统（Executive Support System，ESS ）。

经理支持系统（ESS）支持组织的战略层，帮助高层管理者分析和处理企业内部和外部环境中的一些战略性的问题及长期发展趋势。

管理信息系统（狭义 MIS）和决策支持系统（DSS）支持管理层，为组织中层管理者的监控、管理和决策提供支持。

知识工作系统（KWS）和办公自动化系统（OAS）支持知识层，帮助企业的数据工作者和知识工作者管理数据和发现、创造新的知识和信息，并将其运用到经营活动中。

事务处理系统（TPS）支持作业层管理人员跟踪组织的基本活动和事务处理情况。

组织间信息系统是以计算机和通信技术为基础，利用计算机、网络通信设施以及其他办公设备进行信息的创建、储存、传输、交换和处理，使得多个组织的信息和应用能够跨越组织边界，实现共享的一种自动化信息系统。如外部供应链系统、电子商务等。

4. 信息系统分类的交叉

从使用者的角度看，信息系统是由一个具有多种功能的目标，各种功能之间又有种种信息联系构成的一个有机结合的整体。

一般来说，战略层、管理控制层、知识层和事务处理层中下层的系统处理量大，上层的处理量小，与企业的职能系统相结合，就组成了纵横交织的金字塔结构。因此就产生了横向综合、纵向综合以及纵横综合的概念。所谓横向综合是按层划分系统；纵向综合就是按条划分系统；纵横综合则是金字塔中任何一部分均可与任何其他部分组成系统，以达到随意组织、自如使用的目的。下图表现的是信息系统类型与企业经营的关系，如图 1.3 所示。

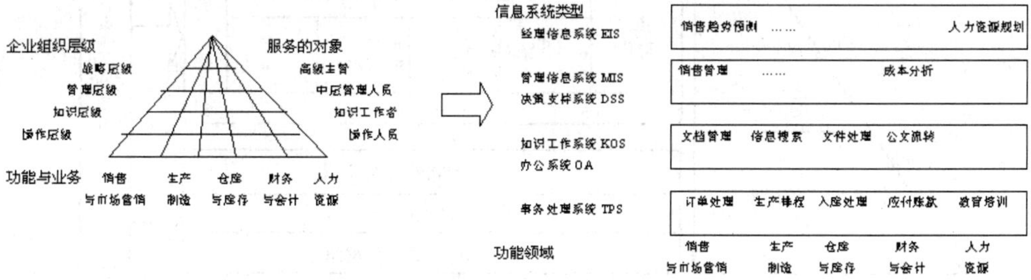

图 1.3　信息系统类型与企业经营

在事务处理系统（TPS），办公自动化系统（OAS），知识工作系统（KWS），决策支持系统（DSS），管理信息系统（MIS）和经理支持系统（ESS）这六类系统中，TPS 通常是其他系统数据的主要来源，而 ESS 则从其他底层的系统接收数据。这些系统彼此之间都有数据的交换，系统内的数据也可以支持不同的功能。例如，在销售系统中输入的一张订单，可以传送数据到制造系统，依订单需求生产或交货，或是传送到 MIS 来产生财务报表。图 1.4 简单地说明了六者之间的关系。

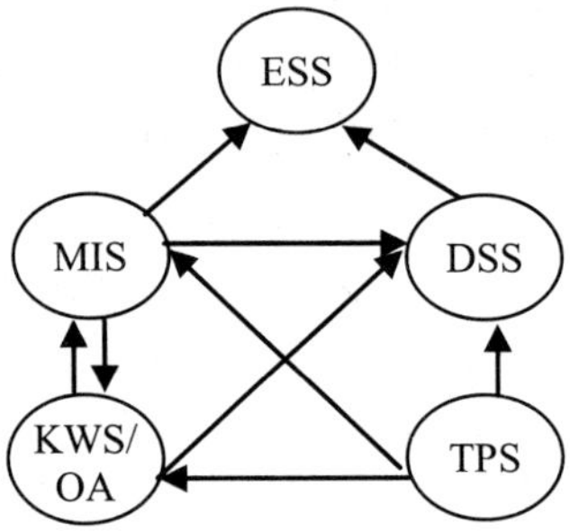

图 1.4　各类信息系统的关系

▶ 1.2.3　信息系统的架构

信息系统的架构（ISA）是指信息系统的组成成分及组成要素之间的关系。对于一个组织而言，它的信息系统建设需要一张蓝图，它描绘了与组织所拥有的信息技术相关的资源以及这些资源之间的关系，这就是企业信息系统的建设架构。企业信息系统建设架构包括信息系统战略、信息系统应用和信息系统基础设施三个部分，再加上配套的管理与服务。典型的信息系统建设架构如图 1.5 所示。

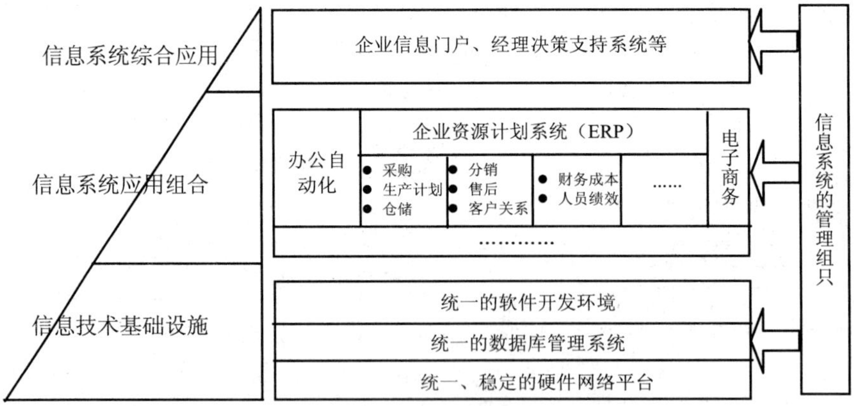

图 1.5　典型的信息系统建设架构图

因此在信息系统建设过程中，企业需要关注和管理的事务会涉及方方面面，包括战略问题、技术问题、应用系统、信息处理以及建设过程涉及的人、财、物等的管理，如图 1.6 所示。

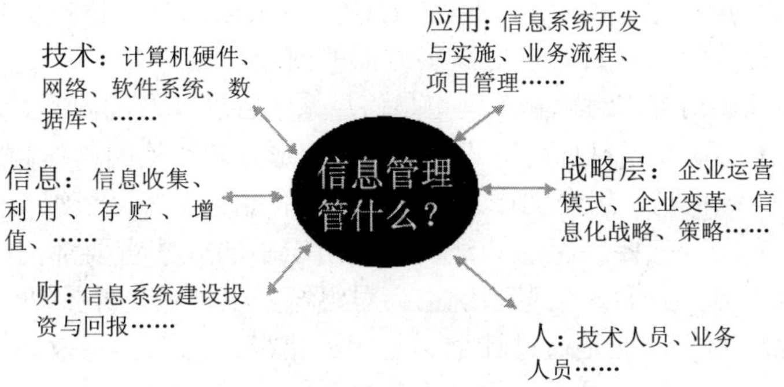

图 1.6　信息系统的信息管理主要内容

（1）战略。战略包括组织的战略和信息系统的战略两个部分。战略是组织为了适应外部环境对目前从事的和将来要从事的活动所进行的重大决策。例如，企业做了什么才会发展，企业做些什么才能获得市场竞争优势。战略包括组织的使命和长期目标，组织的环境约束，当前计划和计划指标的集合。信息系统战略是关于组织信息系统长远发展的目标，为实现组织战略而采取的基于信息技术的战略方案，是组织战略的一个组成部分。

（2）人员。信息系统人员是指信息系统专家和信息系统用户。信息系统专家指参与信息系统开发的各类专业人员，如系统分析员、系统设计员、程序员、信息系统规划和咨询人员；信息系统用户指那些提出需求或使用应用信息系统输出结果的人员，如企业信息主管（CIO）、企业高层经理、业务人员、信息系统管理员。

（3）财务。主要包括信息系统的投资预算、信息系统投资风险、效益评估等内容。

（4）信息。数据和信息是信息系统处理的对象，是组织的重要资源。数据由原始事实组成，信息是按特定方式组织在一起的事实的集合。信息系统把数据加工成信息，信息又成为管理和决策的依据。数据和信息被组织在 IS 的数据库或数据仓库中。

（5）技术。信息系统的基础设施包括支持信息系统运行的软硬件平台。硬件平台包括计算机主机、外存、打印机、服务器、通信电缆、通信设施等物理设备。软件平台包括系统软件、实用软件和应用软件。操作系统、网络操作系统等属于系统软件；各种编程语言、开发工具、群件、浏览器等属于实用软件；而专门用于预测和统计的软件包则属于应用软件，它常常嵌入 MIS 的应用信息系统中。

（6）应用。应用是信息系统管理内容的主要组成部分，包括信息系统开发与实施，业务流程重组、项目管理等众多方面的问题。

除了上面几项内容，组织和管理也是信息系统管理涉及的内容。组织是在社会经济系统中为了实现共同目标而形成的具有一定形式和结构的群体和关系。组织的组成要素有：组织机构、组织文化、规章制度、职能分工等。组织与信息系统是相互影响的。一方面，它要与组织相适应，为组织中的一些重要部门提供信息，辅助管理和决策；另一方面，信息系统也会对组织产生影响，并推动管理变革。

从管理角度看，管理是通过计划、组织、指挥、协调，有效调度各种资源，确保组织达到预期目标的过程。管理由管理过程、管理方法、管理模式等组成，信息系统支持管理和决策活动，信息系统是优化、改变和创新管理过程和管理模式的手段。信息系统对不同的管理层具有不同的支持作用。

1.3 信息系统管理对连锁企业的作用

▶ 1.3.1 连锁企业的信息需求

连锁企业信息需求的内容一般包括三个层次：基本管理信息、决策支持信息和增值服务信息。

1. 基本管理信息

基本管理信息是指使任何一个连锁企业正常运转所必需的基础信息。连锁企业一般由总部、配送中心和门店组成，每个部分承担不同的任务。连锁企业要实现其经营发展目标，有赖于各个部分的业务协调配合，保证全公司系统业务流程的有效顺畅运转，即商流、物流和资金流在各环节的畅通。而这种畅通是以信息流的有效流动为基础的。信息流的内容也就是连锁企业完成正常业务运转的信息需求——基本管理信息的内容。根据总部、配送中心和连锁门店的职能分工，可以概括出连锁企业基本管理信息的结构和内容。

（1）消费者和连锁门店间的信息交换：消费者需求信息，客诉信息，连锁企业经营服务信息等。

（2）连锁门店和连锁企业总部间的信息交换：商品品种信息、调整商品信息、广告促销活动信息、销售计划及考核指标信息、人事等管理制度信息、补充商品信息、门店销售信息、财务信息、消费者需求、客诉综合信息等。

（3）连锁企业总部和配送中心间的信息交换：配送商品指令、接收货物指令、库存信息等。

（4）连锁企业总部和生产厂家间的信息交换：商品供应信息、采购信息等。

2. 决策支持信息

决策支持信息来源于对基本管理信息和外部信息的筛选、整理和分析，是经过加工的二次连锁企业信息。外部信息主要包括宏观环境信息、行业信息、政策等。连锁企业管理者在决策过程中面对的是一个复杂的对象和多变的环境，决策大部分是半结构化或非结构决策，决策信息的数量和质量对辅助管理者进行有效决策有很大影响。

3. 增值服务信息

增值服务信息是指将连锁企业所掌握的制造业、批发业、零售业的相关商业信息加工处理后，能为本企业的战略决策提供信息支持，同时还能够通过计算机服务网络为商业用户提供有偿信息检索、咨询服务的信息。这部分信息是对基本管理信息，决策支持信息的进一步加工，可以拓宽经营服务范围，增加收入，降低成本，是对企业信息资源更充分的开发和利用。

▶ 1.3.2　连锁企业的基本信息流

针对连锁企业的信息需求，有必要引进信息系统，进行信息输入、信息处理、信息输出与传递一系列的过程。

（1）信息输入。门店销售点机（POS）通过自动读取设备，在销售商品时直接读取商品销售信息，实现前台销售业务的自动化，对商品交易进行实时服务和管理，并通过通信网络和计算机系统传送至后台，通过后台管理信息系统（MIS）的计算、分析、汇总等掌握商品销售的各项信息，为企业经营管理者分析经营成果、制定经营方针提供依据，提高系统的经营效率。各个店铺的销售信息都以在线连接方式即时传给总部或物流中心。

（2）信息处理。公司总部的管理系统负责整个企业的进、销、调、存系统的管理以及财务管理、库存管理、考勤管理等。它可以根据商品进货信息对厂商进行管理，也可以根据前台 POS 机提供的销售数据控制进货数量，管理周转资金，还可分析统计各种销售报表，快速准确的计算成本与毛利，也可以对售货员、收款员的业绩进行考核，是员工分配工资、奖金的客观依据。物流中心和店铺利用销售信息来进行库存调整、配送管理、商品订货等作业。通过对销售信息进行加工分析来掌握消费者的购买动向，找出畅销商品和滞销商品，并以此为基础，进行商品品种配置、商品陈列、价格设置等方面的作业。

（3）信息输出与传递。在连锁企业与供应链的上游企业（批发商、生产厂家、物流业者等）结成战略伙伴关系的条件下，连锁企业利用在线连接的方式把销售信息即时传送给上游企业。这样，上游企业可以利用销售现场的最及时准确的销售信息制定经营计划，进行决策。

特别提示

连锁企业信息需求的层次

连锁企业信息需求可以分为三个层次，分别是基本管理信息、决策支持信息和增值服务信息。

▶ 1.3.3 信息系统管理在连锁企业中的作用

1. 提供准确及时的信息，提高管理效率

借助连锁企业信息系统和现代通信网，可以实时采集市场、销售、库存等方面的信息，进行快速处理，及时传递给商品生产者、中介批发商以及商品的消费者。这种物理信息采集处理传输渠道，可以保证提供的信息及时性强、错误少、信息比较详细，使连锁企业按需进货、中间批发商及时调整库存结构、商品生产者按照销售需要组织生产。同时，连锁企业信息系统的建立优化了连锁企业的运作过程，提高了整个管理的效率。如企业通过销售信息系统了解各门店的销售状况，实现配送中心和各门店的信息资源共享，利用及时、准确的信息进行有效的市场营销及配送。企业通过条形码管理系统实现了 POS 机的有效输入，可以实时为销售统计提供准确的数据，同时又节省了人工操作，便于盘点库存，减少误差。

2. 提高计划和决策的可行性

连锁企业信息系统可向经营者提供商品的进、销、存以及整个物流系统的信息，使经营者可以真正做到以销定进，以销定存，最大限度地降低商品的库存量，直至零库存。由于有连锁企业信息系统的帮助，才可能对成千上万种商品进行逐个跟踪管理，使单品管理得以实施，使经营计划和决策的可行性得到很大的提高。

3. 促进经营方式和观念转变

采用信息系统，可以极大地提高信息处理的速度，提高经营管理的效率。连锁企业信息的自动化、网络化改变了信息传递的方式，使信息采集传递更加及时，达到了实时的程度。如今因特网展示的网络广告、网上贸易、网上购物、网络银行和结算，改变了商品流通的方式和经营方式，也使商品经营者的观念发生了变化。

4. 促使连锁企业提高竞争力

信息化管理是连锁企业提升管理水平的必要的技术支持和保证。在一定程度上，企业的信息化水平，代表着企业的核心竞争能力。连锁企业的信息系统管理对其竞争力的影响是非常大的。以国内家电连锁业企业苏宁电器为例，其核心竞争力就来源于多年来不遗余力地推行信息化管理。目前，它已建立一体化的信息系统。包括：

（1）以 ERP 为核心的信息平台；

（2）B2B，B2C 电子商务平台；

（3）视频、OA，多媒体监控组成企业辅助管理系统；

（4）总部—省会级大区—子公司三级架构三网合一的强大网络体系。

信息系统管理实现了苏宁公司跨地区、跨平台的信息管理，统一了库存和客户资料，加上与此相应的物流、售后、客服等信息系统的应用，大大提高了公司的竞争力。

连锁企业的发展壮大不能仅仅依靠以价取胜的策略，更要加强信息系统管理。只有建立一体化的信息系统，加强供应链的协调运作，利用稳定的物流管理网络形成统一的协作平台，不断提高企业的信息化管理水平，才能够真正提高连锁企业的核心竞争力。

1.4 我国连锁企业信息化现状与对策

▶ 1.4.1 我国连锁企业信息化现状

进入 21 世纪，现代通信技术，网络和数据管理技术迅速发展，ERP、商业智能、供应链管理、客户关系管理等不断被连锁企业采用，从而扩展了企业信息化的管理范围，提高了企业的管理效率。IT 带来了新的管理变革和业务流程再造，改变着我国连锁企业的面貌和内涵，使发展大规模连锁经营成为现实。

目前，我国大部分大中型连锁企业都不同程度地采用了信息系统管理。但从信息技术的应用程度上看，我国连锁企业缺乏利用信息系统对市场、资金流和物流的总体控制能力，信息化水平较低，连锁企业电子商务、客户关系管理及商务智能等的应用落后于国外企业。

从目前国内连锁企业信息化的现状来看，一般信息化已经很普及。但普遍专注于操作层面（如收银、收货、库房管理等），在管理决策层（如供应链）的应用普遍较弱，缺乏战略信息化的规划与应用。

总之，目前国内连锁企业普遍信息化的深层次应用不足，没有充分体现信息系统管理的作用，特别是缺乏对信息的分析和挖掘能力，难以对企业战略决策提供信息支持，与国外连锁企业的信息系统运用存在一定差距。因此，连锁企业必须充分发挥信息系统管理在企业管理中的价值，实现连锁企业各个职能部门和经营各环节的有效控制和规范，利用科学、先进的协同应用管理系统，打造现代连锁经营的信息化管理平台。

▶ 1.4.2 我国连锁企业信息化策略

连锁企业需要准确把握市场发展的格局，围绕着企业竞争和发展当中的核心策略，理性、务实的认识信息化建设，提升决定企业的信息化应用水平。信息化建设一般应该是从连锁企业内部管理信息系统，逐步开展供应链系统、智能系统和电子商务应用等。我国连锁企业提出了很多信息化策略，下面着重强调以下几个。

（1）与 IT 结合进行经营创新。连锁企业信息化是利用 IT 技术达成经营管理目的的全过程管理活动，通过应用 IT 实现有效的管理和创新。连锁企业与 IT 技术相结合，可以获取自身发展和扩张时的经营创新，应对连锁行业的挑战。

（2）制订有效的 IT 规划。连锁企业应从企业战略和业务变革出发，在理解企业发展战略目标与业务规划的基础上，诊断、分析、评估企业管理和 IT 现状，对信息化目标和内容进行整体规划，用 IT 战略规划来指导信息化，明确 IT 的投资方向，使经营战略与信息战略相互适应。

（3）建立优化的供应链。供应链如同连锁企业的神经中枢控制系统，是企业迅速扩张的基础。利用 IT 贯通信息链而有效保证连锁企业供应链的协调，在 ERP 基础上通过构筑和前端客户以及后端供应商的互动系统，以支持采购、订单处理、收/发货、补货、退货、发票、付款等连锁企业的关键业务流程。建立供应链可以由一家具有强势地位的连锁企业来组织各节点企业的信息共享和供应链协调模式，也可以采用应用服务供应商服务平台作为上下游合作伙伴间供应链的信息化模式。

（4）谨慎选择连锁企业信息系统软件。国内连锁企业赢利模式和业务流程并不像国外企业那样成熟，而国外一些软件并不完全适用于处于急速扩张、变化阶段的中国连锁企业。所以对于我国连锁企业来说，必须根据本企业未来的信息化发展战略来确定信息系统的具体目标和规模，构造适合本企业的管理信息系统模型，谨慎选择信息化产品。

（5）注重信息化效益与价值评估。连锁企业信息化后，必须重视风险的防范，建立面向效益的信息化指标评价体系，来衡量信息化的价值。平衡记分卡是目前应用最广泛的评价方法，连锁企业可结合信息化应用实际，建立合理的评价模式。

总之，目前我国连锁企业承受着市场严峻的考验，要科学地审视和评估信息化，围绕连锁企业的战略开展 IT 创新和 IT 解决方案的实施，建设有效益、有效率、经济的信息化。

本章英文缩写对照表

英文缩写词汇	英　　文	中文翻译
IT	Information Technology	信息技术
IS	Information System	信息系统
MIS	Management Information System	管理信息系统
TPS	Transaction Processing System	事务处理系统
KWS	Knowledge Work System	知识工作系统
DSS	Decision Support System	决策支持系统
ESS	Executive Support System	经理支持系统
ISA	Information System Architecture	信息系统架构
EDI	Electronic Data Interchange	电子数据交换
POS	Point of Sale	销售点
ERP	Enterprise Resource Planning	企业资源规划
OAS	Office Automation System	办公自动化系统
B2B	Business to Business	企业与企业间电子商务
B2C	Business to Customer	企业与消费者间电子商务
BPR	Business Process Reengineering	业务流程重组

1.5　小　　结

1. **认识连锁经营与连锁企业。**连锁经营指经营同类商品或服务的若干企业，以共同进货或授予特许权等方式组织起来，共享规模效益的一种商业组织形式和经营制度。连锁经营的三种主要类型是：直营连锁、自由连锁与特许连锁。

- 简述连锁经营的定义、特征和类型。

2 **了解连锁企业信息化的必然性。**信息化对连锁企业外部环境的影响、信息化对连锁企业内部管理的变革，连锁企业业务扩展的需要等导致连锁企业必然信息化。

- 从连锁企业业务处理的需要分析连锁企业信息化的必要性。

3 **理解数据、信息与知识的概念。**数据是人们用来反映客观世界而记录下来的可以鉴别的符号。按照狭义的理解，信息是用来消除不确定性的东西。按照广义的理解，有两种认识：从本体意义上说，信息泛指一切事物运动的状态和运动的方式；从认识论的意义上说，信息是事物运动状态和运动方式的反映。信息和数据是相对来说的，信息也可以是那些经过某种方式加工或以更具意义的形式提供的数据。知识是在信息基础上的又一次升华。

- 什么是数据？什么是信息？二者之间有什么关系？

4 **理解信息技术和信息系统及其区别。**信息技术包括计算机、软件、网络、工作站和服务器，智能处理等技术。信息系统，被定义为组织在面对挑战时，一种基于信息技术的组织和管理上的解决方案。通常负责收集、查询、处理、存储和传递信息，以支持组织的决策和控制。信息系统不只是信息技术，它是指利用各种技术，收集、处理、存储、使用和传播信息的方法，强调的是一套方法、手段，而不仅仅是技术本身，它基于技术又超越了单纯的技术概念。

- 信息技术与信息系统可以等同吗？为什么？

5 **认识和理解信息系统的概念。**信息系统从技术、经营、社会技术系统等角度研究，有不同的看法。信息系统并没有一个固定而统一的定义，尽管在不同的场合、不同的时间以及从不同的角度来看信息系统，可以有不同的解释。但从信息系统的内容看，都包含了管理、信息技术和组织三个方面的要素。可以把信息系统简单定义为组织在面对挑战时，一种基于信息技术的组织和管理上的解决方案。

- 请根据自己的理解，给出一个信息系统的定义。

6 **了解信息系统的分类。**信息系统根据不同的划分标准有不同的信息系统类型。信息系统可从职能的角度划分、从管理层次划分、从组织内外划分，其分类又可以交叉组合。

- 信息系统应该怎样分类，请提出你的新建议。

7 **掌握信息系统的架构。**信息系统的架构是指信息系统的组成成分及组成成分之间的关系。对于一个组织而言，它的信息系统建设需要一张蓝图，它描绘了与组织所拥有的信息技术相关的资源以及这些资源之间的关系，这就是企业信息系统的建设架构。企业信息系统的建设架构包括信息系统战略、信息系统应用、信息系统基础设施三个部分，再加上配套的管理与服务。信息系统的管理内容包括战略问题、技术问题、应用系统、信息处理以及建设过程中涉及的人、财、物等。

- 分析信息系统的架构及信息系统管理的内容。

8 **认识信息系统管理对连锁企业的作用。**连锁信息化对连锁企业的作用是提供准确及时的信息、提高管理效率、提高计划和决策的可行性、促进经营方式和观念转变并促使连锁企业提高竞争力。

- 试分析连锁企业引入信息系统管理后，会发生什么样的变化？

9 **了解连锁企业信息化现状与对策。**连锁企业面对信息化存在的问题，需要制定与 IT 结合进行经营创新、制订有效的 IT 规划、建立优化的供应链、注重信息系统效益评估、谨慎选择信息系统等策略。

- 请找一家连锁企业进行调查，了解其信息化存在的问题，并写成书面报告。
- 试分析沃尔玛与家乐福的信息化给中国连锁企业带来的启示。

家乐福

家乐福于 1995 年进入中国上海，10 年内销售业务蒸蒸日上，到 2005 年为止，在中国的年销售额已达到 160 亿人民币，跻身于中国连锁企业前列。如何在东道国环境下开展经营、将自身的优势更好地融入当地社会是所有跨国经营面临的一个重要问题。

虽然家乐福在配送系统和信息系统的建设方面明显滞后于沃尔玛，至今没有在中国内地建立配送体系的计划，且计算机系统的开发与建立落后沃尔玛好几年，但它采取了充分依托供应商物流系统的方法，大大降低了营运成本，赢得了发展时机。

目前，家乐福在中国设立了 4 个区域采购中心，建有自己的企业专网，通过网络进行采购，提高了效率、降低了管理成本；设有涵盖监控采购、管理服务等功能在内的信息系统，公司总部与全球各家门店、各个供应商通过共同的计算机系统进行联系；门店之间拥有相同的 EDI 条码系统、库存管理系统、会员管理系统和收银系统。通过信息系统的建设，家乐福实现了全球统一管理，为采购员、商店员工以及供应商带来了极大的方便。

在中国这一经营土壤中，家乐福成为连锁零售企业模仿的对象，不少企业已经在学习家乐福供应商的管理策略、店面运营模式、外租场地策略和选址办法。然而，从长远来讲，沃尔玛的管理技术、总部集中控制力量、成本控制、物流系统和信息系统等体现连锁零售企业核心竞争力的因素，因为不能在一朝一夕学到，只能成为国内企业遥不可及的理想。

连锁经营是企业快速扩张的有效手段，在国外已有一百多年的历史，在中国也发展了二十多年，如今行业竞争日益加剧，利润率逐年降低，特别是中国加入WTO以后，国内连锁经营企业更是面临着前所未有的革新和挑战。连锁业发展到今天，信息技术已经成为竞争的主要砝码，是制约企业发展的主要瓶颈，连锁经营企业要想在竞争中获胜，就必须运用信息技术。因此，中国连锁企业要充分吸收国内外企业的信息化成功经验，结合自身的管理和经营基础，对企业的物流、资金流、信息流进行集成化管理，从整体上提升企业竞争力！

资料来源：http://www.amteam.org/print.aspx?id=506629

第2章 连锁企业信息技术环境

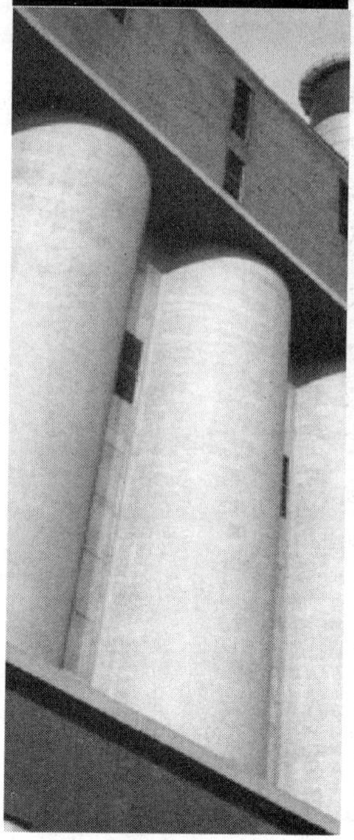

【学习目标】

1. 了解连锁企业信息管理的硬件基础
2. 理解网络拓扑结构
3. 熟悉通信子网的含义
4. 熟练掌握POS结算过程
5. 了解POS机的类型
6. 电子货币的含义是什么
7. 掌握常用的电子货币及其优缺点
8. 熟悉常用的数据库管理系统
9. 综合理解连锁企业的技术基础

案例导读

中小型连锁企业的信息系统配置

连锁经营是现代化商业的经营方式和组织形式，它以现代化的大规模的组织为原则，通过提高协调动作能力达到规模效益的目的。商业连锁经营主要体现在统一名称、标识、商店格局，统一价格、配送，统一核算、人员管理、监督等。要达到以上的几个统一并使连锁经营真正实现规模效益，用计算机来管理其采购、配送、零售是必不可少的。

以采用正规连锁模式的连锁经营组织为例，它由总部进行绝对的控制，配送中心负责商品配送，各个连锁门店负责商品的销售，实行分布式网络管理。对于中小型连锁企业的管理信息系统来说，应既保证系统的扩展性、可靠性、安全性符合国际标准，又要考虑到资金的合理分配。根据经验，建议采取以下方案。

客户机CPU不低于PIII500，至少128M内存，20G

以上硬盘，800*600 彩显，数据库需支持 MS SQL Server、Oracle、DB2（UDB）、ODBC 协议。

局域网采用星型以太网结构；采用高速智能交换式集线器；先进的 WINDOWS 2000（或 NT SERVER 4.0）作为网络操作系统。

出于对系统可靠性的考虑，建议连锁总部采用一台为主域控制器与一台备份域控制器的双机容错模式对网络进行管理，并在主域控制器上建立双硬盘镜像。

网络由本地局域网通过路由器实现远程服务，联接通道可选用 DDN、X.25 或 X.28 等方式。

采用大型关系数据库 SQL SERVER 7.0 作为数据库服务器，以客户/服务器方式对网络数据库进行管理。

使用连锁门店管理软件。另外，根据各连锁经营组织不同的特点，其网络方案也可作相应的修改。

资料来源：《中小型连锁企业的信息系统设计》http://info.jctrans.com/xueyuan/wlyt/psls/200532364323.shtm

2.1 硬件与网络环境

20 世纪发明的计算机是人类重大的科学技术发明之一。它可以按照程序对输入的数据进行处理、存储，最后输出中间结果或最终数据。计算机改进了社会的生产发展，提高了人们的生活质量。

▶ 2.1.1 连锁企业信息系统硬件基础

计算机系统由计算机硬件系统和软件系统两部分组成。计算机的硬件是组成计算机的物理设备的总称，包括中央处理器 CPU、存储器、外部设备等。计算机分为巨型、大型、中型、小型和微型。不同型号计算机的硬件配置差别很大，但都具有共同的基本配置，即具有运算器、控制器、存储器、输入设备和输出设备五大部件。运算器与控制器合称为 CPU。CPU 和存储器通常组装在一个主板上，合称为主机。输入设备和输出设备统称输入/输出设备，有时也称为外部设备或外围设备。计算机的分类有多种方法，一般的是按传统分类和按应用分类。

1. 传统分类

传统上，在国际上划分为六大类，而我国计算机的分类一般是巨型、大型、中型、小型、微型五类。

（1）巨型机，又称超级计算机。通常把最大、最快、最贵的主机称为巨型机。它们对尖端科学、战略武器、社会及经济模拟等领域的研究有着重要的意义。

（2）大型机，可以以大型主机及外设为基础建立一个计算中心，统一安排对主机资源的使用。

（3）中型机，能满足大中型企事业单位的需要。

（4）小型机，能满足部门性需求，多为中小企业所采用。

（5）微型机，也称为个人计算机，即通常所说的 PC 机。这种计算机是面向个人、家庭使用的，厂家通过不同的配置以适应不同的目标用户。PC 机分为商用计算机、家用计算机以及多媒体计算机，它们没有本质的区别。

2. 应用分类

在实际应用中常将计算机分为服务器、工作站、台式机、便携机、手持设备五大类。

（1）服务器，具有功能强大的处理能力、大容量存储器、快速输入输出通道和联网能力。通常它的处理器由高端微处理器芯片组成。

（2）工作站，包括工程工作站、图形工作站等。它是介于微型计算机与小型计算机的过渡机种。

（3）台式机，就是通常所说的微型计算机。台式机是一种形象说法，因为它是由主机箱、显示器、键盘、鼠标等组成。由于它会占据一个办公桌的桌面，所以称为台式机，也称为桌面机。

（4）便携机，常称为笔记本。它的功能已经与台式机不相上下，但它体积小、重量轻，价格比台式机贵。

（5）手持设备，又称掌上电脑或亚笔记本。亚笔记本比笔记本更小、更轻。其他的手持设备有个人数字助理（PDA）、商务通、快译通以及第二代半、第三代手机等。

▶ 2.1.2　计算机网络

计算机网络是通过电缆、电话线或无线通信等互联的计算机的集合，它是现代通信技术与计算机技术相结合的产物。计算机网络有很多种分类。

按网络的拓扑结构分类可分为星型网、环型网、总线型网、树型网、簇星型网、网状网等。其他类型拓扑结构的网络都是以前三种拓扑结构为基础的。

按网络规模和所跨越的地理位置分类可分为局域网（LAN）、城域网（MAN）、广域网（WAN）。广域网的典型代表是 Internet。这种方式是最常用的一种分类方式。

按传输介质分类，可分为有线网（线缆作传输介质）和无线网（空气作传输介质）。有线网可细分为铜缆网络、光纤网络和远程接入网；无线网主要有微波网、卫星网等。无线网联网费用高，但联网方式灵活方便，是一种有前途的联网方式。

按通信传输方式和使用的链路协议分类，可分为令牌环网、FDDI 网、ATM 网、以太网等。以太网按数据传输速率又可分为以太网、高速以太网和千兆以太网等。

按通信信道分类，可分为点对点传输网络、广播式传输网络。

按网络所担负的职责分类，可分为骨干网、外围网、边缘网。

按服务方式分类，可分为客户机/服务器网、对等网。

1. 计算机网络的特点

计算机网络最基本和最重要的特点是资源共享，包括共享硬件资源、共享软件和数据资源。网上的各个用户在权限范围内，可以非常方便地使用网络中的共享软件、数据和硬件设备，而不受实际地理位置的限制。

数据通信是计算机网络最基本的功能。这种数据通信能力使得地理位置分散的信息能按用户的要求进行快速的传输和处理。

分布处理。网络技术可以将小型机或微机连成具有高性能的分布式计算机系统，从而解决复杂问题，使只拥有小型机或微机的用户可以享受到大型机的好处。

提高可靠性。网络系统能重发差错信息，从而增强可靠性。一旦某台计算机出现故障，任务可由其他计算机代为处理，避免单机情况下系统瘫痪。

均衡负载。通过网络可以缓解用户资源缺乏的矛盾，使各种资源的忙与闲得到合理调整。

2. 计算机网络的形成与发展

首先，计算机技术与通信技术相结合形成了初级的计算机网络模型。此阶段网络应用的主要目的是提供网络通信、保障网络连通。

在计算机通信网络的基础上，实现网络体系结构与协议完整的计算机网络。此阶段网络应用的主要目的是提供网络通信、实现资源共享。

符合计算机网络国际标准的“开放式系统互联参考模型”的提出极大地促进了计算机网络技术的发展。此阶段网络应用已经发展到为企业提供信息共享服务的信息服务时代。

目前，计算机网络向互联、高速、智能化和全球化发展，并且迅速得到普及，实现了全球化的广泛应用，Internet 是这一时期的典型代表。

3. 计算机网络拓扑结构

网络拓扑结构指的是一种广域网互联技术，分为总线型、星型、环型和树型拓扑结构。当多个局域网需要通过互联设备互联时，将使用该技术。

（1）总线型。用一条称为总线的中央主电缆，连接着所有工作站和其他共享设备。优点是结构简单、非常便于扩充、设备量少、价格相对较低、安装使用方便；缺点是一旦总线的某一点出现接触不良或断开，整个网络将陷于瘫痪。

（2）星型。以中央节点为中心与各节点连接。优点是系统稳定性好，故障率低；缺点是由于任何两个节点间通信都要经过中央节点，故中心节点出故障时，整个网络会瘫痪。

（3）环型。工作站、共享设备通过通信线路将设备构成一个闭合的环。优点是信息在网络中沿固定方向流动，简化了路径选择的控制；缺点是节点过多影响传输效率，使网络响应时间变长。故网络扩充起来不太方便。

（4）树型。树型结构是星型结构的拓展，在一个结构较复杂的网络中，星型网的分层罗列也就构成了树型网络结构。它又是总线形结构的变体，是在总线网上加上分支形成的。

名 词 解 释

计算机网络

把分布在不同地理区域的计算机与专门的外部设备用通信线路互联成一个规模大、功能强的网络系统，从而使众多的计算机可以方便地互相传递信息，共享硬件、软件、数据信息等资源。

网络拓扑结构

网络拓扑结构是指用传输媒体互联各种设备的物理布局。计算机网络的拓扑结构是指网络节点和通信线路组成的几何排列，它能表示出网络服务器、工作站、网络设备相互之间的连接。在网络设计过程中，网络拓扑结构的设计是关键设计之一。

▶ 2.1.3　通信基础

网络的通信基础由通信传输介质和通信设备构成，一般包括网络接口卡

（NIC）、通信线路、集线器（HUB）、网络交换机、路由器、网桥、转发器、远程访问服务器、Modem 等。

1. 传输介质

传输介质是网络中连接收发双方的物理通道，也是通信中实际传送信息的载体。网络中常用的传输介质有双绞线、同轴电缆、光纤电缆、无线与卫星通信信道。

双绞线由按规则螺旋结构排列的两根、四根或八根绝缘导线组成。一对线可以作为一条通信线路。局域网中所使用的双绞线有屏蔽双绞线和非屏蔽双绞线。

同轴电缆由内导体、外屏蔽层、绝缘层及外部保护层组成。同轴电缆可分为基带同轴电缆和宽带同轴电缆。

光纤电缆简称为光缆，是网络传输介质中性能最好、应用前途最广泛的一种。光纤是一种直径为 50～100μm 的柔软的、能传导光波的介质。

移动物体之间通信依靠的无线通信手段，主要有无线通信系统、微波通信系统、蜂窝移动通信系统、卫星移动通信系统等方式。

2. 传输媒体

LAN 技术在发展过程中，首先使用粗同轴电缆，随后出现了细缆；80 年代后期广泛采用了双绞线；为将 LAN 的范围进一步扩大，又出现光纤构成链路段。

同轴电缆可分为粗缆和细缆。其中央都是一根铜线，外面包有绝缘层。这种结构的金属屏蔽网可防止中心导体向外辐射电磁场，也可用来防止外界电磁场干扰中心导体的信号。

双绞线是由相互按一定扭距绞合在一起的类似于电话线的传输媒体。成对线的扭绞可以使电磁辐射和外部电磁干扰减到最小。

光缆由许多细如发丝的塑胶或玻璃纤维外加绝缘护套组成。光纤传输信息是光束，而非电气信号，从而保证传输信号不受电磁干扰。

上述三种传输媒体有一个共同的缺点是它们都需要一根线缆连接电脑，这在很多场合下是不方便的。无线媒体不使用电子或光学导体，因此可以应用于难以布线的场合或远程通信，主要类型有无线电、微波及红外线。

3. 上网方式

（1）ISDN。即综合业务数字网。ISDN 分为窄带综合业务数字网（N-ISDN）和宽带综合业务数字网（B-ISDN）。就目前市场上的上网方式来看，ISDN 是想快速上网用户的最佳选择。虽然它在价格上比普通 Modem 上网要高，但实用性很强。

（2）DDN 专线。即数字数据网，也就是平时所说的专线上网方式。数字数据网是一种利用光纤、数字微波或卫星等数字传输通道和数字交叉复用设备组成的数字数据传输网，它可以为用户提供各种速率的高质量数字专用电路和其他新业务，以满足用户多媒体通信和组建中高速计算机通信网的需要。

（3）ATM。ATM 是目前网络发展的最新技术，它采用基于信元的异步传输模式和虚链路结构，从根本上解决了多媒体的实时性及带宽问题。ATM 是现今唯一可同时应用于局域网和广域网两种网络应用领域的网络技术。

（4）ADSL。即非对称数字用户回路。其优势在于可以不需要重新布线，充分利用现有的电话线网络。这种上网方式不但降低了技术成本，而且大大提高了网络速度，因而受到了许多用户的关注。

（5）CATV。利用有线电视网进行通信，可以使用电缆调制解调器进行数据传输。Cable Modem 主要面向计算机用户的终端。它是连接有线电视同轴电缆与用户计算机之间的中间设备。

（6）VPN。即虚拟专用网络，它利用 Internet 或其他公共互联网络的基础设施为用户创建数据通道，实现不同网络组件和资源之间的相互连接，并提供与专用网络一样的安全和功能保障。

名词解释

通信子网

通信子网负责解决网络传输和网间互联问题。把网络中纯通信部分的子网和以计算机为主体的资源子网分离开，这是网络层次结构思想的重要体现，使得对整个计算机网络的分析和设计大为简化。但是这种划分方法过于学术化、理想化，没有把网络结构与协议层次结合起来。例如，控制着通信的网络协议就是以软件形式运行在网络中的计算机上，而且除了个别带 CPU 的网卡外，一般在网络通信过程中网卡要占据一定的主机 CPU 资源。所以，事实上无法严格地区分哪些属于资源子网，哪些属于通信子网。

2.2 POS 机

商业电子收银是现代化商品流通管理理念和信息技术发展结合的产物，是现代化、自动化商业管理必不可少的基本电子设备之一。世界上最早的收银机是在 1879 年，由美国的詹敏斯·利迪和约翰·利迪兄弟制造的，其功能只是实现营业记录备忘和监督雇用人的不轨行为。到 60 年代后期，随着电子技术的飞跃发展，日本率先研制成功了电子收银机（ECR）。到 80 年代中期，功能强劲的商业专用终端系统（POS）产生，成为第三代收银机，POS 有着很强的网上实时处理能力。

▶ 2.2.1 POS 机与 POS 结算

POS 是英文 Point of Sales 的缩写，意为销售点系统。销售点系统通过网络与银行主机系统连接，工作时，将信用卡在 POS 机上“刷卡”并输入相关业务信息（交易种类、交易金额、密码等），由 POS 机将获得的信息通过网络传送给银行主机进行相应处理后，向 POS 机返回处理结果，从而完成一笔交易。

1. 使用商业电子收银机的意义

商业电子收银机满足了全世界商店经营者的心愿。它提高了准确性、效率。使得商业经营者投资不大，却可以迅速、准确、详细地掌握商品流通过程中的全部数据，使经营者在市场调查、内部管理、决策咨询、雇员部门考评方面如虎添翼，并大规模地降低经营成本。商业电子收银机促进了商业自动化、现代化。在当今的企业中，经营者几乎离不开商业电子收银机的帮助。

2. 商业电子收银机的优点

（1）收款迅速、正确方便。收银机减少了收银员对交易额的计算时间，提高了收银速度。商品条形码技术使收银速度提高了 3 倍，减少了单笔交易时间，提高了经营效率，方便了顾客。

（2）多种付款方式。支持顾客现金支付，支持支票、信用卡、外币、礼券、提货单等付款方式。甚至在同一笔交易中，可以以多种方式支付，极大地满足了顾客不同层次的需求。

（3）为管理进行业绩统计服务。收银机能记录收银员在营业中的销售业绩及顾客的购物信息，并能打印多种形式的报表，直接为管理服务，为决策者提供客观依据。

（4）结账精确，杜绝舞弊。收银机的应用使企业的钱、物受到严格的控制，缩短了结账时间，提高了正确性、精确度。

▶ 2.2.2 POS 机组成

电子收银机的结构主要由电子器件和机械部件两类组成，一般由主板、存储器、键盘、打印机、显示屏、钱箱和外部设备接口七个部分组成。随着现代技术的发展，电子收银机的附件设备逐渐增多，常见的主要有以下几种。

（1）打印机。电子收银机除内置打印机外，还可连接外置打印机，如餐饮业中所用的厨房打印机和票据打印机。

（2）条码阅读器。也称条码扫描器，是条码的读入装置，按外观可分为笔式、手持式、台式、卡式；按光源可分为红外光和激光。

（3）磁卡读写器。它是一种磁记录信号的读入或写入装置，将信用卡记录的信息读入收银机。它的种类和型号较多，从磁迹数量上分为单轨、双轨、三轨三种。

（4）电子秤。现场称重计量商品时，电子秤将重量及其数据传给收银机。

（5）调制解调器。即 Modem，将收银机的数据通过电话线传给电脑。

（6）后备电源。即 UPS，用于断电后由电池直接向收银机供给电。

（7）通信联网接口。其硬件由一组芯片或卡和物理端口组成，其软件由一组程序组成。主要有收银机之间通信接口及收银机与电脑连接的 485 接口卡。

▶ 2.2.3　POS 机的分类与功能

目前的 POS 机可以分为三类。一类机，在使用时一般少于 10 个部门，商品单价代码（PLU）少于 350 个，结算方式少，一般提供金额表、收银员经营表、部门销售表、PLU 销售表，不具备通信能力。二类机可满足 20 个以上的部门，PLU 数多于 300 个，具有四种以上的结算方式，四种以上的报表功能，数据暂存后调出功能，也可称为开谈挂账，能与电脑通信联网，有收银机附属设备的接口。三类机亦称 PC-BASE 型收银机，是基于 PC 的新一代电子收银机，它在二类机信息采集的功能基础上增加了信息处理的能力。

从应用的角度来看，可以将 POS 机做如下分类。

实用型。该类机器在收款与现金管理时对每一笔交易进行小计，快速得出应付款，根据所付现金，算出找零数额；在销售管理上加收服务费或折扣让利，更正登录错误或取消交易，办理商品退货；支付方式一般为二或三种，如现金、支票等；统计当日销售所得总金额，加收、折扣、更正统计；进行单站单联打印，打印每一笔交易金额、销售总额、销售数量、小计金额。

经济型。除满足以上管理要素之外，还可以对经常性销售的商品采用快速键销售，销售时除输入交易金额外，还可输入 PLU，日结统计时得出重点商品销售情况及 PLU 销售情况；可注册 4～8 位收银员。通过密码区分收银员的交易情况，通过钥匙控制结账；支付方式为三种以上，包括现金、支票等；统计当日及当月销售所得总金额，加收、折扣、更正统计；单站双联或双站单联打印每一笔交易、销售总额、数量等。

联网型。可以利用 PLU 表，店内的每一种商品都有唯一代码或条形码[①]，销售时输入商品编码或利用条形码即可；联网定时传输，模拟实时传输，单机也可工作，连锁店可用 Modem 远程联网，数据保护，定时查询，可外接条形码、IC 卡、电子秤、Modem、打印机；可注册 1～99 位收银员，通过输入收银员编号区分每笔交易的操作者；支付方式有现金、支票、信用卡、签单、外币、VIP 卡等；联网后，可以根据用户要求设计各种不同类型的报表，打印信息包括商品名，店名（汉字信息/西文字符）。

高档型。除满足以上管理要素外，还能够联网实时传输，可上 Novell、Windows NT 网；销售上支持非整数销售，如布匹、散货销售等；实行 MIS 软件管理，软件根据用户要求可更改，进行二次开发；此类收银机为三类 POS 机。

2.3 电子货币

▶ 2.3.1 电子货币的基本概念

随着计算机技术、网络技术的发展，产生了一些新的支付工具。这些支付工具大致包括电子货币类，如电子现金、电子钱包等；电子信用卡类，包括智能卡、借记卡、电话卡等；电子支票类，如电子支票、电子汇款、电子划款等。

电子货币作为一种新的货币形式，从 20 世纪 70 年代产生以来，其应用形式越来越广泛。它是一种在网上电子信用的基础上发展起来的，以商用电子机和各类交易卡为媒介，以电子计算机技术和现代通信技术为手段，以电子脉冲进行资金传输和存储的信用货币。

目前，对于电子货币的定义尚无定论，世界各国推行的有关电子货币的试验项目也形态各异。通过网上银行进行的金融电子信息交换，与电子货币与纸币等其他货币形式相比，具有保存成本低，流通费用低，标准化成本低，使用成本低等优势。尤适宜于小金额的网上采购。电子货币技术解决了无形货币的存储、流通、使用等方面的技术问题，具有很大的发展潜力。美国的 Mark Twain 银行是美国第一家提供电子货币业务的银行。

电子货币的主要特征表现在以下五个方面。

通用性，指电子货币在使用和结算中特有的简便性。电子货币的使用和结算不受金额限制，不受对象限制，不受区域限制，且使用极为简便。

安全性，指电子货币在流通过程中对风险的排斥性。

---

① 条码也称条形码。

可控性，指通过必要的管理手段，将电子货币的流向和流量控制在一定的范围内，从而保证电子货币的正常流通。

依附性，指电子货币对科技进步和经济发展的依附关系。

起点高，指基础高，即经济基础高、科技水平高以及理论起点高。

名词解释

电子货币

电子货币是用一定金额的现金或存款从发行者处兑换并获得代表相同金额的数据，通过使用某些电子化方法将该数据直接转移给支付对象，从而能够清偿债务，该数据本身即可称作电子货币。还有人认为电子货币就是消费者向电子货币的发行者支付传统货币，而发行者把这些传统货币的相等价值，以电子、磁性等形式储存在消费者持有的电子设备中。国际清算银行对电子货币的定义是以电子形式储存在消费者持有的电子设备中并依现行货币单位计算的货币价值。

▶ 2.3.2　电子货币的形式与使用

电子货币主要有两种形式：智能卡形式的支付卡（如 Mondex）和数字方式的货币文件（如 E-Cash 和 Cyber-Coin）。前者主要用于网下支付，后者用于网上支付。

Mondex 除了拥有现金的特性以外，同时还具有一个比现金更优良的特点，即它能安全地通过电子管道（如电话、因特网等）来作为人对人、人对商家、人对银行的远距转值。

电子货币的应用和发展使网络上现货、现金交易成为可能，促进了企业营销结构、营销方式、结算方式的创新；而方便、快捷、轻松的购物方式，将极大地刺激消费，扩大需求，给零售商带来了无限商机；同时由于实施开放式的网络经营，大大加剧了市场竞争，促使企业为市场提供优质价廉的商品、优质高效的服务。

目前作为支付工具的电子货币应用于电子商务仍然存在一些缺陷。如安全问题、网络基础设施建设不完善、电子商务的发展还不成熟、系统可靠性、安全性以及数字认证技术等。这些问题对电子货币的发展将产生极大的影响。要使电子货币能够迅速、健康的发展，可采用以下一些办法，如尽快出台并且完善相应的法律、法规，给网络安全提供相应的法律保障；正确使用数字证书，规范网上交易程序；积极发展电子商务，进而带动电子货币的发展；加强网络基础设施的建设，提高互联网络的普及率。

2.4 软 件 环 境

计算机的软件是根据解决问题的方法、思想和过程编写的程序的有序集合。软件系统按其功能分为应用软件和系统软件两大类。应用软件是用户为解决某种应用问题而编制的程序；系统软件用于实现计算机系统的管理、调度、监视、服务等功能，因此也称为软件环境。其中操作系统和数据库管理系统是最常用的两类。

▶ 2.4.1 操作系统环境

操作系统在资源使用者和资源之间充当中间人的角色，如一个用户（也可以是程序）将一个文件存盘，操作系统就会进行磁盘空间的分配，将要保存的信息由内存写到磁盘。当用户要运行一个程序时，操作系统必须先将程序载入内存，当程序执行时，操作系统会让程序使用 CPU。在计算机的发展过程中，出现过许多不同的操作系统，其中最为常用的有 DOS、Windows、Unix、Linux、OS/2、Mac OS 等，下面介绍常见的微机操作系统的发展过程和功能特点。

（1）DOS 操作系统。DOS 最初是微软公司为 IBM-PC 开发的操作系统，因此它对硬件平台的要求很低，适用性较广。从 1981 年问世至今，DOS 经历了 7 次大的版本升级，从 1.0 版到现在的 7.0 版，进行了不断地改进和完善。

（2）Windows 系统。Windows 是 Microsoft 公司在 1985 年 11 月发布的第一代窗口式多任务系统，它使 PC 机开始进入图形用户界面时代。

（3）Unix 系统。Unix 系统 1969 年在贝尔实验室诞生，最初是在中小型计算机上使用。Unix 为用户提供了一个分时的系统以控制计算机的活动和资源，并且提供一个交互，灵活的操作界面。

（4）Linux 系统。Linux 是当今电脑界一个耀眼的名字，它是目前全球最大的一个自由免费软件，其本身是一个功能可与 Unix 和 Windows 相媲美的操作系统，具有完备的网络功能，它的用法与 Unix 非常相似，因此许多用户不再购买昂贵的 Unix，转而使用 Linux 等免费系统。

（5）OS/2 系统。1987 年 IBM 公司在激烈的市场竞争中推出了 PS/2 个人电脑。OS/2 系统正是为该系列机开发的一个新型多任务操作系统。OS/2 克服了 DOS 系统 640KB 主存的限制，具有多任务功能。

（6）Mac OS 操作系统。Mac OS 操作系统是美国苹果计算机公司为它的 Macintosh 计算机设计的操作系统。

名词解释

操作系统

操作系统是一种特殊的用于控制计算机（硬件）的程序（软件）。它是计算机底层的系统软件，负责管理、调度、指挥计算机的软硬件资源使其协调工作，没有它，任何计算机都无法正常运行。

数据库管理系统

数据库管理系统是用户与操作系统之间的一层数据管理软件，它为用户或应用程序提供访问数据库的方法，包括数据库的建立、查询、更新、各种数据控制等。

▶ 2.4.2　数据库环境

数据管理技术的发展可以大体归为三个阶段：人工管理、文件系统和数据库管理系统。人工管理应用在 20 世纪 50 年代中期以前；文件系统处于 20 世纪 50 年代后期至 60 年代中期；60 年代后期数据管理技术进入数据库系统阶段。数据库系统克服了文件系统的缺陷，提供了对数据更高级、更有效的管理。这个阶段的程序和数据的联系通过数据库管理系统（DBMS）实现。数据库技术应用中，经常用到的基本概念有数据库（DB）、数据库管理系统（DBMS）、数据库系统（DBS）、数据库技术及数据模型。常用的数据库管理系统如下。

（1）Oracle。美国 Orcale 公司研制的一种关系型数据库管理系统，是一个协调服务器和用于支持任务决定型应用程序的开放型关于数据库管理系统 Rdbms。Orcale 属于大型数据库系统，主要适用于大、中、小型应用系统，或作为客户机/服务器系统中服务器端的数据库系统。

（2）Sybase。Sybase 是真正开放的数据库。1984 年 Mark B. Hiffman 和 Robert Epstern 创建了 Sybase 公司，并在 1987 年推出了 Sybase 数据库产品。Sybase 数据库是基于客户/服务器体系结构的数据库。它支持共享资源且在多台设备间平衡负载，允许容纳多个主机的环境，充分利用了企业已有的各种系统。

（3）SQL Server。SQL Server 是美国微软公司开发的一款关系型数据库管理系统，具有成本低，易上手，工具全等优点。适用于大型或超大型数据库服务器端。

（4）DB2。DB2 是 IBM 开发的一种大型关系型数据库平台。它支持多用户或应用程序在同一条 SQL 语句中查询不同 database，甚至不同 DBMS 中的数据。

（5）MySQL。MySQL 是最受欢迎的开源 SQL 数据库管理系统。它是一个快速的、多线程、多用户和稳健的 SQL 数据库服务器。MySQL 可以连接到应用中并得到一个小、快且易于管理的产品。

（6）Access。它是美国 Microsoft 公司于 1994 年推出的微机数据库管理系统。它具有界面友好、易学易用、开发简单、接口灵活等特点，是典型的新一代桌面数据库管理系统。

本章英文缩写对照表

英文缩写词汇	英　　文	中文翻译
CPU	Central Processing Unit	中央处理器
CAD	Computer-Adided Design	计算机辅助设计
ISDN	Integrated Service Digital Network	综合业务数字网
VPN	Virtual Private Network	虚拟专用网络
CATV	Cable Television	有线电视
PLU	Price Look Up	商品单价代码
DOS	Disk Operation System	磁盘操作系统
DBMS	Data Base Management System	数据库管理系统
LAN	Local Area Network	局域网
MAN	Metropolitan Area Network	城域网
WAN	Wide Area Network	广域网
ADSL	Asymmetric Digital Subscriber Line	非对称数字用户回路
DDN	Digital Data Netuork	数字数据网

2.5 小　　结

1. **了解信息管理必要的硬件基础知识。**计算机是 20 世纪最重大的科学技术发明之一。计算机由硬件、软件两部分组成。计算机的硬件是组成计算机的物理设备的总称，计算机有巨型、大型、中型、小型和微型之分，每种规模的计算机又有很多机种和型号，它们在硬件配置上差别很大，但是都具有五大部件：运算器、控制器、存储器、输入设备和输出设备。计算机有很多种分类，一般的是按传统分类和按现实分类。

2. **理解信息管理的网络环境。**计算机网络是现代通信技术与计算机技术相结合的产物，是通过电缆、电话线或无线通信等互联的计算机的集合；计算机网络有很多种分类方法，可按网络的拓扑结构、按传输介质、服务方式等分类。

资源共享是计算机网络最基本和最重要的特点，也是计算机网络产生的主要动力之一；计算机网络的形成与发展阶段经历了 4 个阶段。网络拓扑结构是指用传输媒体互联各种设备的物理布局；在网络设计过程中，网络拓扑结构的设计是关键设计之一。

3 **理解 POS 机与 POS 结算。**商业电子收银是微电子技术发展及现代化商品流通管理理念和技术发展相结合的产物。销售点终端通过网络与银行主机系统连接，由 POS 机完成 POS 结算。在今后的商业中，没有商业电子收银机的帮助，经营者将在市场竞争中处于绝对的劣势。随着现代技术的发展，电子收银机的附件设备逐渐增多。从应用的角度来看，可以将 POS 机分为简单实用型、中档实用型、中档联网型和高档 POS 机。

4 **电子货币及其优缺点。**电子货币是一种可以用来支付的新工具，目前对于电子货币的定义尚无定论。电子货币主要有两种形式：智能卡形式的支付卡和数字方式的货币文件。电子货币具有转账结算功能，具有处理简单、安全性高等优点；但因为目前计算机网络资源共享的开放环境以及尚存在一定漏洞的软硬件环境，电子货币的安全技术还需要得到进一步的提高。

5 **连锁企业的相关软件基础。**计算机软件是根据解决问题的方法、思想和过程编写的程序的有序集合。软件系统按其功能可分为应用软件和系统软件两大类。其中操作系统和数据库管理系统是最常用的两类。在计算机的发展过程中，出现过许多不同的操作系统。20 世纪 60 年代后期数据管理技术进入数据库系统阶段。数据库系统克服了文件系统的缺陷，提供了对数据更高级、更有效的管理。

2.6 思考题

1. 连锁企业信息管理需要哪些硬件条件。
2. 目前常见的网络拓扑结构有哪些？请简单描述它们。
3. 简述通信子网的含义，为什么要将网络通信部分和资源部分分开？
4. POS 机有哪些常用类型？简述 POS 结算的过程。
5. 说说你对电子货币的理解。
6. 叙述连锁企业信息管理需要哪些软件条件？
7. 电子货币有什么特点？
8. 什么是数据库管理系统，常用的数据库管理系统有哪些？

延伸阅读

电子货币的发展

电子货币的产生是经济和科技发展到一定程度的成果。电子货币的使用，一是可以最大限度地取代现金的发行，使得货币的发行费用降低；二是促进发行主体由中央银行向其他主体转变。

目前的电子货币主要有银行卡和网上电子货币两种。现在，银行卡已在人们的生活中得到了更普遍的应用。对于客户来说，利用银行卡购物付款、提现、存款、转账，方便快捷、安全高效，而且可以获得咨询和资金融通的便利。

世界上最早的银行信用卡是美国佛拉特布什国民银行在1946年发行的用于旅游的信用卡。但由于这种信用卡只能用于货币支付，不能提供消费信贷，因而不是真正意义上的银行信用卡。真正意义上的银行信用卡是美国富兰克林国民银行于 1952 年发行的信用卡。继富兰克林国民银行之后，美洲银行从 1958 年开始发行“美洲银行信用卡”，并吸收中、小银行参加联营，发展成为今天的维萨集团。西部各州银行组成联合银行协会，于 1966 年发行了“万事达信用卡”。维萨集团和万事达集团逐渐发展成为当今世界上最大的两个国际信用卡组织。

电子货币自出现以来至今仅三十余年，但电子货币带动的网上金融服务正在迅速发展。美国的网上金融业务发展最快，欧洲国家也在大力发展；新加坡是发展电子货币的先进地区。欧洲央行也指出，电子货币的应用范围将越来越广，推广电子货币将成为欧洲央行未来货币政策的组成部分之一。

从总体上讲，我国电子货币的发展相对于发达国家起步较晚，尚处于起步阶段。我国电子货币的发展主要表现在银行卡上。目前发展的重点主要仍在信用卡业务上。我国的第一张银行信用卡，是 1985 年 6 月由中国银行珠海分行发行的“中银卡”。1993 年，我国政府倡导加速构建电子支付系统，包括发展和推广支付卡；1995 年，在征得人民银行的同意后，商业银行开始发行智能卡，发卡范围限于包括 12 个试点城市在内的少数城市。银行赋予其所发行的 IC 卡各种功能，如透支、储值、电子钱包和存折功能。1996 年，国务院决定成立国家经济信息化（电子化）推动组，来负责制订这一领域的国家战略和计划；1997 年年末，银行间交易系统开始在 12 个试点城市全部运行，发卡量超过 7000 万张，其中包括 130 万张银行 IC 卡；2002 年年初，各银行联网通用的“银联卡”出现。我国以银行卡为代表的电子货币取得了长足的发展。

资料来源：师玛莉，潘郁.电子货币的发展[J]．经济师，2004.

第3章 连锁企业管理信息系统

【学习目标】

1. 了解连锁企业管理信息系统的层次与构成
2. 熟悉总部管理信息系统的系统构成
3. 熟悉门店管理信息系统的功能
4. 掌握配送管理信息系统的系统结构与功能

案例导读

同仁堂连锁应用案例

北京同仁堂连锁药店是著名老字号中国北京同仁堂（集团）有限责任公司旗下的二级独立法人药品零售经营企业，成立于2001年3月12日。

随着同仁堂连锁药店规模的扩大，门店的增多，连锁结构越来越复杂，同时产生了许许多多亟待解决的管理问题。如：如何全面实施GSP（Good Supply Practice 良好供应规范）管理？如何强化采购管理？如何提高配送中心的运营效率？解决这些管理难题，依靠传统的管理手段已是困难重重，而管理信息化就是同仁堂连锁药店解决管理难题，实现管理创新的一条捷径。

2001年3月，连锁药店与某信息技术有限公司合作，开发出了北京同仁堂连锁管理信息系统，开发后，该系统已在总部、配送中心和四十多个门店成功投入使用。

“同仁堂连锁管理系统”基于Internet，全面融入GSP

管理思想，实现多品种、多渠道的物流配送，可与其他信息系统实现集成，对配送、渠道、线路等进行统一规划、合理布局，实现对药品流通的实时、动态跟踪和动态查询统计。

系统包括四个子系统：企业总部管理系统、二级配送中心(管理中心系统)、门店管理系统和批发销售管理系统。几个系统互相独立，又紧密关联，形成统一的药品物流管理系统。具体包括采购管理、配送管理、系统管理、结算管理、价格管理、销售管理、零售管理、GSP 管理、万能查询等功能模块。

该系统通过辅助完成 GSP 的达标、强化首营审批的执行、细化合同管理、统一价格管理而使管理流程得到了规范；通过实现规范管理货位管理、优化存量控制、推进有效期管理，使运营成本迅速降低；通过实现统一销售控制、对客户和供应商设立信用评定制度帮助企业规避经营风险；通过增进信息沟通、强化门店控制、提供决策支持而提高了管理效率。

资料来源：

http://info.ceo.hc360.com/2005/04/07074010761.shtml

3.1 连锁企业管理信息系统的层次与构成

▶ 3.1.1 连锁企业管理信息系统的层次

连锁企业在经营管理活动中存在着丰富的信息资源，它们既是企业经营活动的组成部分，又是企业经营管理的决策依据。连锁企业信息的不断流动形成了信息流，它和商流、物流、资金流等密切相关且不断扩大，使连锁企业各方面管理和决策加大，为此需要利用信息技术进行信息管理，以达到信息管理制度化、规范化、科学化。连锁企业管理信息系统包括下面三个层次。

（1）作业层。作业层信息系统的主要职能是通过计算机技术代替部分手工操作，完成基本数据的采集。它主要从事日常事务性工作处理、报表处理和查询处理，包括销售数据的收集、统计、查询，产生销售报表，各种会计账簿的登录、查询以及产生相应的报表等。这是整个信息化战略的基石，没有解决好这一层次的信息化，就不能得到准确的数据、丰富的信息，更谈不上更深入的管理和分析。

（2）管理层。管理层信息系统主要是通过对基层采集的数据进行统计分析与对比，根据总部的经营方针，对连锁企业的人事、财务、库存、合同、销售、仓储等方面进行组织管理和微观控制。管理层处理来自于作业层的数据，它产生的信息提供给决策层使用。

（3）决策层。决策层信息系统利用所获得的各类数据，运用模型库和方法库中的各种模型和方法，挖掘各种信息和规律，辅助决策者预测未来市场的变化趋势，制定正确的发展方向和策略。决策层信息系统处理所需的数据一方面是企业内部作业层和管理层的信息，另一方面是企业外部的各类数据。这些数据不但需要常规的即时数据，还需要历史数据。由于决策环境的不确定性，要解决的问题也是不精确的，决策信息系统只能提供辅助性的决策依据，决策者需要借助这些数据进行分析判断来做出最终的解决方案。

从上面三个层次可以看出，连锁企业管理信息系统就是要解决四个平台建设的问题：为顾客、供应商和本企业提供一个信息交互平台；为业务人员提供一个业务处理平台；为管理者提供一个控制平台；为决策者提供一个决策支持平台。

▶ 3.1.2　连锁企业管理信息系统的构成

从管理角度看，连锁企业的信息系统一般由总部管理信息系统、配送中心管理信息系统、门店管理信息系统、远程联网系统等部分构成。内部采用局域网络，各部分之间则采用广域网络，通过通信线路、电话线或其他传输介质实现异地数据通信。

从企业内外来看，连锁企业管理信息系统内部一般可以划分成三个不同级别，即总部、配送中心和门店；在连锁企业外部，它还要与供应商和银行组建成一个外部的信息网络系统。

从功能角度看，连锁企业信息系统的组成功能包括以下三个层次。

第一层是前台 POS 系统，负责销售数据的采集，主要由电子收银机和门店计算机联机构成。

第二层是后台计算机系统，由各种管理系统组成，实现数据的整理、分析、处理。它涉及总部、配送中心和门店三个方面。

第三层是外部银行、供应商的联系和资料的传递、结算等。所采用的软件有：电子数据交换（EDI）、电子订货系统（EOS）和电子转账系统（EFT）。这些系统和连锁企业的管理系统一起构成了连锁企业的信息网络系统。

目前连锁企业的管理信息系统，多是以通信联网系统为中心，采用客户机/服务器结构，构成全面的信息管理系统。大中型连锁企业由于总部、配送中心和各连锁门店的计算机管理信息系统为远程分布，远程联网成为整个企业计算机管理总体规划的关键。

特别提示

连锁企业的信息系统一般由总部管理信息系统、门店管理信息系统和配送中心管理信息系统组成。

但无论按哪个标准来划分连锁企业的管理信息系统，总部、门店与配送管理信息系统都是连锁企业管理信息系统的核心组成。

一般来说，总部管理信息系统包括：

- 进货管理子系统
- 库存管理子系统
- 销售管理子系统
- 商品进、销、存统计与分析子系统
- 财务会计管理子系统
- 人力资源管理子系统
- 连锁总部决策支持系统

门店管理信息系统功能主要包括：

- 收款机管理
- 到货管理
- 数据统计
- 销售管理
- 补货管理
- 盘点管理
- 会员管理

配送中心管理信息系统功能主要包括：

- 入库管理
- 出库管理
- 报损报残管理
- 报警管理
- 库存管理
- 调拨管理
- 条码打印
- 查询统计
- 数据传送

3.2　总部管理信息系统

▶ 3.2.1　连锁企业总部的职能与业务

一般来说连锁企业均包括总部——门店——配送中心层次，或总部——地区分部——门店——配送中心。本书里，主要以总部——门店——配送中心为主来阐述。连锁总部管理信息系统的功能就是对以总部采购部门和配送中心为主体所承担的商品的购进、存储、配送等各项活动所发生的信息进行搜集、加工、传递和使用。连锁总部作为连锁门店的领导机构，有以下职能：经营管理职能、统筹进货职能、教育培训与指导职能、促销职能、开发职能、融资职能、信息职能等，它们由不同的职能部门分别负责。

一般说来，连锁总部包括的职能部门主要有：开发部、营业部（营运部）、商品部（采购部）、财务部、管理部（行政部）、营销部等。各部门的职能如下。

（1）开发部的职能主要包括：

① 开设新店或发展加盟店时进行商圈调查；

② 制定选址标准、设备标准和投资标准；

③ 决定自行建店、买店或租店；

④ 开店流程安排及进度控制；

⑤ 开店工程招标、监督及验收；

⑥ 新开门店的设备采购与各门店设备的维修保养；

⑦ 新开门店的投资效益评估。

（2）营业部（营运部）的职能主要包括：

① 各门店营业目标和总的营业目标的拟定及督促执行；

② 对门店的经营进行监督和指导；

③ 编制营业手册并监督、检查其执行情况；

④ 营业人员调配及工作分派；

⑤ 门店经营情况及合理化建议的反馈与处理。

（3）商品部（采购部）的职能主要包括：

① 商品组合策略的拟订及执行；

② 商品价格策略的拟订及执行；

③ 商品货源的把握、新产品开发与滞销商品淘汰；

④ 配送中心的经营与管理。

（4）财务部的职能主要包括：

① 融资、用资、资金调度；

② 编制各种财务会计报表；

③ 审核凭证、账务处理及分析；
④ 每日营业核算；
⑤ 发票管理；
⑥ 税金申报、缴纳，年度预决算；
⑦ 会计电算化及网络管理。
（5）管理部（行政部）的职能主要包括：
① 企业组织制度的确定；
② 人事制度的制定及执行；
③ 员工福利制度的制定与执行；
④ 人力资源规划、人员招聘、培训；
⑤ 奖惩办法的拟定及执行；
⑥ 企业合同管理及公司权益的维护；
⑦ 其他有关业务的组织与安排，也可与财务部合并。
（6）营销部的职能主要包括：
① 门店商品配置、陈列设计及改进；
② 促销策略的制定与执行；
③ 企业广告、竞争状况调查分析；
④ 企业形象策划及推出；
⑤ 公共关系的建立与维护；
⑥ 新市场开拓方案及计划的拟订，可单设也可并入营运部。

▶ 3.2.2 连锁企业总部管理信息系统的目标

连锁总部的管理信息系统将搜集和积累的各种商品的销售信息、库存信息等进行统计分析。按照一定的数学模型对商品的销售趋势进行预测，对经营中的重大问题作出决策，并及时将各种决策信息发送到连锁门店和配送中心，以指导经营活动。其信息化管理目标是：

（1）通过信息系统建立和完善全公司各个环节的业务流程，使连锁企业管理系统成为企业管理的一个平台和工具；

（2）通过信息系统规范企业各个部门的职能范围，使全公司内部各部门的工作标准化、科学化、有序化；

（3）通过信息系统使公司制定的各种市场销售策略能够及时准确地下达到每个分支机构和专卖店，并能及时得到市场的信息反馈，从而调整公司的市场策略；

（4）通过信息系统在公司建立一个对市场变化的快速反应体系，使信息传输快速、及时、准确；

（5）通过信息系统在公司建立一套完整的资源共享、管理和奖励机制，有效的发挥各分支机构和连锁专卖店的优势，调动他们的积极性；

（6）通过信息系统有效监控信息流、商品流和资金流及企业各种经营活动的状态，从而达到控制公司的运营成本，最大限度地降低库存；

（7）通过信息系统建立企业与上游供应商之间的信息资源共享，即供应链管理系统应用；

（8）通过信息系统，为企业的投资决策提供快速的、科学的依据，即决策支持系统应用。

▶ 3.2.3　连锁企业总部管理信息系统的构成

根据连锁企业总部管理信息系统的主要功能，可以将其划分为进货管理子系统、库存管理子系统、销售管理子系统、商品进销存统计与分析子系统、财务会计管理子系统、人力资源管理子系统、连锁总部决策支持子系统等，其典型的系统结构如图 3.1 所示。

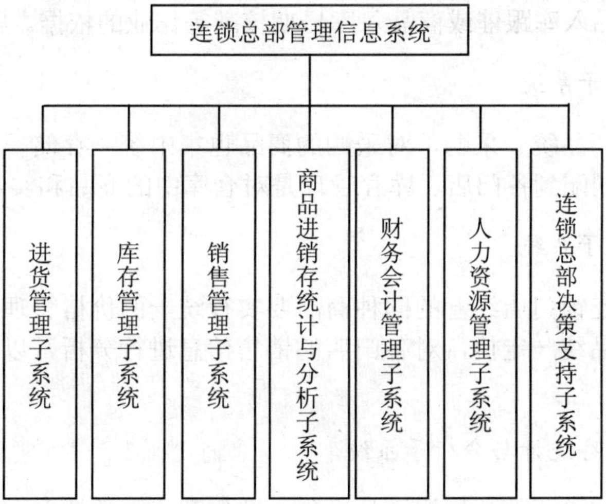

图 3.1　连锁企业总部管理信息系统构成图

1．进货管理子系统

连锁经营主要实行联购分销制，大部分商品由连锁总部负责统一购进，以实现规模效益。进货管理业务流程包括：商品数量需求统计，查询供应商交易条件后，再结合配送中心库存情况和市场需求与供应情况，制订采购计划，统一向供应商采购商品，发出购货单后进行入库进货的跟催动作。进货管理子系统应该包括：采购预警系统、制订采购计划、市场价格信息管理、供应商信息管理、购货合同管理、购货单据打印系统、到货管理等功能。

管理人员可随时调用采购预警系统来核对需要采购的商品。采购预警系统对比现有库存数是否低于采购点，如果库存数低于采购点就将此商品的情况打印出来，打印报表内容包括商品名称、建议采购量、现有库存量、已订购待入商品数量等数据。当采购预警系统打印出建议采购商品报表后，管理人员即可根据报表内容查询供应商数据，输入商品名称后从相应数据库中检索供应商报价数据、以往交货记录、交货质量等数据作为采购参考。系统所提供的报表有商品供货商报价分析报表和各供货商交货报表。

根据上述报表，管理人员可按采购商品需求向供应商下达购货单，此时管理人员需输入商品数据、供应商名称、采购数量、商品等级等数据，并由系统自动获取日期来建立采购数据库。系统可打印出购货单以供连锁企业对外采购使用。当连锁企业与供应商通过电子订货系统采购商品时，系统还需具备计算机网络数据接收、转换与传送功能。

购货单发出后，管理人员可用采购跟催系统打印预定入库报表及已采购未入库报表，作为商品入库跟催或商品入库日期核准等作业的依据。

2. 库存管理子系统

连锁总部对商品统一采购，对采购的商品也集中统一存储，最后再通过配送中心把商品统一调配到各门店。库存管理是对仓库中的商品和实物进行管理。

3. 销售管理子系统

连锁企业对连锁门店经营的同种商品要实行统一的价格管理，这包括连锁总部要对销售的商品统一定价，对各门店的销售信息进行分析，以便合理进货、合理定价。

4. 商品进销存统计与分析子系统

连锁企业总部需要总体把握商品进货、销售和库存的情况，并能对今后的趋势作出预测。该子系统是从不同角度、采用不同的方法，对商品进销存等各流转环节的各项指标进行分析与对比。分析的方法有结构分析法、对比分析法、差额分析法、平衡分析法等。连锁总部的管理人员知道分析与对比的结果后，才能及时发现问题，找出差距及原因，对销售趋势作出预测，进行事前控制，有助于加强经营管理。本子系统的功能有：

（1）商品进销存计划完成情况分析；

（2）商品进货及进货合同执行情况分析；

（3）商品进货来源和销售去向及方式分析；

（4）商品库存分析；

（5）销售商品分析；

（6）销售商品构成变化情况分析；

（7）商品进货、仓储管理费用分析；

（8）利润计划完成情况、销售利润、利润率分析等。

5. 财务会计管理子系统

财务会计部门对外主要用采购部门传来的商品入库数据核查；核查供货商送来的催款数据，并据此给供应商付款；或由销售部门取得出货单来制作应收账款催单并收取账款。财务会计系统还制作各种财务报表提供给经营绩效管理系统参考。

6. 人力资源管理子系统

连锁企业的组织结构具有店铺数量多，分布广的特点。连锁总部要对总部的管理人员和各类员工，及各门店与配送中心的员工进行统一调配和管理。该系统包括人事招聘、考勤、休假、培训、业绩评估、福利等。

7. 连锁总部决策支持子系统

总部决策支持子系统的核心是通过对各子系统集成的数据进行统计、分析，并建立数据仓库，进行数据挖掘，以辅助管理控制和做出战略决策。

3.3 门店管理信息系统

▶ 3.3.1 连锁门店管理职能与业务

连锁门店直接面向顾客，是连锁企业实现商业行为的主要环节。因此，连锁门店是连锁企业的基础。在连锁企业中，连锁门店的主要任务是在连锁总部的统一指导下，围绕销售环节努力满足消费者的需求，提高服务质量，开展各种各样的促销活动，最大限度地实现商品的销售。

门店是总部政策的执行单位，是连锁企业直接向顾客提供商品及服务的单位。

其基本职能是：商品销售、进货及存货管理、绩效评估。商品销售是向顾客展示、供应商品并提供服务的活动，这是门店的核心职能。进货是指向总部要货或自行向由总部统一规定的供货商要货的活动，门店的存货包括卖场的存货（即陈列在货架上的商品存量）和内仓的存货。经营绩效评估包括对影响经营业绩的各项因素的观察、调查与分析，也包括对各项经营指标完成情况的评估以及改善业绩的对策。

▶ 3.3.2 连锁门店管理信息系统目标

（1）通过信息系统将门店的销售信息和数据直接上报到公司总部，公司总部也可以实时查询到各连锁门店的销售和库存信息，然后由公司相应的职能部门对动态销售数据进行分析以便协调调货、产品生产或上游供应商的关系，改变传统的销售数据层层上报的方式，杜绝舞弊等现象。

（2）通过信息系统实现管理与监控，明确票据流、物流、财务之间的关系。

（3）通过信息系统实现对每个连锁门店销售人员的业绩考核及奖励。

（4）通过信息系统实现对老客户的及时、人性化的服务，不断发掘新的客户，即客户关系管理系统的应用。

▶ 3.3.3 连锁门店管理信息系统的功能

连锁门店管理信息系统是利用收款机进行销售数据采集，并管理到每一种商品的补货、销售和在架以及销售数据的统计、向总部进行数据传送等全部管理功能的管理信息系统。它必须能够实时地掌握商品信息和顾客信息，为销售活动的正确决策提供具体数据。

1. 连锁门店管理信息系统的构成

连锁门店的管理系统可分为两大部分：一是后台管理信息系统；二是前台零售开票系统。

（1）后台管理信息系统。后台管理信息系统中的基本信息管理包括录入、修改本连锁店的地址、电话等信息；随时查询商品信息（此信息是以总部为来源并不断补充的，连锁门店无权对其进行增加及修改）；录入、修改本店的职员信息，并对员工密码进行管理及权限限制。

货位管理应包括货位的维护，应可随时查询库存商品中的商品编码、名称、单位、库存单价、零售单价、库存数量、库存金额、售价金额、最高库存、最低库存、累入数量、累入金额、累出数量、累出金额、生产日期、有效期等；应可实时查询本店的有关商品数量、金额等信息，对在架商品做到心中有数，为商品资金占用、补货等提供依据。

此外，该系统还应包括入库、盘点、报损报残、报警、调拨、查询、数据传送管理等功能。零售管理应可进行零售日结，汇总前台的日销售信息，实时查询收款数据。并可随时查询销售情况，生成各种销售分析图表，如销售日报、旬报、月报、季报、年报。

（2）前台零售开票系统。前台零售开票系统是商品销售数据的来源，也是实现商品价值、进行交易的手段，对收款的严格管理可以防止错误信息进入系统，也可以防止收款过程中的作弊现象。

2. 连锁门店管理信息系统的功能

连锁门店管理信息系统的功能如图 3.2 所示。

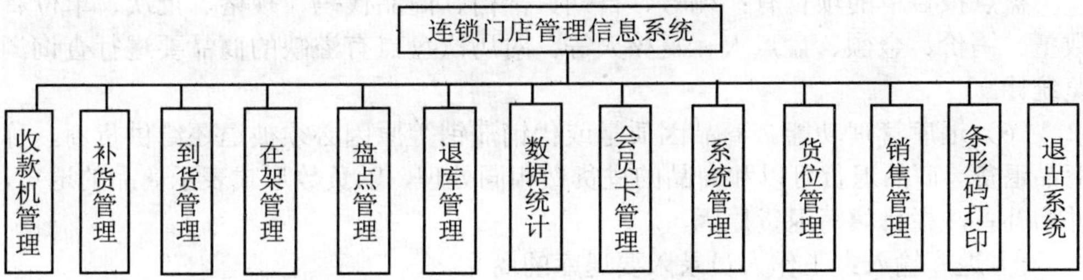

图 3.2　连锁门店管理信息系统的功能

（1）收款机管理功能

监测收款机实时状态，随时查看每一台收款机的开关状态，查看在每一台收款机上工作的收款员编码。查看收款机实时图形，随时查看每一台收款机的收款金额数、各时间段收款的累计金额数，并用直观的条形图显示在屏幕上。

（2）补货管理功能

① 人工补货：由补货人员进行人工输入填写补货单，提出补货申请。

② 自动补货：根据商品库中商品的在架数量与在架下限值进行比较，凡低于在架下限值的商品，系统将以在架上限值为标准自动填写补货单，提出补货申请。

③ 补货查询：对补货单进行查询。

（3）到货管理功能

① 到货输入：对到货商品按照有关规定经确认后正式作为到货信息录入电脑。基本到货信息应包括到货单编号、到货日期、进货人、验收人、供应商编号、所采购的商品代号、批次、单位、数量、进到货单价、到货税额、折扣情况、生产日期、保质期等。

② 到货查询：对已到货商品进行查询。

（4）在架管理功能

① 对在架单一商品或分类商品的数量、金额进行统计。

② 对数量低于在架下限或上限的商品进行信息提示。

③ 对于变价商品进行调价管理和查询编辑。

④ 对在架商品按供应商进行统计。

（5）盘点管理功能。对库存商品的盘点，是连锁门店定期或不定期要进行的工作。由于在连锁门店管理信息系统中已存有各部门的商品台账，所以可以由系统自动生成各部门结存商品的清单、盘点报告单，以供人工实际盘点时参考；也可使系统输出的清单不包含账面结存数，而由人工实盘时填写实盘结存数，然后，再将实盘数与计算机结存数校核。一旦实盘数输入结束，得到认可，系统立即自动将账、物不符的商品清单列出，生成一系列商品溢缺单。

盘点报告单的项目有：编号、日期、部门、商品代码、规格、批次、单位、数量、销价、金额、盘点人、复核人等。对历次盘点有溢缺的商品要进行查询浏览统计。

（6）退库管理功能。商品因质量或代销滞销等原因必须被退还给供货商，称商品退货。商品退货可以和商品的进货做相同处理，以负数形式表示商品的退货，并增补备注栏目填写退货原因。

① 退库输入：工作人员录入要退库的商品。

② 退库查询：对确认过的退库商品进行查询浏览统计。

（7）数据统计功能

① 到货返库销售统计：对某一时间段内的单一商品的到货、返库、销售进行统计。

② 商品毛利率统计：对某一时间段内的单一商品的毛利及毛利率进行统计。

③ 商品销售综合统计：对某一时间段内销售收款情况进行统计，如收款总额、收款员收款统计、收款机收款统计、交易次数等。

④ 单一商品销售综合统计：对销售的单一商品进行明细统计，如单一商品类销售情况，商品销售按类、金额、数量的排名等。

⑤ 商品销售供应商统计：对销售商品按供应商进行明细统计，如供应商单一商品销售情况，商品按供应商销售、金额、数量的排名等。

（8）会员卡管理功能

会员卡的销售、修改、查询、挂失、恢复、更改、退卡和统计。

（9）系统管理功能

① 开店管理：开店前，从总部接收商品变更信息。

② 闭店管理：闭店后，上传总部本日补货和销售信息。

③ 数据处理：闭店后，对销售数据进行处理，并修改在架商品库。

④ 系统维护：对销售数据，进行压缩备份。

⑤ 数据维护：对商品在架的上、下限进行修改，对门店人员库进行修改。

⑥ 初始化：对本系统的全部数据进行初始化。

（10）货位管理功能

① 商品货位维护和统计：对每一在架商品分配货位号和进行统计。

② 货架人员维护：输入每一货架所对应的理货员。

（11）销售管理功能

① 销售日报：对当日的销售情况进行统计及打印。

② 销售报表：对任意时间段的销售情况进行统计及打印。

（12）条形码打印功能

① 商品原有及自编条形码打印：通过条形码打印机打印商品原有或自编条形码。

② 收款员密码条形码打印：通过条形码打印机打印收款员密码条形码。

（13）退出系统

3.4 配送管理信息系统

▶ 3.4.1 物流、配送与配送中心

物流是物品从供应地向接受地的实体流动过程，根据实际需要，将运输、储存、装卸、搬运、包装、流通加工、配送、信息处理等这些功能有机结合起来。

所谓配送就是按照用户的订货要求和配送计划，在物流据点（如配送中心）经过分拣、加工、配货等作业后，将配好的货物送交收货人的过程。从货物的位移特点看，配送多表现为短距离、多品种、小批量的货物位移，因而，也可以将配送理解为描述运输中某一指定部分的专业术语。

配送中心是从事配送业务的物流场所或组织，应基本符合下列要求：主要为特定的客户服务；配送功能健全；完善的信息网络；辐射范围小；多品种小批量；以配送为主储存为辅。

配送是连锁经营的核心。配送是指以连锁门店的需求为先导，围绕商品组配与送货而开展的接受订货、预先备货、分拣加工、配货装货、准时送货通货等一系列服务工作的总称。配送中心是承担物流专业化管理职能的组织机构，它是连锁企业的重要组成部分。这是因为连锁经营的集中化、统一化管理在很大程度上是靠配送中心来具体实施的，通过配送中心的作业活动，不仅可以大大简化门店的活动，降低连锁企业的物流总费用，而且还能实现商品在流通领域中的增值，并向连锁门店提供增值服务。

▶ 3.4.2 配送中心管理信息系统的系统结构

配送中心管理信息系统是对商品的出入库、保管、货品集中、流通加工及配

送等进行全面管理的信息系统。配送中心的物流操作作业是在计算机管理下进行的，以指示书的方式说明作业，配以物流控制、计算机控制的自动仓库，机械化分拣装置等共同完成，同时还必须与总部和各门店的信息系统相协调才能实现其管理功能。

配送中心管理信息系统主要由以下各子系统构成。其中基本信息管理系统包括办公系统等，而数据通信与系统维护主要进行数据交换管理和数据库维护管理工作。配送中心管理信息系统结构如图 3.3 所示。

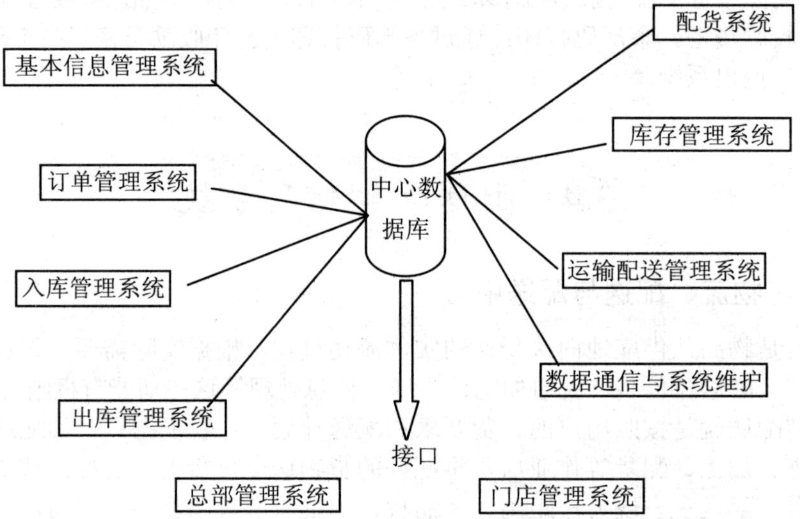

图 3.3 配送中心管理信息系统结构

1. 订单管理系统

订单管理系统主要包括两种作业，即客户询价、报价与接收订单及处理和订货确认。

（1）客户询价、报价与接收订单及处理。客户可以利用电话、传真、计算机系统联网等方式进行订货。接收到订单后配送中心就开始接受订货的工作，它一天中可以多次接收订单，在确定的时刻截止后进行订单的相应处理并指示出库。

订单管理系统根据客户发送来的这些数据调用相应的数据库，取得此项商品的报价历史资料、数量折扣、客户以往交易记录及客户折扣、商品供应价等数据，再由配送中心按其所需净利与运送成本、保管成本等来制定估价公式并计算销售价格。接着由报价单制作系统打印出报价单，经销售主管核准后即可发送给客户，报价单经客户签回后即可成为正式订单。

（2）订货确认。进行订货商品的核实，确认商品出库的可能性，做好出库的准备。订货出库的可能性包括在库商品的核实、在途商品、已订货商品等。要考虑特急的订货和重要客户订货的优先顺序。

2. 入库管理系统

入库管理系统包括预定入库数据处理和实际入库作业。预定入库数据处理为入库月台调度、入库人力资源及机械设备资源分配提供参考。其数据来自采购商品的预定入库日期、入库商品、入库数量等。实际入库作业发生在供应商交货之时，输入数据包括采购单号、供应商名称、商品名称、商品数量等，可输入采购单号查询商品名称、内容及数量是否符合采购内容并用以确定入库月台，然后由仓库管理人员指定卸货地点及摆放方式并将商品叠于托盘上，仓库管理人员检验将修正入库数据输入。商品入库后有两种处理方式：立即出库或上架出库。

快速处理入库需要有技术的支持，如入库票据的条码化，通过手持条码输入终端进行验货等。入库作业还要考虑出库的效率和保管的效率，如在距离入口近的货区优先存放。

3. 出库管理系统

出库管理系统包括出库商品的查找、发出出库指示和核对。

出库管理系统是以各连锁门店的补货数据为基础做出货前的准备工作，进行库存货品对照、库存查找及货品核对。出库系统包括库存查找和货品集中核对系统，要求查找快速，错误率低；能及时输出库存查找清单，并与装货单相核对。

接收订单后需要对出库部门发出出库指示，出库后为了销售额等的统计，还要做出实际出库报表。

出库管理包括出库计划、出库指示、未能出库等内容；出库计划包括出库日期的指定、对每个客户的订货汇总、分批发货、完成发货等内容。

出库指示对出库部门输出各种出库用的票据。未能出库是掌握出库的实态，对预订出库但还未出库情况的管理。

4. 配货系统

配货系统作业是最重要的环节，对于客户订单的商品名称、数量以及是否需要加工、到货时间、到货地点等信息进行与配货有关的处理。在防止配货错误的前提下，进行高效率的作业指示。例如，在每一个货位上设置配货表示器，在提示灯亮的指示和数量显示下，进行商品寻找作业，这样可以提高配货的效率并减少差错。

还可以通过打印配货清单的方式进行配货的作业处理。采用播种式配货方式时，配货清单根据以商品为单位的出库数据汇总，输出与作业人员的作业区域相对应的商品分类。

当商品保管为固定货位时，可按商品保管的货位顺序进行打印。如果商品保管为随机货位时，考虑到作业人员的负荷，可以通过计算，平衡从哪个货位进行出库，由商品和货位的关系来确定配货清单的打印。

5. 库存管理系统

库存管理系统是配送中心管理信息系统的核心。库存管理的目标是提高库存精度，为配货中心提供实时准确的库存信息，合理地进行补货，削减损耗，使整个库存水平处于较低的状态，同时能满足各分销点的需要，保持一种动态平衡。

库存管理系统主要完成库存数量控制和库存量规划，以减少因库存积压过多造成的利润损失。它包括商品分类分级、采购批量及采购时间确定、库存跟踪管理以及库存盘点作业。

库存管理系统须具备按商品名称、货位、仓库、批号等数据分类查询的功能，并设有定期盘点或循环盘点时间设定功能，使系统在设定时间自动启动盘点系统，打印各种表单协助盘作业。当同一种商品有不同的存储单位时，系统具备存储单位自动转换功能。在移库整顿或库存调整作业时，系统具备大量货位及库存数据批量处理的功能。

6. 运输配送管理系统

运输配送管理系统的任务是完成供货商与配送中心之间、配送中心与各门店之间的商品运输配送业务。此作业阶段包括指定运送车辆及实际装车、配送、配送途中的跟踪管理等作业。

配送管理部门执行派车计划系统，首先由管理人员将当日预定出货订单汇总，再将客户按其配送地址划分区域，然后统计该区域出货商品的体积与重量，以体积最大者或重量最重者为首选配送条件来分配配送车辆的种类及派车数量，制订出车批次、装车及配送调度，并打印配送批次规划报告、批次配送调度报表等。

确定配送装车批次后由出货配送系统打印客户出货单，集货人员持出货单及批次调度报表将商品由拣取区取出，并核定商品内容，然后集中于出货月台前准备装车。此时出货配送系统提供装车计划或配送路线选择系统，决定每辆车按订单的装车程序。配送路线选择系统可求得最短配送路径、最短配送时间或最低配送成本等最佳解，以决定配送顺序。商品装车后即由送货司机持出货单予以配送。

商品送达客户处后，出货单由送货司机缴回并输入数据。出货单还可通过计算机网络直接传送至客户计算机系统中，由对方在收到商品后传回确认收货凭证。这就要求系统具备对外的数据传输、接收和转换功能。

配送管理系统还具备配送途中数据传输及控制的功能，跟踪商品动向、控制车辆及车上设备；在配送途中有意外情况发生时，还可通过通信系统重新设定配送模式所需的参数，重新选择新的配送途径并告之配送人员，使配送工作顺利完成。

7. 支持系统体系结构

在配送中心管理信息系统中，还包括一些必要的支持系统。

（1）订货点分析系统。订货点分析系统包括商品金额 ABC 分析、库存 ABC 分析、畅销滞销品数据分析，以及从订货到入库的时间、相关预测数据分析、订货点和订货量分析等。

（2）货区管理系统。以一定时期的库存情况为基础，以销售商品的趋势来决定现在货区的变更，利用货品管理主文件或者货区管理主文件所能反映的数据结构，输出调整对照清单。

（3）配车支持系统。结合各种实际数据分析车辆安排、载货计划、车辆分派等，输出配车计划表，并根据配送规则的修改和新增交易方的追加等生成新的模式。

（4）合理作业计划制订系统。从数量上把握现行的作业实态，制订最合理的作业计划。

（5）物流劳务系统。根据综合数据统计分析，计算出物流、劳务等成本。

▶ 3.4.3　配送管理信息系统的功能

配送管理信息系统是以商品的物流管理为对象，以商品的到货、验货、库存、配货、出库为管理内容的管理信息系统。其功能如图 3.4 所示。

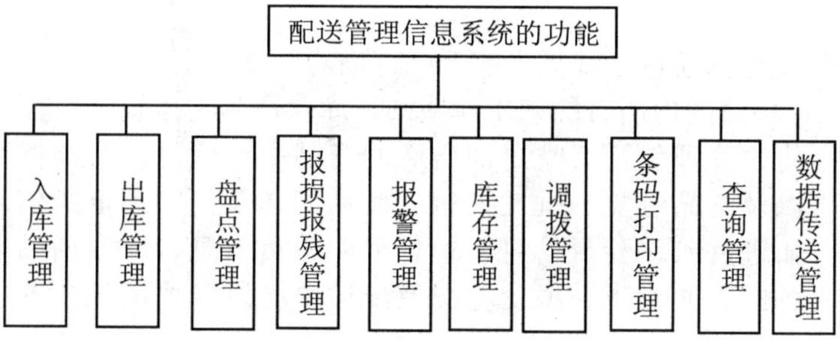

图 3.4　配送管理信息系统的功能

1．入库管理。

分为四种入库方式。

（1）总部进货部应可将由进货单自动生成的入库单传入配送中心，配送中心在验货后对其审核确认。

（2）总部销售部应可将由销售退回单自动生成的入库单传入配送中心，配送中心在验货后对其审核确认。

（3）各连锁门店的退货单传入配送中心，配送中心在验货后对其审核确认。

（4）特殊情况下的入库管理，如赠入等。

2．出库管理。

分为四种出库方式。

（1）总部销售部应可将由销售单自动生成的出库单传入配送中心，配送中心在验货后对其审核确认。

（2）总部进货部应可将由进货退回单自动生成的出库单传入配送中心，配送中心在验货后对其审核确认。

（3）总部传入各连锁门店的配货单，配送中心在验货后对其审核确认。

（4）特殊情况下的出库管理，如赠出等。

3．盘点管理包括盘点单的生成、打印、盘点数量的录入、盘点单的查询等工作。

4．报损报残管理包括报损报残商品的录入、查询功能。

5．报警管理包括库存商品上、下限的报警功能（含保质期的报警）。

6．库存管理包括货位的维护，可随时查询库存商品中的商品编码、名称、单位、库存单价、零售单价、库存数量、库存金额、售价金额、最高库存、最低库存、累入数量、累入金额、累出数量、累出金额、生产日期、有效期等。

7．调拨管理包括商品在不同货位间的调拨管理。

8．条码打印管理包括将本系统的自编商品条码转入条码打印机所自带的数据库，以便于打印条码。

9．查询管理包括通过系统提供的万能查询器查询任意信息，如某一商品的入出库信息，某一段时间内所有的入出库明细、库存商品占压资金情况分析表等。

10．数据传送管理包括接收总部传送的商品变动信息，如新增商品、商品价格调整等，以及商品进货、批发销售、商品配送及门店的退货信息等；向总部上传信息，如进货入库验货信息、销售出库验货信息、库存商品盘点情况、报损情况和向各门店的配货、退货情况及配送中心发现商品积压或损坏时要求的退货单。

本章英文缩写对照表

英文缩写词汇	英　　文	中文翻译
EOS	Electronic Ordering System	电子订货系统
EFT	Electronic Funds Transfer	电子转账系统

3.5 小　结

1 **了解连锁企业管理信息系统的层次与构成。**连锁企业信息化包括三个层次：作业层信息化的主要职能是通过计算机技术代替部分手工操作，完成基本数据的采集；管理层信息化主要是通过对基层采集的数据进行统计分析与对比，根据总部的经营方针，对企业的人事、财务、库存、合同、销售、仓储等方面进行组织管理和微观控制；决策层利用所获得的各类数据，运用模型库和方法库中的各种模型和方法，挖掘各种信息和规律，辅助决策者预测未来市场的变化趋势，制定正确的发展方向和策略。

- 连锁企业信息系统主要由哪几部分构成？各有什么特点？
- 调查一家连锁企业的信息系统，画出该连锁企业的信息系统功能构成图。
- 请自行搜集销售连锁企业软件的开发商，比较分析这些开发商的连锁企业信息系统（至少找三家公司的软件进行分析）。

2 **熟悉总部管理信息系统的系统构成。**根据连锁总部管理信息系统的主要功能，可以将其划分为进货管理子系统、库存管理子系统、销售管理子系统、商品进销存统计与分析子系统、财务会计管理子系统、人力资源管理子系统、连锁总部决策支持子系统等。

- 简述连锁总部信息系统的构成。

3 **熟悉连锁门店管理信息系统的结构与功能。**连锁门店管理信息系统是具有利用收款机进行销售的数据采集，并管理到每一种商品的补货、销售和在架，以及销售数据的统计、向总部进行数据传送等全部管理功能的管理信息系统。包括收款机管理、补货管理、到货管理、在架管理等功能。

- 简述连锁门店信息系统的功能。

4 **掌握配送管理信息系统的结构与功能。**配送管理信息系统是对商品的出入库、保管、货品集中、流通加工、配送等进行全面管理的信息系统。由订单管理系统、入库管理系统、出库管理系统、配货系统、库存管理系统、运输配送管理系统等构成。具有入库、出库、盘点、查询统计、条码打印等功能。

- 配送中心管理信息系统在连锁企业中起什么作用？由哪几个子系统构成？
- 简述配送管理信息系统的功能。

京客隆商业自动化信息管理系统

北京京客隆公司目前拥有近百家店铺，经营业态包括大型综合超级市场、超级市场、便利超市、药店等，经营品种达 8 万种。京客隆这一大型连锁企业采用了先进的科学管理模式，即统一管理、集中进货、购销分离、统一配送。商业自动化管理在其经营中发挥着重要的作用。

根据简单化、专业化和标准化的管理原则，结合总部、配送中心和门店的不同功能，京客隆商业自动化信息管理系统划分为总部管理系统、配送中心管理系统和门店管理系统三大部分。

在京客隆日常经营管理中，总部需要及时了解整个公司的经营状况（销售业绩、单据信息、库存信息、财务状况等），需要准确快速传达总公司的管理方针、营销计划至下属单位；各个门店也要将建议、需求、申请等信息及时反馈到总部或配送中心。良好的信息互动，可以加快零售企业的经营效率，提高解决问题的响应能力。由于京客隆的连锁门店位置分散，总部、配送中心之间有一定距离，为了满足京客隆公司对信息传递的需求，该公司又设计了一套快速响应、稳定、安全的网络架构，建立了一个以总店为核心，支持多个配送中心，连接各门店的计算机网络系统。

1．总部网络系统

根据总店业务的现有需求及发展要求，总店业务处理中心网络主干采用千兆以太网，系统数据库服务器采用双机互为备援的高可靠性方式。

2．配送中心系统

配送中心的库存数据、单据处理是总部进行经营决策的重要依据，同时配送中心需要随时接收总部发布的发货信息、接货信息，以避免由于地理位置的距离可能造成的账务上的差距。因此，系统建立了配送中心和总部的实时信息处理系统，即将配送中心的数据服务器建立在总部，运行在总部的一台主机上，随时处理配送中心的业务数据。这样，既保证了总部主机的安全，又减少了投资费用。

配送中心作为一个重要部门，和总店业务系统联系紧密。因此，通过 DDN 和总店相连，为配送中心局域网上的业务机访问总店业务系统提供高速通道。在通信线路上，以 DDN 专线备份连接配送中心的链路，保证配送中心和总部之间数据传递的安全性。

3．连锁店网络系统

京客隆公司有多个连锁店，且规模各不相同。由于业务的需求，在这些连锁店中设立局域网，并且通过广域网实现连锁店和总部的连接已成为一种必须。各连锁店的业务数据主要存储在本地服务器上，因此其数据传输主要在客户机和服务器之间进行。

通过引入商业自动化系统，京客隆达到了“三低三高”的经营目标，即低成本、高效能；低利率、高销量；低价格、高回报。

资料来源：http://media.ccidnet.com/media/ciw/1120/b1601.htm

第4章 物流管理与库存管理

【学习目标】

1.了解物流与物流管理的概念

2.思考现代物流发展有哪些主要趋势

3.了解条码与条码技术

4.简述代码、编码与条码的关系

5.了解EAN-13条码、交叉2/5条码和贸易单元128条码

6.理解射频识别技术及其在物流中的应用

7.说明电子数据交换与全球定位系统的核心内容

8.简述库存的概念和库存管理的主要方面

9.了解独立需求的概念和经济订货批量模型

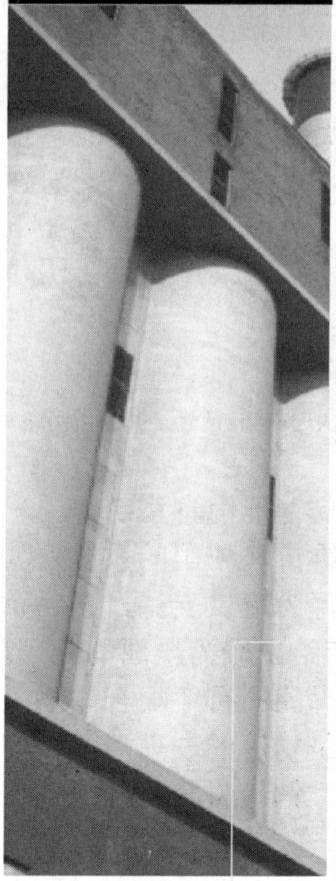

案例导读

松下——高度自动化的配送中心

松下物流负责松下电气及电子产品的配送工作，它的一个配送中心于1997年10月在英国Northampton成立。该中心由于在运作中有效利用了高科技而声名鹊起。

松下清楚地认识到，由于操作系统不能达到自动化，致使操作人员在仓库内外转来转去，是一种时间的浪费。新配送中心的指导思想是：采用自动传送装置及自动数据采集（ADC）技术（主要是射频数据通信（RF/DC）即条码技术），将产品传送到操作人员面前，而不是操作人员移动到产品所在之处。为此，松下安装了一系列的自动化设施。这不但减少了人工数据采集系统所需的员工数量，而且提高了整个操作过程的效率。

该配送中心采用ADC系统以实现对公司8万多台电视机、录像机、复印机，乃至医疗设备等产品的跟踪和配送。由于仓库面积为3.6万平米，拥有2.3万个托盘站点，每个托盘站点高22米，有5个通道，高层货舱存储；还有10万个分检站点，从完整的托盘和箱体流开始，然后将其转

移到圆盘传送带，直至最终搁置于货架上。设计这一套设施时，松下研究人员了解到，ADC系统是跟踪货物出入仓库的关键。

资料来源：

http://www.qnr.cn/zy/wuliu/ali/200801/21494.html

沃尔玛：放大和增强现有竞争优势

沃尔玛并不只靠零售店的数量增长来迅速扩张，它也积极探索通过大宗批发店和会员店等形式来放大其现有竞争优势的可能性。山姆会员店便是一个很好的例子。山姆会员店通常建在沃尔玛隔壁，它为沃尔玛在店址选择、房地产交易、店铺设计等方面的能力的进一步发挥利用提供了良好的机会。

山姆会员店的存在使得沃尔玛的整个庞大的仓储配送系统得到更加充分的应用，从而放大了它的优势。当然，山姆会员店的存在也使得沃尔玛公司的总体购买实力增强，使它在规模经济和砍价实力方面的竞争优势获得了有效的增强，发挥得淋漓尽致。

将现有竞争优势应用于多种市场机会可以将这些优势进行放大。对于沃尔玛而言，这种优势放大也为它的总体低价优势做出了贡献。最近，沃尔玛也将它在货物配送、库存管理、规模经营等方面的竞争优势拓展到食品类超市业务中，推出零售和超市相结合的超级沃尔玛店，成为沃尔玛销售增长和利润增长的一大亮点。

资料来源：

http://info.jctrans.com/wl/zhwl/aljx/200617352063.shtml

在前面的章节中概述了管理信息系统的组成。我们谈到管理信息系统作为一个由人、计算机等组成的进行信息的收集、传递、加工、维护和使用的系统，其本质上是对企业的计划和执行、预测和控制等管理和决策行为提供支持，帮助企业实现其规划的目标。本章进一步对有关技术和系统的细节给出较为全面的介绍。

企业的各项活动需要依靠物流、资金流、业务流和信息流的有序配合。物流是实物的流动过程，原材料的采购、加工、运输和销售都是物流的表现形式。资金流是伴随物资流动发生的资金收支的过程，如采购付款、销售收款等。业务流是组织中各项管理和业务流程，如销售过程中的接收订单、收款、发货、运输、售后服务等流程。信息流伴随以上各种流的流动而产生，既是对其他各种流动的记录和描述，又是用来掌握和控制其他流动有序进行的无形资源。从技术实现的角度看，信息系统要能够收集、处理、储存和分配这些信息，以支持与组织的管理、控制、决策等一系列相互关联的活动。

回顾连锁企业，特别是国际上一些大型的商业连锁企业的发展历程，商业连锁化之所以几十年来一直具有强大的生命力，除了这种形式深受广大消费者欢迎外，一个重要的原因是信息化和网络化，信息技术和网络技术为各种连锁企业提供了重要的技术条件。这些连锁企业的信息化大致可以分为四个阶段：业务自动化、商务自动化、商务网络化和商务智能化。应该说许多连锁企业信息化一直走在整个社会信息化的前列。

在业务自动化阶段，企业信息化的主要工作是将信息技术应用到企业一些重要的业务过程中，如把销售点系统（POS）应用到销售收款业务上、把电子订货系统（EOS）应用在订货管理业务上，把条码技术应用到商品的管理活动中。

特别提示

销售点信息系统（POS 系统）

销售点（Point of Sale）信息系统，简称销售点系统，是指通过自动读取设备（如收银机）在销售商品时直接读取商品销售信息（如商品名、单价、销售数量、销售时间、销售店铺、购买顾客等），并通过通信网络和计算机系统传送至有关部门进行分析加工以提高经营效率的系统。POS 系统最早应用于零售业，以后逐渐扩展至其他如金融、旅馆等服务行业，利用 POS 系统的范围也从企业内部扩展到整个供应链。

电子订货系统（EOS）

电子订货系统（Electronic Ordering System）是指企业间利用通信网络（VAN 或互联网）和终端设备以在线连接（On-Line）方式进行订货作业和订货信息交换的系统。EOS 按应用范围可分为企业内的 EOS（如连锁店经营中各个连锁分店与总部之间建立的 EOS），零售商与批发商之间的 EOS 以及零售商、批发商和生产商之间的 EOS。

商务自动化就是在企业的主要价值活动中，或者关键的业务链上采用完全的自动化和信息化，例如，库存管理自动化、采购业务自动化等；商务网络化则是在商务自动化的基础上，结合增殖网和互联网技术建构自己的网络系统，实现各

种业务活动，包括物流的网络化和现代化。商务智能化则是在自动化和网络化的基础上，更加关注企业的知识管理与商业智能（BI）的应用。沃尔玛作为世界上最大和发展最快的零售商，业界对它有这样的评价："沃尔玛神奇的增长很大部分也可以归功于成功地建立了基于数据仓库的系统"、"数据仓库改造了沃尔玛，而沃尔玛改变了零售业"。沃尔玛目前拥有世界上最大的中央数据仓库，其 BI 应用也是处于领导地位。迄今，我国共有各业种、业态连锁零售企业两千多家，业种、业态超过 40 个，连锁店铺数万间，绝大多数的连锁企业建立了系统开发的前台 POS 系统和后台 MIS/ERP 管理系统。

4.1 物流管理与物流技术

前面我们已经介绍了物流的概念，还简要介绍了 POS 和 EOS 这两种商业连锁企业中广泛应用的信息系统，它们都是企业物流管理活动中信息系统应用的示例。那么还有哪些物流技术和应用呢？现代物流有哪些主要特点又是怎样发展的呢？

▶ 4.1.1 物流与物流管理

2001 年颁布的中国国家标准《物流术语》对物流的定义是：物流就是物品从供应地向接收地的实体流动过程。根据实际需要，将运输、存储、装卸、搬运、包装、流通加工、配送、信息处理等基本功能实现有机结合。

物流管理中通常使用的管理信息系统模块主要有 4 个。

（1）仓库管理：决定仓库的地理位置以及相关运作，处理订单及存货信息，提供库存信息。

（2）运输分析：力求降低运输成本，减少运输支出，缩短运输时间，处理包括运输线路、时间表和价目表等信息。

（3）订货周期分析：处理仓库和供应商信息，决定订货周期，缩短订货提前期等。

（4）成本分析：进行成本计算，减少管理物流和库存的成本。

一个企业的物流管理还涉及企业的分销管理、采购管理和库存管理。与发达国家相比，我国的物流管理方式和技术应用水平还比较落后。随着发达国家服务业的发展，物流对国民经济和企业发展的影响越来越大，围绕产品有序流动的组织和管理的现代物流发展正呈现出一些重要特点。特别是围绕企业零库存管理和准时生产（Just in Time）的物流管理和服务更加标准化和现代化。这些特点主要表现为下列几点。

（1）信息化和信息技术的广泛应用，以及物流技术水平的不断提升。随着社会生产力的发展，物流和资金流开始分离，产生了多种交易方式，商品所有权的转换和物流的转换脱离开来。在这种情况下，信息流的作用尤为突出，物流的信息化是一个最重要的特点。没有物流的信息化，任何先进的技术设备都不可能应用于物流领域，信息技术及计算机技术在物流中的应用将会彻底改变世界物流的面貌。

（2）作业自动化和管理标准化呈现出高水平。物流的信息化也带来了物流自动化的发展。自动化的基础是信息化，物流作业自动化的核心是机电一体化，靠信息化实现的自动化控制可以进一步节省人力和物力。物流自动化实用设备和工具非常多，如条码/语音/射频识别、自动分拣系统、自动存取系统、自动导向车、货物自动跟踪系统等。这些在发达国家已被普遍用于物流作业流程中。

（3）全球化和网络化的发展趋势明显。物流的网络化是物流信息化的必然结果，经济全球化和服务贸易的发展速度前所未有，互联网、电子商务等全球网络资源的可用性及网络技术的普及为物流的网络化提供了良好的外部环境。互联网和电子商务的应用造就了物流领域的网络化。这个网络能超越时空将有关方面综合在一起，形成一个四通八达的系统。

（4）业务集成化和商务智能化的应用水平越来越受到关注。物流系统着重于将物流与供应链的其他环节进行集成，包括物流渠道与商流渠道的集成、物流渠道之间的集成、物流功能的集成、物流环节与制造环节的集成等。物流系统的竞争优势主要取决于它的功能整合与集成的程度。同时，物流过程中大量的运筹和决策，如库存水平的确定、运输（搬运）路径的选择、自动导向式的运行轨迹和作业控制、自动分拣机的运行、物流配送中心经营管理的决策支持等问题都需要借助于大量的知识才能解决。物流自动化的进一步发展要借助于专家系统、机器人等相关技术的先进的研究成果。

（5）第三方（3PL）和第四方（4PL）物流的发展。有关第三方物流的内容，我们将在连锁企业的全程电子商务一章中的电子商务物流一节作进一步介绍。

总之，物流在企业生产和经营中的作用将越来越显著。企业更加关注物流在整个经营战略中的作用和地位，物流策略正成为企业策略的重要组成部分。正是在这样一个背景下，连锁企业信息系统将必然对物流系统进行规划和建设工作。图 4.1 是物流管理在企业经营管理中地位的一个图示，它显示出企业的物流系统与技术策略。从中，我们会对企业物流系统的地位和主要应用有一个大致的了解。

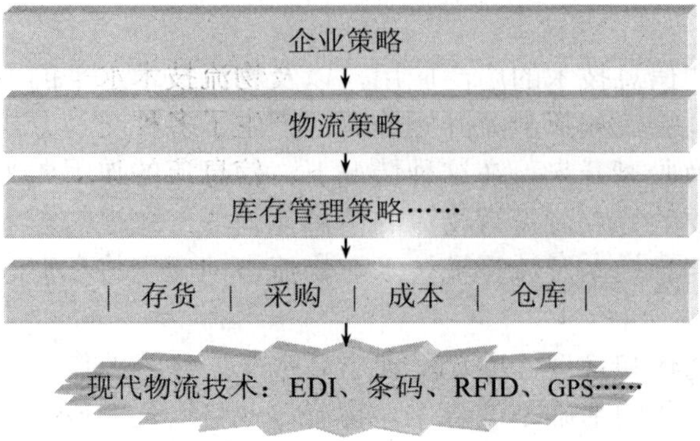

图 4.1 企业的物流系统与技术策略

▶ 4.1.2 物流技术

物流技术是指在物流活动中把商品（或物资）进行移送和储存，为社会提供无形服务的技术，是与物流要素活动有关的所有专业技术的总称，包括流通加工技术、物品包装技术、物品标识技术、物品实时跟踪技术等，还包括物流规划、物流评价、物流设计以及物流策略。物流技术水平的高低直接关系到物流活动各项功能的完善和有效实现。为了满足物流快速反应的要求，物流信息系统和电子数据交换（EDI）技术，以及互联网、条形码、全球定位系统（GPS）及射频技术在物流领域中都得到了广泛的应用。

物流技术包括硬技术和软技术两个方面。硬技术主要包括以下几点。

① 基础设施和设备。

② 机械技术：装卸机械、分拣机械、包装机械、运输机械等。

③ 材料技术：集装材料和包装材料等。

④ 物流信息与通信技术：与客户和供应商保持联系的计算机系统与通信网络等技术。在这一章中，我们将重点介绍物流信息与通信技术方面的条形码技术（Bar Code）与无线射频识别（RFID）、电子数据交换（EDI）和全球定位系统（GPS）的应用。

而软技术方面主要包括以下几点。

① 规划技术：对流通形态和硬技术进行规划研究与优化改进的工作。

② 运用技术：对运输工具的选择使用、装卸方法、库存管理、资源与劳务调配等。

③ 评价技术：成本控制与核算、系统绩效评价等。在这一章中我们将主要介绍库存管理技术和库存管理系统。

物流技术中融合了许多现代信息技术，物流信息技术就是指在物流各个作业环节应用的现代信息技术，如电子数据交换、全球定位系统、条码和射频识别等。

名词解释

物流

物流是物品从供应地向接收地的实体流动过程。作为实体的流动过程，原材料的采购、加工、运输和销售都是物流的表现形式。在企业经营活动中，物流表现为内部物流和外部物流两种不同形式，而在外部物流方面正在发展的第三方物流是一个重要的方面。

物流技术

物流技术是与物流要素活动有关的所有专业技术的总称，包括流通加工技术、物品包装技术、物品标识技术、物品实时跟踪技术等，还包括物流规划、物流评价、物流设计以及物流策略。

4.2　条码与条码技术

▶ 4.2.1　代码、编码和条码

代码是代表事物名称、属性、状态等的符号，一般用数字、字母或者它们的组合来表示。在信息系统中，代码不仅可以用数字或者符号来表示客观实体的问题，它还是人和系统交换信息的工具。根据代码的结构特性来划分，代码可以分为连续顺序码、间隔顺序码、分区顺序码、群码等，例如，会计信息系统中常用的编码方式就是群码。代码设计是进行科学管理的要求，它使得我们的管理工作和业务处理更加简便化、系统化和规范化，而代码设计中，关键是进行合理分类。编码是分类问题的一种形式化描述，分类工作必须按照系统化和标准化要求，采用合理、实用和简便的原则进行。

中国物品编码中心的 ANCC 系统是一套全球统一的标准化编码体系，全球贸易项目代码（GTIN）是目前 ANCC 系统编码体系中应用最广泛的标识代码，它是对流通领域中所有的产品与服务，包括贸易项目、物流单元、资产、位置、服务关系等的标识代码及附加属性代码。

条码则是表示一类代码信息的符号，或称条码数据。条码技术是一种数据输入技术，电脑可以识读（由条码特殊印制设备印制的）条码数据。条码技术主要包括：条码编码原理及规则标准、条码译码技术、光电技术、印刷技术、扫描技术、通信技术、计算机技术等。条码技术属于自动识别范畴。

特别提示

条码

条码，又叫条形码，是由一组按特定规则排列的条、空及其对应字符组成的表示一定信息的符号。条码为我们提供了一种对物流中的物品进行标识和描述的方法，借助自动识别技术、POS 系统、EDI 等现代技术手段，企业可以随时了解有关物品在供应链上的位置，并及时做出反应。

商品条码

商品条码由一组规则排列的条、空及其对应代码组成，是表示商品特定信息的标识。商品条码包括零售商品、非零售商品、物流单元、位置的代码和条码标识。我国采用国际通用的商品代码及条码标识体系，推广应用商品条码，建立我国的商品标识系统。

厂商识别代码

厂商识别代码是指国际通用的商品标识系统中表示厂商的唯一代码，是商品条码的重要组成部分。

商品代码

商品代码是指包含厂商识别代码在内的对零售商品、非零售商品、物流单元、位置、资产及服务进行全球唯一标识的一组数字代码。

零售商品代码与条码

零售商品代码与条码是指以满足零售扫描结算为主要目的，而为商品单元编制的代码和条码标识。

非零售商品代码与条码

非零售商品代码与条码是指以满足非零售结算为目的，而为商品单元所编制的代码和条码标识。在流通环节中，可以对商品单元进行定价、订购或开具发票。

物流单元代码与条码

物流单元代码与条码是指为物流中临时性商品包装单元所编制的代码和条码标识。

位置代码与条码

位置代码与条码是指为厂商的物理位置、职能部门等所编制的代码与条码标识。

如商品编码用一组阿拉伯数字来标识商品，这组数字就称为代码。商品代码与商品条码是两个不同的概念。要制作商品条码，必须先给商品编一个代码。商品条码的代码是按国际物品编码协会统一规定的规则编制的，分为标准版和缩短版两种。缩短版称为 EAN-8 码。标准版商品条码（商品通用条码）的代码由 13 位阿拉伯数字组成，简称 EAN-13 码。其中前三位数字（或两位）是前缀码，为国家或地区码，其后四位数字（或五位）是制造商的代码，再后五位数字组成商品代码，最后一位数字是校验码。

物流条码是物流过程中用以标识具体实物的一种特殊代码。在商品从生产到消费的整个物流中，可以通过对物流条码自动识别和数据自动采集实现物流信息的传递，提高物流系统的效率。物流条码标准如表 4.1 所示。

表 4.1　物流条码标准

码制标准	国家标准
商品通用条码 EAN-13	GB/T12904-91
交叉 2/5 条码	GB/T16829-97
贸易单元 128 条码	GB/T15429-94

下面的这个条码是一个标准的交叉 2/5 条码，共有 10 个字符。

1202116140

名词解释

交叉 2/5 条码（ITF，Interleaved 2 of 5）

在仓储和物流管理中被广泛采用的一种连续、有自校验功能，且空条都表示信息的双向条码。

贸易单元 128 条码（Bar Code 128 for Trode Unit）

贸易单元 128 条码可以弥补商品通用条码和交叉 2/5 条码的不足，更多地识别贸易单元的信息，如产品批号、数量、规格、生产日期、有效期、交货地点等。

就条码的结构来看，一般可分为几个部分。首先符号的两边要有一定长度的“空白区”，即两边没有符号，颜色与空相同的区域；与空白区相邻的是起始标志；介于两个标志间的是真正要识别的条码符号。但 EAN-13 码还有一个特殊的标志，就是在中间还有一个左右区分隔标志，它把条码分成两部分，两边的符号有不同的编码规则。

下面的这个条码是一个符合 EAN-13 规范的条码，共有 13 个字符。

6 907420 000372

在没有应用条码的时代，由于物流与信息流脱节，所以在生成与物流对应的信息时易于出错。条码能够紧密地将物流与信息结合在一起，从而大大减少了出错的可能性。条码是实现 POS 系统、EDI 的技术基础，条码技术是物流管理的重要技术。

▶ 4.2.2 条码技术

条码技术是自动识别技术中的一种，是为实现对信息的自动扫描而设定的，可以高效地实现快速、准确和可靠的数据采集。条码技术以其输入速度快、准确率高、成本低、可靠性强已经广泛应用于物流作业的各个环节。

条码技术是在计算机技术与信息技术的基础上发展起来的，它集编码、印刷、识别、数据采集和处理于一身。条码技术的核心内容就是利用光电扫描设备识读条码符号，从而实现机器的自动识别，并快速、准确而可靠地将信息录入到计算机内进行数据处理。

条码技术主要涉及以下 3 个方面。

（1）符号技术。主要研究各种码制条码的编码规则、特点及应用范围，条码符号的设计与制作，条码符号印刷质量的控制等。

（2）识别技术。主要包括条码扫描和译码两部分，扫描是利用光束扫读条码符号，将光信号转换为电信号，由扫描器完成；译码是将扫描器获得的电信号按一定的规则翻译成相应的数据代码，然后输入计算机（或存储器），由译码器完成。

（3）条码应用系统设计。条码应用系统由条码、识读设备、计算机及通信系统组成。应用范围不同，条码应用系统的配置也不同。

与条码技术有关的设备主要有条码扫描器、条码数据采集器、条码打印机等。

我国现行的《商品条码管理办法》是由国家质量监督检验检疫总局局务会议于 2005 年 5 月 16 日审议通过，自 2005 年 10 月 1 日起施行的。

特别提示

条码技术

条码技术是自动识别技术的一种，它包括编码、印刷、识别、数据采集、处理等相关技术。

4.3　无线射频识别、电子数据交换与全球定位系统

4.3.1　无线射频识别技术

随着计算机技术的发展，相继涌现出多种自动识别技术。目前的自动识别技术主要有：光字符识别技术、磁字符识别技术、磁性条识别技术、机器视觉系统、条码自动识别技术、无线射频识别技术（RFID：Radio Frequency Identification）和语音识别技术。

其中，条码技术是应用得非常广泛的一种自动识别技术，常常应用在仓储、超市、图书、邮电、物资管理和医药、外贸等部门。但是，受使用环境要求较高等因素的制约，在一些易受环境影响的场合，条码技术的应用受到了一定的限制。射频识别技术能克服环境因素的限制，并具有良好的使用性能。RFID 已被广泛应用于诸如工业自动化、商业自动化、交通运输控制管理等领域；汽车、火车等交通控制、高速公路的收费系统、物品管理；流水线生产自动化、门禁系统、金融交易、仓储管理等。

与磁卡、IC 卡等接触式识别技术不同，RFID 系统的电子标签与读写器之间无须物理接触就可完成识别。其主要原理是利用无线电波发送的磁场，进行无线资料辨识以及采集的工作。RFID 芯片存储大容量信息，以通过射频信号自动识别目标对象并获取相关数据射频传输技术来传递数据信息。当 RFID 电子标签位于一个 RFID 阅读器的有效范围时，RFID 电子标签将内存的信息自动发送到 RFID 阅读器，从而实现物品（商品信息）的自动、实时采集。

目前基于RFID射频技术可识别和跟踪所有物理对象，能提供准确、真实的实时数据，实现物品流动信息的实时采集、交换、处理等，从而将不同企业联结为高效统一的网络，实时高效的物品跟踪，实时掌握车辆、产品等物品状态，提高运输、仓储、物流配送、调度等效率，使企业实现产品（物品）数据的自动实时采集、过滤、分析，实现商业、物流、制造等企业相关商务、交易和流程的自动化，建立更智能、更迅捷的商务链。因此，采用RFID技术建立高效的物流跟踪系统将为企业商务链提供关键的数据采集、发布和管理平台。

▶ 4.3.2 电子数据交换

电子数据交换（EDI）是计算机到计算机之间结构化的事务数据交换。它通过电子方式从一个计算机系统传送到另一计算机系统，使人工干预最小化。ANCC系统的电子数据交换用统一的报文标准传送结构化数据，EANCOM 是一套以ANCC编码系统为基础的标准报文集。

EDI 是按照协议对具有一定结构特征的标准信息，经数据通信网络，在计算机系统之间进行交换和自动处理。通信网络是EDI应用的基础，计算机应用是EDI应用的条件，标准化是EDI应用的关键。传统的EDI主要是基于客户/服务器模式的，新的基于互联网和浏览器/服务器的EDI正在取代传统的EDI而成为主要的EDI模式。EDI在供应链管理中有着重要的应用，它是供应链信息交换和处理的主体。

EDI主要有以下特点：

（1）实现计算机应用进程间的通信；

（2）遵循一定的语法规则与国际标准；

（3）数据自动投递和传输处理，不需要人工介入，由应用程序对它进行自动响应，从而实现事务处理或贸易的自动化。

EDI需要共同的标准格式，目前国际上通用的有：联合国EDIFACT，美国ANSI X12、英国TRADACOMS等，我国采用EDIFACT标准。2005年我国还正式发布了《用于行政、商业和运输业电子数据交换基于 EDI（FACT）报文实施指南的XML Schema（XSD）生成规则》国家标准。

▶ 4.3.3 全球定位系统

全球定位系统（GPS）是具有在海、陆、空进行全方位实时三维导航和定位能力的新一代卫星导航和定位系统。近十年来，我国测绘等部门使用GPS的经验表明，GPS以全天候、高精度、自动化、高效益等显著特点，赢得了广大测绘工作者的信赖，并成功地应用于大地测量、工程测量、航空摄影测量、运载工具导航和管制、地壳运动监测、工程变形监测、资源勘察、地球动力学等多种学科，从而给测绘领域带来了一场深刻的技术革命。GPS 在物流领域可以应用于汽车自定位、跟踪调度、铁路运输管理和军事物流。

网络从有线到无线并非只是简单的媒体变化，这种媒体变化带来了新的可能性。GPS 与 GSM/CDPD/GPRS 的组合，可以提供实时或接近实时的车辆位置信息，这些信息对于运力调配有着重要意义。无线网络也可以与条码相结合，如在仓储过程中，保管员可以利用无线手持终端接受业务中心的盘点或备货指令，并利用终端扫描条码完成盘点或备货工作。相对于过去利用单据下达盘点或备货指令，手工进行盘点和备货记录的方式，无线方式减少了中间环节，减少了差错，提高了物流效率。

特别提示

GIS 地理信息系统（CIS）

GIS，Geographic Information System，意为地理信息系统，它是集地理、图形、数据、分析为一体，以采集、存储、管理、描述和分析与地球表面及空间地理分布有关的数据的信息系统。地理信息系统在连锁企业送货管理系统中有着重要的地位和作用，可以帮助实现客户地址实时定位，最短路径搜索等功能。

4.4 库存管理与库存管理技术

▶ 4.4.1 库存与库存管理

库存是指处于储存状态的商品。库存具有整合需求和供给、维持各项活动顺畅进行的功能。库存可以分类为：经常库存、安全库存、加工和运输过程的库存、季节性库存、促销库存、投机库存、积压库存等。库存成本是和库存系统的经营活动有关的成本，主要由以下几部分组成：购入成本、订货成本、储存成本、缺货成本。

（1）购入成本，指单位购入价格，包括购价和运费。

（2）订货成本，指向外部供应商发出采购订单的成本，包括提出请购单、分析供应商、填写采购订货单、来料验收、跟踪订货以及完成交易所必须的各项业务费用。

（3）储存成本，也叫持有成本，是指为保持存货而发生的成本，可分为固定成本和变动成本。固定成本与库存数量的多少无关，如仓库折旧、仓库职工的固定月工资等；变动成本与库存数量的多少有关，主要包括以下四项：资本占用成本、存储空间成本、存货服务成本和存货风险成本。

（4）缺货成本，也叫亏空成本，是指由于库存供应中断所造成的损失。包括延期交货成本、当前的利润损失（潜在销售量的损失）、未来的利润损失等。

图 4.2 是 ERP 系统中有关库存管理系统的业务流程图。

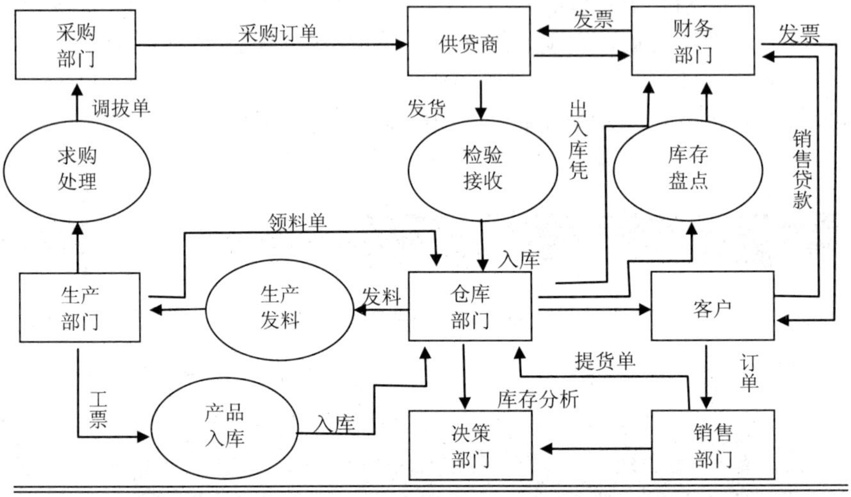

图 4.2　库存管理系统的业务流程图

库存管理的主要功能是在供、需之间建立缓冲区，达到缓和用户需求与企业生产能力之间、最终装配需求与零件配件之间，零件加工工序之间、生产厂家需求与原材料供应商之间的矛盾。库存和库存管理的业务功能主要表现为以下几点。

（1）防止断档。缩短从接受订单到送达货物的时间，以保证优质服务，同时又要防止脱销。

（2）保证适当的库存量，节约库存费用。

（3）降低物流成本。用适当的时间间隔补充与需求量相适应的合理的货物量以降低物流成本，消除或避免销售波动的影响。

（4）保证生产的计划性、平稳性以消除或避免销售波动的影响。

（5）展示。

（6）储备。在价格下降时大量储存，减少损失，以应灾害等不时之需。

库存管理的对象是库存项目，即企业中的所有物料，包括原材料、零部件、在制品、半成品及产品以及其他辅助物料。库存管理通过管理活动和信息技术与信息系统的应用，实现采购入库、销售出库、产成品入库、材料出库、其他出入库、盘点管理等业务需要，提供仓库货位管理、批次管理、保质期管理、出库跟踪入库管理、可用量管理，同时及时动态掌握各种库存存货信息，提供各种储备分析，便于企业进行存货的控制，从而避免材料积压占用资金或材料短缺影响生产。

库存管理一般需要考虑以下几点。

第一，根据销售计划，按计划生产的商品在市场上流通时，要考虑在什么地方，存放多少。

第二，从服务水平和经济效益出发来确定库存量以及如何保证补充的问题。

库存管理项目的分类方法多种多样，企业要针对不同的库存物品类别，采取不同的库存管理策略。

（1）按价值划分，可分为贵重物品与普通物资，如库存 ABC 分类法就属于按价值分类的方法。

（2）按物品在企业的产品成型状态划分，可分为原材料库存、半成品库存和产品库存。

（3）按库存物品的形成原因（或用处）划分，可分为安全库存、储备库存、在途库存和正常周转库存。

安全库存是指为了应付需求、制造与供应的意外情况而设立的一种库存。安全库存量可以预防需求或供应方面的不可预测的波动，在仓库中应保持最低库存数量作为安全库存量。

储备库存一般是指企业用于应付季节性市场采购与销售情况，如采购困难、材料涨价、销售旺季等。

在途库存是指由于材料和产品运输而产生的库存量。

正常周转库存是指一般用于生产等企业经营需要而产生的库存，如按生产计划采购的物资等。

（4）按物品需求的相关性，可分为独立需求库存与相关需求库存。

独立需求库存是指某一物品的库存需求与其他物品没有直接关系，库存量是独立的；相关需求库存是指某一物品的库存量与有些物品有关系，存在一定的量与时间的对应关系。

▶ 4.4.2　库存控制与盘点管理

用库存控制来控制存储物料的数量，以保证稳定的物流支持正常的生产，但又最小限度地占用资本。它是一种相关的、动态的、真实的库存控制系统。它能够结合、满足相关部门的需求，随时间变化动态地调整库存，精确地反映库存现状。

在企业信息系统的库存管理系统设计中，除要求库存管理模块的功能结构有完善的物料库存定义外，还要求具有批号管理、库存事物处理、库存状态管理、配货管理功能，以及与 POS 系统、条码机的接口。而盘点管理模块的功能结构主要包括：盘点事物方法，是否提供随机盘点作业、定期盘点作业、周期盘点作业、按批号盘点作业，以及费用类库存盘点作业，这些都是系统盘点事物方法的具体要求。同时强调盘点作业的方便性，以及提供辅助盘点的报表等要求。

库存控制的第一个环节是订货数量的控制。我们知道，企业内部的物料可分为独立需求和相关需求两种类型。独立需求是指需求量和需求时间由企业外部的需求来决定，例如，客户订购的产品、售后维修需要的备品备件等；相关需求是指根据物料之间的结构组成关系由独立需求的物料所产生的需求，例如，半成品、零部件、原材料等的需求。独立需求物品是指库存中物品的库存量是独立的，物品的需求量间没有直接关系。独立需求最明显的特征是需求的对象和数量不确定，企业里成品库存的控制问题属于独立需求库存问题，这类库存物品的控制主要是确定订货点、订货量、订货周期等。

1. 经济订货批量模型

经济订货批量模型是最基本的订货模型，它按照库存总费用最小的原则决定订货量。

（1）经济订货批量模型的基本假设。

① 年总需求率已知，为常量。年需求率以 D 表示，单位时间需求率以 d 表示。

② 一次订货量无最大最小控制。

③ 采购、运输均无价格折扣。

④ 订货提前期已知，为常量。

⑤ 订货费与订货批量无关。

⑥ 维持库存费是库存量的线性函数。

⑦ 不允许缺货。

⑧ 补充率为无限大，全部订货一次交付。

⑨ 采用固定量系统。

（2）经济订货批量模型。如图 4.3 所示。

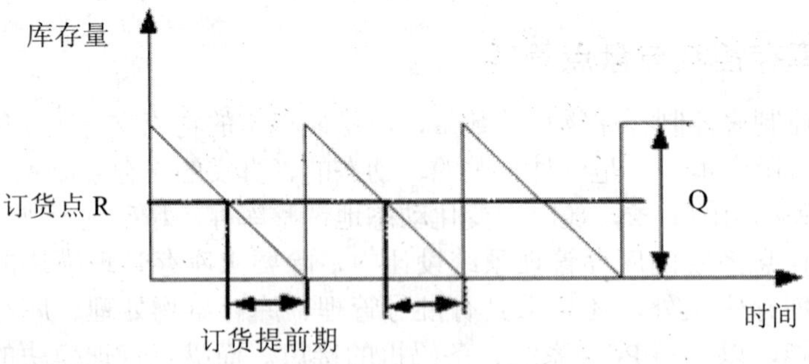

图 4.3 经济订货批量模型

库存总费用=货物成本+订货成本+存储成本，

即：

$$T_C = DC + C_0\frac{D}{Q} + \frac{Q}{2}H$$

公式中，T_C 为一定时期（年、月、周）物资库存总费用；C 为物资的购买成本或单位生产成本；D 为库存物资的年需求率；Q 为订货批量；H 为单位物资一定时期的存储成本；C_0 为订货成本。

（3）订货量的确定。经济订货批量就是使总库存成本最低的批量，经济订货批量的基本公式：

$$Q^* = EOQ = \frac{2DC_0}{H}$$

全年订货次数为：$N=D/Q^*$。

（4）订货点。该模型中假设需求与交货提前期是固定的，而且不允许缺货。因此，订货点就是提前期内的需求，即：

$$R=L\ d$$

公式中，L 为交货提前期，d 为物资的需求率（月、周或日）。

例：某公司以单价 20 元每年采购某种商品 8000 件。每次订货费用为 300 元，资金年利息率为 10%，单位维持库存按库存货物价值的 15%计算。若每次订货的提前期是 2 周，试求经济订货批量、最低年总成本、年订购次数和订货点。

解：这是一个直接利用 EOQ 公式的问题。有 $C = 20$ 元/件，$D = 8000$ 件/年，$C_0 = 300$ 元，$L = 2$ 周。H 则由两部分组成：资金利息和仓储费用。即

$$H = 20\times10\% + 20\times15\% = 4\ \text{元/（件年）。}$$

因此，得：EOQ =（2×8000×300/4）1/2 = 1095.4（件）

最低年总费用为：

T_C = 8000 x 20+（8000/1095.4）×300+（1095.4 / 2）×4 = 164381.8（元）

年订货次数为：$N=D/$EOQ=8000/1095.4=73

订货点为：R =（D /52）d=（8000 / 52）×2= 307.7（件）

2. 定量库存控制

定量库存控制的工作原理是连续不断地监视库存余量的变化，当库存余量下降到重新订货点 B 时，就要向供货商提出订货，经过一段备运时间，新订货到达，补存库存。其示意图如图 4.4 所示。为了实现这种补充过程，需要为系统事先确定两个参量：

（1）重新订货点 B，它需要考虑备运时间中的库存消耗量；

（2）订货量 Q，可以根据上述的经济批量模型（EOQ）来确定。

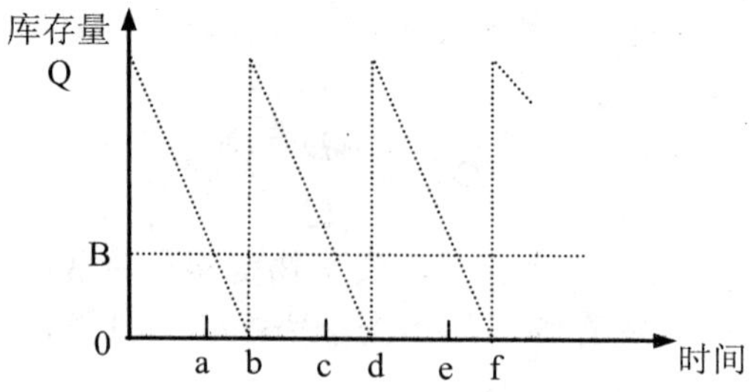

图 4.4 定量库存控制示意图

3. 盘点管理

库存管理除涉及库存订货管理外，还包括盘点、商品转库、调拨，脱销、断档商品分析、库存上下限预警、商品保质期预警等。

所谓盘点是为了保持商品的账存数量与实际库存数量的一致而进行的一项库存管理活动。库存盘点是对库存物品的清查，是对每一种库存物料进行清点数量、检查质量及登记盘点表的库存管理过程，其目的主要是为了清查库存的实物是否与账面数相符以及库存物资的质量状态（即可用库存量）。实物数与账面数有出入的，要调整物料的账面数量，做到账物相符。

无论是订货、库存上下限预警、库存水平分析、积压及断档分析都是以商品账存为依据的，如果商品账存数量不准确，势必会影响其他业务的正常进行。因此，商业企业中每个部门都随时（或半个月、一个月）进行一次循环盘点，每半年或最多一年进行一次总盘点。

图 4.5 是一个企业资源计划系统的盘点业务流程图。

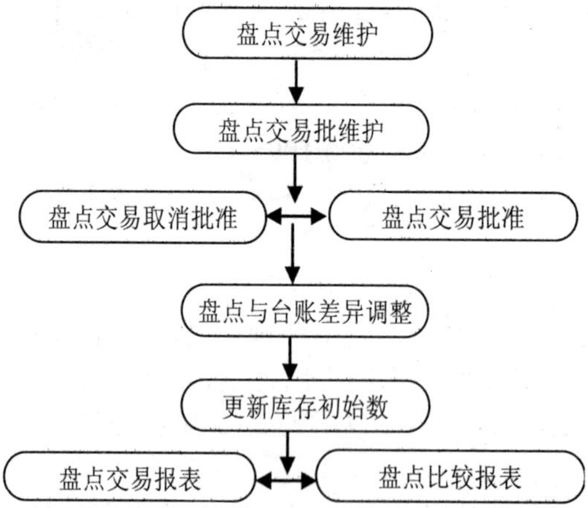

图 4.5 企业资源计划系统的盘点业务流程图

在库存管理中，除盘点管理外，针对存货的分析主要还有周转率分析，消耗数量、消耗成本与平均存量和平均存额的关系分析；盘盈损分析（提供盘盈损明细表和统计表，进行数量及成本分析）以及呆滞分析。

调 查 资 料

典型样本企业后台商品管理系统功能实现情况[①]　单位：%

企业类型	应用后台管理信息系统所占比例	商品计划管理所占比例	采购管理所占比例	品类管理所占比例	定价管理所占比例	促销管理所占比例	库存管理所占比例
所有企业	74.45	52.55	66.42	67.15	63.5	57.66	69.34
商业零售	80.34	59.83	71.79	74.36	70.09	62.39	74.36
商业批发	52.17	34.78	47.83	43.48	47.83	34.78	52.17

▶ 4.4.3　M3ERP 软件系统实践

M3ERP 是一个以中小企业信息化应用为主的企业资源管理软件，大家可以从有关网站下载该实验软件系统，借助演示和试用系统开展软件系统功能的管理实践活动，详细的实践指导可以参看由张艺全、毛光喜、陈拥军编著，华南理工大学出版社出版的《管理信息系统实验教材》中的第 2 部分：综合性实验。这里我们仅对该系统安装进行简要的实践指导。

1. 基本配置

运行环境。

硬件：M3 系统是三层结构的客户/服务器数据库应用系统，需要设置相应的服务器才能保证大用户量的网络应用。

服务器端：数据库服务器、中间层服务器。

最低配置：Pentium II 233 CPU、512M 内存、20G 剩余硬盘空间。

建议配置：Pentium III 1G CPU、1G 内存、50G 剩余硬盘空间。

客户端：桌面应用模式。

最低配置：Pentium 266 CPU、64M 内存、200M 剩余硬盘空间。

建议配置：Pentium II 1G CPU、128M 内存、500M 剩余硬盘空间。

运行环境，软件：M3ERP。

操作系统。

---

① 中华人民共和国商务部，中国电子商务报告[C]. 北京：经济科学出版社，2006：114.

数据库服务器/应用层服务器：Windows 2000 Server / Advanced Server 中文版（推荐）、Windows NT Server 4.0 with SP/5/6 中文版也可安装，但不推荐。

客户端：Windows 2000 Professional、Windows 98。Windows NT Workstation 4.0、Windows ME 也可使用，但不推荐。

数据库：Microsoft SQL Server 2000 + Service Package 3，Microsoft SQL Server 2000 可以是标准版或企业版，在安装时，请注意选择正确的代码页。SQL Server 2000 标准安装会根据您的操作系统的代码页来安装 SQL Server 2000 数据库的代码页，如果你想安装不同操作系统的代码页，请选择客户定制安装，并在安装过程中选择代码页（如简体中文选择 960，繁体选择 950）。在安装身份验证模式时请选择“SQL Server 和 Windows”。

网络：TCP/IP 协议。

使用的端口：开放 8123 的端口。

2. 实验模式

单机应用时，所有部件均安装在一台计算机上，主要满足产品演示或试用需要，支持 Windows 95 及以上的所有 32 位 Windows 操作系统。如作为日常应用，建议使用 Windows Nt Server 4.0 或 Windows 2000 Server 操作系统。

3. 系统安装

（1）安装主界面：运行 M3Install.exe 文件，将出现如图 4.6 所示的界面，即“安装执行文件界面”。

图 4.6 安装执行文件界面

（2）安装模式：完整安装（推荐），按照界面输入相关值。安装模式选择界面，如图 4.7 所示。

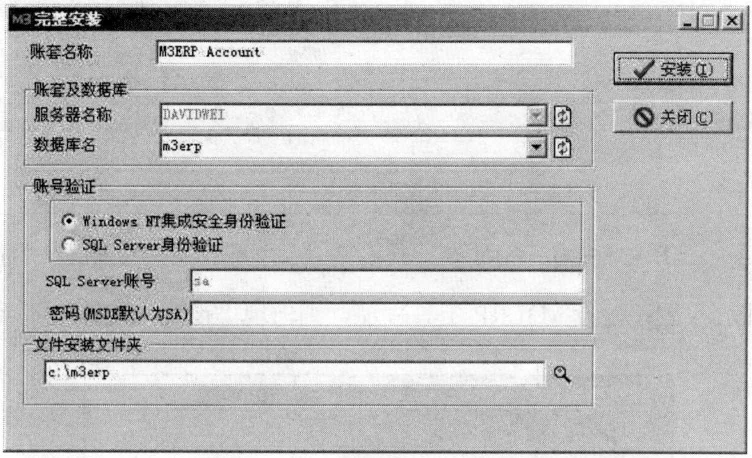

图 4.7　安装模式选择界面

（3）数据库的安装：选择“数据库”安装时，将出现数据库安装的界面，选择安装数据库，如图 4.8 所示。

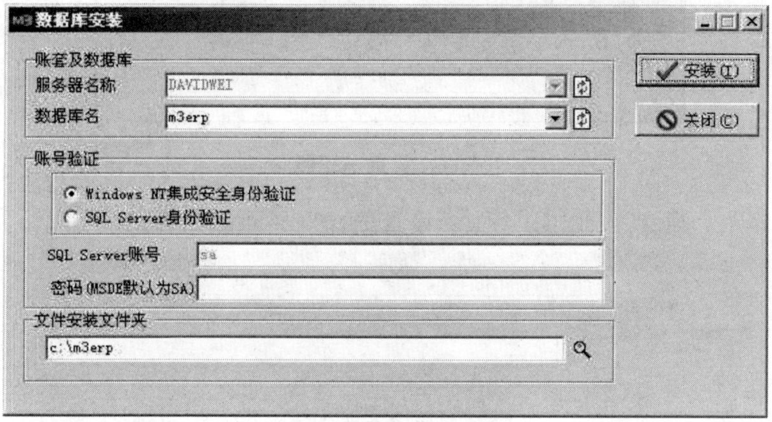

图 4.8　数据库安装界面

栏位说明。

服务器名称：输入安装 MS SQL Server 的实例名字。

数据库名：输入你将要安装的名字。

（4）中间层的安装：选择“中间层”安装则进行 M3 Application Server 的安装

工作，系统将出现“选择安装中间层路径”的界面，如图 4.9 所示。

选择“确定”后，将进行设置工作，中间层设置界面如图 4.10 所示。

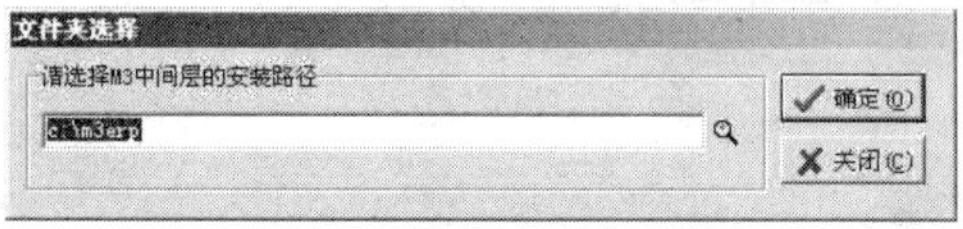

图 4.9　选择安装中间层路径

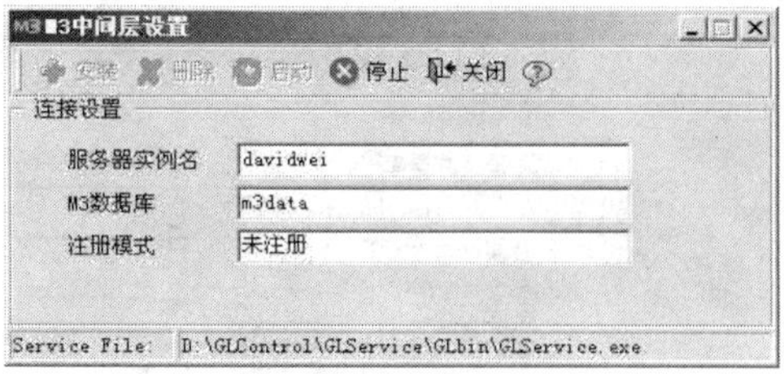

图 4.10　中间层设置界面

（5）账套设置：运行 M3ERP 工具程序，则出现“设置系统账套”界面，如图 4.11 所示。

图 4.11　设置系统账套

选择“账套设置”则出现“账套设置选择”界面，如图 4.12 所示。

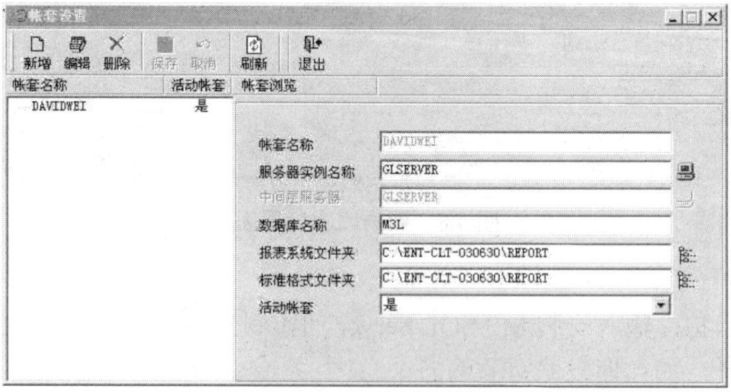

图 4.12　账套设置选择

栏位说明。

账套名称：输入你要设置的名称。

服务器实例名称：安装在服务器上 SQL Server 的实例名称。

数据库名称：在安装数据库时所输入的名称。

报表系统文件夹：在系统自定义报表中建立的报表存放的文件夹。

标准格式文件夹：系统标准格式或企业自己定义的报表格式存放处。

活动账套：表示是否是当前活动账套。

本节资料主要来自 M3ERP 软件指南。在此，特向提供该演示和试用软件的公司表示感谢。

本章英文缩写对照表

英文缩写词汇	英　文	中文翻译
3PL	Third-Party Logistics	第三方物流
ADC	Automatic Data Collection	自动数据采集
ANCC	Article Numbering Center of China	中国物品编码中心
B to C	B to C，　Business to Customer	企业对个人电子商务
BI	Business Intelligence	商务智能
EAN	European Article Numbering Association	欧洲物品编码协会
EDI	Electronic Data Interchange	电子数据交换
EOQ	Economic Order Quantity	经济订货批量
EOS	Electronic Ordering System	电子订货系统
ERP	Enterprise Resource Planning	企业资源计划
GPS	Global Positioning System	全球定位系统
GSM	Global System For Mobile Communication	全球移动通信
ITF	Interleaved 2 of 5	交叉 2/5 条码
GIS	Geographic Information System	地理信息系统

4.5 小　结

1. **了解物流与物流管理的概念。**物流就是物品从供应地向接收地的实体流动过程。根据实际需要，将运输、存储、装卸、搬运、包装、流通加工、配送、信息处理等基本功能有机结合。一个企业的物流管理涉及企业的仓库管理、运输管理、订货管理、成本管理，以及分销管理、采购管理、库存管理等方面。

- 为什么说物流管理对连锁企业更加重要？
- 请尝试将企业物流按生产物流、供应物流、销售物流和回收物流进行分类说明。

2 **思考现代物流发展有哪些主要趋势。**随着信息技术和网络技术的发展，物流发展和物流管理呈现出一些新特点和新趋势，主要表现在：物流技术水平的提高，作业自动化和管理标准化，全球化（国际物流）和网络化，业务集成化和商务智能化，以及第三方物流的发展等方面。

- 请举例说明有哪些主要的物流技术？
- 针对现代物流发展的趋势，试分析第三方物流对连锁企业物流的影响。

3 **了解条码与条码技术。**条码是表示一类代码信息的符号，或称条码数据。条码技术是一种数据输入技术，用电脑识读（由条码特殊印制设备印制的）条码数据。条码技术主要包括：条码编码原理及规则标准、条码译码技术、光电技术、印刷技术、扫描技术、通信技术、计算机技术等。

条码技术主要涉及三个方面：符号技术、识别技术和条码应用系统设计。

- 试分析编码原理和规则对条码技术的重要性。
- 举例说明与条码技术有关的设备有哪些？

4 **简述代码、编码与条码的关系。**代码是代表事物名称、属性、状态等的符号，一般用数字、字母或者它们的组合来表示。代码设计是进行科学管理的要求，它使我们的管理工作和业务处理更加简便化、系统化和规范化，而代码设计中，关键的是进行合理分类。编码是分类问题的一种形式化描述，分类工作必须按照系统化和标准化要求，遵循合理、实用和简便的原则进行。代码设计、编码原理和规则是条码技术的理论基础和设计规范。

- 请在互联网上查询有关国际物品编码协会的信息，并对这个协会进行简要介绍。

5 **了解 EAN-13 条码、交叉 2/5 条码和贸易单元 128 条码。**就条码的结构来看，一般可分为几个部分。首先符号的两边要有一定长度的“空白区”，即两边没有符号，颜色与空相同的区域；与空白区相邻的是起始标志；介于两个标志间的是真正要识别的条码符号。三种主要的条码为：EAN-13 条码，交叉 2/5 条码和贸易单元 128 条码。

- 简要说明 EAN-13 条码的构成。
- 我国现行的商品条码管理办法是什么时间制定和执行的？

6 **理解射频识别技术及其在物流中的应用。**RFID 系统的主要原理是利用无线电波发送的磁场，进行无线资料辨识以及采集的工作。RFID 芯片存储大容量信息，以通过射频信号自动识别目标对象并获取相关数据射频传输技术来传递数据信息。当 RFID 电子标签位于一个 RFID 阅读器的有效范围时，RFID 电子标签将内存的信息自动发送到 RFID 阅读器，从而实现物品（商品信息）的自动、实时采集。

基于 RFID 射频技术可识别和跟踪所有物理对象，能提供准确、真实的实时数据，实现物品流动信息的实时采集、交换、处理等，从而将不同企业联结为高效统一的网络，实时高效的物品跟踪，实时掌握车辆、产品等物品状态，提高运输、仓储、物流配送、调度等效率使企业实现产品（物品）数据的自动实时采集、过滤、分析，实现商业、物流、制造等企业相关商务、交易和流程的自动化，建立更智能、更迅捷的商务链。

- 试比较射频识别技术与条码技术的异同。

7 **说明电子数据交换与全球定位系统的核心内容。**EDI 按照协议对具有一定结构特征的标准信息，经数据通信网络，在计算机系统之间进行交换和自动处理。

全球定位系统（GPS）是具有在海、陆、空进行全方位实时三维导航和定位能力的新一代卫星导航和定位系统。

- 电子数据交换和全球定位系统在物流管理中有哪些重要应用？举例说明。

8 **简述库存的概念和库存管理的主要方面。**库存是指处于储存状态的商品。库存具有整合需求和供给、维持各项活动顺畅进行的功能。库存可以分类为：经常库存、安全库存、加工和运输过程的库存、季节性库存、促销库存、投机库存、积压库存等。

库存管理的对象是库存项目，即企业中的所有物料，包括原材料、零部件、在制品、半成品及产品，以及其他辅助物料。库存管理通过管理活动和信息技术与信息系统的应用，实现采购入库、销售出库、产成品入库、材料出库、其他出入库、盘点管理等业务需要，提供仓库货位管理、批次管理、保质期管理、出库跟踪入库管理、可用量管理，同时及时动态掌握各种库存存货信息，提供各种储备分析，便于企业进行存货的控制，从而避免材料积压占用资金，或材料短缺影响生产。

- 库存和库存管理需要考虑的主要方面有哪些？试简述库存管理与销售管理的关系。

9 **了解独立需求的概念和经济订货批量模型。**独立需求是指需求量和需求时间由企业外部的需求来决定，例如，客户订购的产品、售后维修需要的备品备件等。

经济订货批量模型，简称 EOQ。经济订货批量模型是最基本的订货模型，它按照库存总费用最小的原则决定订货量。

经济订货批量的基本公式：

$$Q^* = EOQ = \frac{2DC_0}{H}$$

订货点就是提前期内的需求，即：

$$R=L\ d$$

公式中，L 为交货提前期，d 为物资的需求率（月、周或日）。

- 试简述经济订货周期模型。

国美物流全解构

走进中关村广场的国美店，人山人海的热闹气息便扑面而来。为了迎接“十一”黄金周，国美启动了 20 亿元现金采购，卖场内商品价格整体普降 30%。门店前的热闹与门店后井然有序的物流配送形成了鲜明的对比，也正是这支勤勤恳恳，坚守岗位的物流队伍，支撑着前方的火热。据了解，在“十一”黄金周期间，凡在国美门店购买商品，都将按顾客的约定时间送货上门。考虑到国庆期间客流骤增，国美在原送货车辆的基础上，增加了 3 倍的送货车。为详细了解国美物流配送系统的运作过程，本刊专程采访了国美运营总监孙德淦先生，请他对国美的物流配送队伍作一个详细的介绍。

1．忠实执行者

从 1987 年一个不起眼的街边小店到如今这个家喻户晓的家电零售巨无霸，18 岁的国美完成了化蛹成蝶的蜕变，成长为在河北省、山西省、浙江省、吉林省、江苏省及北京、天津、上海、成都、重庆、郑州、西安、沈阳、济南、青岛、广州、深圳、武汉、杭州等 110 多个省市拥有 92 个库房，物流部门从业人员 5000 多名，年销售能力达 100 多亿元的龙头老大。18 年里，这支战无不胜的铁骑已将其足迹踏遍神州大地，并已基本完成了其在神州大地一级市场的战略布局，真正地迈向了成熟。目前国美拥有 330 多个门店，并以 3 天一个门店的速度递增。“或许就在我说话的同时，国美的门店数目又增加了几个了，国美的目标是要在 2005 年门店数达到四五百家”。孙德淦笑着说。

国美的大规模扩张在给企业带来利润的同时，也为其物流配送系统带来了巨大的挑战。“国美的物流完全由企业自己运作，因为目前国内还没有一家 3PL 公司能够做我们的物流配送”，孙德淦说，“我们每天要为 20 万家庭提供 B to C 的物流配送作业，而到了节假日，这个数量还会增加”。因此，能够为国美提供全程物流服务的 3PL 不但要在专业性和全面性上在业界首屈一指，还必须能够适应国美的销售操作模式，并能像国美一样在中国境内的各大城市将业务同时展开。从孙德淦的语气中估计，国美目前还没有计划将物流业务完全外包给 3PL。“物流部的工作职责就是执行，因此，我们物流部门的地位很被动，但我们会提前采取一些弹性做法，转变这种被动的处境”，孙德淦告诉记者。在国美，物流部和采购部保持着密切的联系。采购部的任何会议，比如采购会议、促销方案、POP 海报等，物流部必须列席。虽然在采购部的这些会议上，物流部并不能影响采购，但可以及时了解采购部的一些采购实施和其他行动。但是由于零售业的特性和一些竞争者的关系，销售部可能会突然制订某些商品的促销活动方案，而当物流部门接到通知时，可能促销活动明天就要进行了。因此，物流部处于一个相对被动的地位。为了保证能够及时应对这种突发事件，国美的物流部门会保留一些弹性的做法，比如预留存储空间，预留库存和人员，以此应对这种被动的局面。

2．完美配送

“我们物流部的配送率几乎是 100%满足，即使是出现一些特殊情况，我们的配送满足率也能达到 98%”，孙德淦自豪地告诉记者，“这是我们将顾客的需求放在第一位的结果。配送不及时的原因是多方面，其中最主要的是各部门之间的配合、配送过程和配送中心的选址等”。

谈到各部门的配合问题，孙德淦一再强调“国美是个高效的团队”。当然，这种高效是与信息化建设分不开的。国美拥有完善的物流信息系统，国美总部与各分公司及门店、物流中心之间通过 ERP 系统连接，商品进、销、存数据可以时时在线查询，这为各部门之间的密切配合提供了有力的信息支撑。

国美目前的运输车辆大概有四万多台，100%属于第三方承运商。每到一个城市建点，国美都会非常严格地选择承运商。2004 年 5 月，国美与长沙市邮政局签订了《家用电器委托配送协议》，长沙市邮政局将承担长沙国美公司平均每天 400 台左右的家电配送任务，占长沙国美非销售高峰日销售量的 80%；2004 年 6 月，国美又与天津大田集团签订了战略合作框架协议，与大田在仓储、B to C 城市配送、航空运输等方面进行全方位合作。当然，在选择第三方承运商时，国美也有自己特殊的做法，“我们不只选择一个承运商，这样就可以利用各承运商之间的竞争保证国美的服务质量”，孙德淦向记者介绍说，“我们还会与第三方承运商签订排他协议，使承运商一心一意地为国美提供最优质的服务，同时，我们还要对顾客进行回访”。国美的顾客回访率达到了 100%，通过对顾客的回访，了解自身在服务过程中的不足，以及顾客不断变化的需求，不断提高服务的质量。虽然国美的配送车辆和人员都是第三方的，但管理权掌握在国美手中，国美会对其进行统一培训，使其与国美融为一体。为了能够及时地为 20 万家庭提供及时的 B to C 服务，使顾客百分之百满意，国美把每个配送区域分得很细。“比如在北京的朝阳区，我们就会将配送区域细化到每一条街，这样，可能一辆车就负责一条街或几条街的配送任务。当然，具体的划分是根据每个区域的消费能力来确定的。”

当然，这就涉及成本的问题，家电零售企业的运力需求淡旺季差别很大，如果配送适应平时销售需求的车辆，旺季时候就很难有足够的配送队伍供使用，如果配够旺季的运力，在平时又是一种浪费。为此，国美只签约承运商 1/3 或 1/4 的车辆作为常备车辆，并对所有的运力循环培训，以保证旺季时可以使用。同时，国美对配送商品按件计价，每一件给承运商多少钱。这样不仅可以确保服务质量，还可以控制经营风险。

配送中心是连锁零售的供应链枢纽，只有依靠这个枢纽，才能实现对安装、配送、售后服务等各种消费者服务需求的整合。配送中心的选址既要考虑配送的方便还要考虑价格优势以及交通状况，正确的配送中心选址既可以扩大配送的辐射面，同时又可以缩小管理半径，缩短送货时间，提高商品配送的效率。在配送中心选址时，国美一直遵循 80 公里一个库房的原则。从 1993 年在北京建立了第一家配送中心到现在，国美电器已在全国 30 多个主要城市建立了专业的配送中心，总仓储面积达 50 万平方米，一级城市配送中心 35 个，二级城市中转仓库 55 个。

据孙德淦透露，国美目前正在进行 GPS 的研究工作，准备将其运用到商品配送系统。到时，国美的商品配送将更上一层楼。

3．高效团队

“在我们的物流系统中实行的是‘军阀式的管理’”，在介绍国美物流团队时孙德淦说，“我们的物流部门招聘的多是退伍军人，这些员工有很好的组织性和纪律性。从车—人—库房，我们没有采用高科技的信息技术，完全是通过电话、email 以及我们员工高度的纪律性进行沟通。从目前的情况看来，我们做得很好”。

货损率高一直是连锁企业配送中存在的一个突出的问题。“但在国美，我们的货损率仅在 1%左右”，孙德淦介绍说。货损率主要产生在商品装货和卸货过程中。对此，国美将每件商品的装卸全过程落实到每一人的头上，每位员工负责几件商品，从卸货到装车全程负责，这样，员工的责任心增强了，货损率也降低了。

文/郑琴

资料来源：http://info.jctrans.com/wl/zhwl/aljx/2006519352367.html

第5章 决策支持系统与商务智能

【学习目标】

1. 了解信息与决策的关系和各类经营决策使用信息的特点

2. 理解经营决策的基本过程

3. 理解结构化和半结构化决策问题

4. 初步了解统计预测中的线性回归方法

5. 理解决策支持系统和专家系统的概念和异同

6. 了解决策支持系统和专家系统模型的关键内容

7. 简述商务智能、数据仓库、网络信息挖掘的基本概念

8. 了解数据挖掘的主要步骤

9. 了解联机分析的主要特点

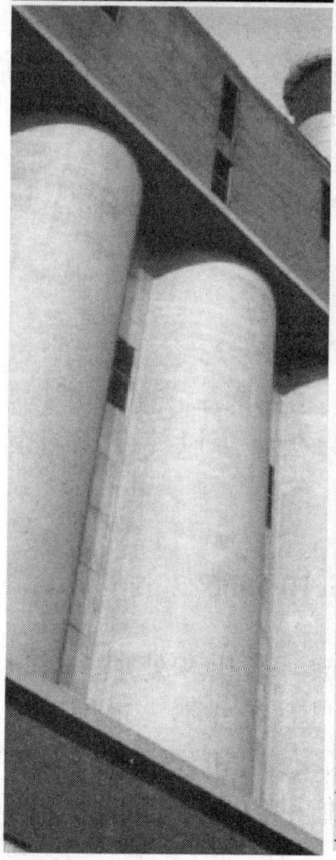

案例导读

联华超市——企业商务智能应用

联华超市（以下简称联华）创建于1991年5月，是上海首家以发展连锁经营为特色的超市公司。公司2005年的营业收入达到了143.1亿元，比2004年增长31.85%，并连续八年排名中国连锁业百强首席。截至2005年底，联华共有营业网点3609个，其中大型超市97家，超市1553家，便利店1959家，遍及全国21个省市。

联华的信息化建设开始于1996年，是国内零售业信息化建设最早的超市之一。联华最初的信息化建设从门店入手，1996—1998年，在门店层次形成了基于POS 的管理体系。1997年底，联华开始了EDI自动订货系统的全面建设。2001年2月，联华开始实施“供应商综合服务平台”模块。2002年10月，联华开始大规模地在各门店与采购中心之间、各门店与供应商之间建立全面的大规模网络系统。

在竞争趋于同质化的情况下，只有更好地为客户服务，才可能获得竞争优势，这也要求零售企业具有分析、挖掘业务数据的能力，以便于更深入地了解和掌握业务发展状

况。在这种情况下，联华超市开始了 BI（商业智能）系统建设。

在 2005 年的下半年，联华开始准备建设新的 BI 系统。在 BI 系统方案设计上，公司选择全部采用微软的平台，数据库、应用服务器和前端都采用微软的产品。该 BI 系统方案主要功能是为联华提供业务数据分析，整个系统包括 4 个层面。

•企业级的数据仓库

超市的各个门店以及供应商之间每天都要有大量的数据要传递和处理，数据仓库可以统一不同数据来源间的差异，清理在线系统中的不合理数据，保证了数据的准确性、及时性和响应速度。数据仓库还可以智能地执行数据加载、清洗、转换过程，大大降低后续维护人员的工作量。

•多维分析报表

数据仓库只是对数据的搜集和储存，对于数据分析功能，该 BI 系统提供了多维分析模型和多维分析报表，运用.Net 技术来提供报表分析，同时充分满足了各业务部门定制报表和灵活查询的分析需求。

•特定主题分析

特定主题分析是指针对零售业的特点，而开发的一些主题分析，包括总经理 KPI 指标仪表盘、供应商综合绩效评估、门店综合绩效评估、特定节假日促销效果定量分析、特定商品促销效果定量分析和不同时期、不同业态商品的角色跟踪、对比分析。

•经营分析指标

经营分析指标包括零售库存保本保利分析预算、成长达成率指标分析、生产率分析指标、资本安全性分析指标、收益率分析指标等。通过经营指标分析，可以使联华超市掌握自己的经营管理状况。

资料来源：

http://www.amteam.org/k/BI/2007-10/606022.html

在前面，我们讲到信息系统一般具备信息的收集、存放、分析和处理、信息的检索等基本功能。从实现这些基本功能的意义上讲，信息系统并不一定都要使用计算机。事实上，计算机出现之前，企业早就开始记录、使用和分析各种业务信息。只是在信息技术和计算机技术高速发展的今天，我们的收集、存放、分析和处理以及检索的能力大大增强，而分析和处理的能力除了因计算机的计算能力而增强外，管理科学和技术也为我们提供了大量的分析工具和方法。

企业的信息系统与企业的业务管理和运作系统是相互影响的。不同的运作系统，对于信息收集、信息存放、信息分析和处理、信息检索等功能的具体要求不同，信息系统的结构必须考虑到运作系统的特点。另一方面，信息系统的结构和功能又可能反过来影响运作系统。例如，当企业不考虑库存成本，以高库存量来保证满足客户需要时，信息系统可以每个月甚至更长的时间提供一次进销存的数据。反过来，如果信息系统只能在每月的月底提供当月的进销存数据，企业就不可能每周对其生产和供应计划进行调整。

信息系统是建立在一定的技术手段之上的，使用的技术手段不同，信息系统的结构和性能就会有很大差异。例如，一家在全国各地有许多销售分支机构的企业，如果要对各个分支机构的库存进行集中管理，就必须有一个能够能将各分支机构的进销存信息及时录入和整合的信息系统。而如果不采用网络技术，信息系统就不会具备这样的功能。

在生产经营活动中，企业管理部门要不断发现问题和解决问题，在此过程中需要大量的决策行为。所谓决策，就是为了达到办事目的而采取的某种对策，是各级领导和管理人员对企业经营活动、处理重大事件、分配资源、日常业务等一切事情所做的决定。决策是由信息来支持的，管理工作的关键和核心在于决策。

信息是决策的依据，决策实施后又得到新的信息，其中包括了成功和失败的经验教训等。企业经营运作中的决策分为三个等级。

（1）战略性决策。有关整个企业的重大方向性问题的决策，如经营方针、年度计划、新产品试制等。

（2）战术性决策。为了保证战略决策所需要的人、财、物的准备而进行的决策，如人事调动、资金周转、资源分配等。

（3）作业性决策：为了提高日常工作效率和效益而做的决策，是着眼于短期和个别方面的，如确定进出货批量、解决日常业务中发生的问题等。

以上的不同决策所使用的信息特点不同。作业性决策往往具有经常性和重复性，有一定规律可循，可以事先进行设计和安排，因此，需要比较具体和详尽的信息，数据结构严谨，这类问题通常称为结构化问题。但是，愈接近战略性决策，愈需要主观的判断能力、直觉、推理和估计来解决问题，所以需要的信息一般是经过分类、压缩和过滤后的，概括性、综合性强，数据形式不严格，这类问题通常称为半结构化和非结构化问题。不同程度的决策需要不同的信息，所以，在信息处理中如何将适当的信息提供给不同的决策者，是一个非常重要的问题。

一般来讲，作业性决策处理的问题主要是结构化问题，定量分析比较多，对分析和结论的要求比较具体和细致。战略性决策面对的主要是半结构化和非结构化问题，一般难以进行量化分析，综合性比较强。

由于信息与决策有着如此密切的关系，所以有人给信息所下的定义为：信息是一种已被加工为特定形式的数据，这种数据形式对于接受者来说是有意义的，而且对当前和将来的决策具有明显的或实际的价值。在以计算机处理为基础的信息系统中，很多重要的关键数据需要做到实时处理，主要是缩短信息的延迟时间。但是，对于管理决策而言，有时需要一定的间隔期，使大量的信息能够得到更好的压缩、过滤和概括，从而得到其在一段时期中的规律和变化，所以，即使计算机已全面用于管理，也仍然存在日报、周报、旬报、月报、季报、年报等各种形式。而且随着计算机领域大容量存储介质的使用，有时可能需要存储 5 年甚至 10 年或更久的历史性数据，以提供决策分析所需的信息，这些数据和信息将作为企业信息系统建设的下一个目标——数据仓库（DW）的“库存”。

一方面，作为企业信息系统的重要功能，决策分析和决策支持需要系统提供数据处理和分析工具，帮助企业进行决策。因此信息系统中提供的数据分析和决策支持工具和技术反映了系统的技术和应用水平。另一方面，连锁企业的很多关键数据分别存储在不同的系统或不同的应用模块中，要将它们从应用系统中提取出来，并以报表、图标、结构图等各种方式显示在信息系统中，实现信息的动态显示，同时利用访问控制权限来限制用户对这些显示出来的信息的访问，达到不同的动态信息由不同角色人员访问的目的。为此，首先要建立完整的数据仓库，同时还要设计合理的数据分析与数据挖掘方法。

在这一章中，我们将重点介绍决策分析中的确定性问题的处理，主要包括：经营决策与决策支持，结构化决策问题和数据统计预测方法，决策支持系统和专家系统，数据仓库与数据挖掘等商务智能技术方面的知识。

5.1 经营决策与决策支持

经营决策可以说是整个信息系统的核心和最高层次的处理环节，也是企业领导层（决策者）最为关心的内容。

▶ 5.1.1 经营决策模型

决策是人们为了达到一定目的而进行的有意识、有选择的行动。企业管理者的决策活动主要是针对经营决策的，企业的经营决策过程是决策者在一定的资源和条件制约下，为实现企业经营目标，而对经营活动进行的有选择的决断。

决策的科学化是决策科学的前提，一方面决策过程需要按照一定的程序化进行；另一方面，要运用科学的方法和工具进行决策。

确定一个有效的经营决策模型不是一件容易的事情，其研究的范围包括以下几点。

（1）组织决策体系的研究。

（2）确定适当的决策过程。

（3）确定收集、处理、提炼对决策有用信息的渠道、步骤和方法。

（4）确定适当的决策模型。对确定性的决策问题可得到具体的优化模型，对不确定性（半结构化）的决策问题得到的就不是某个具体的数学模型了。

（5）确定和选择优化解的方式。确定性问题可以得到唯一的解，但不确定性问题却可以得到若干不同的解，故必须确定选择和优化解的方式。

（6）系统支持决策的方式。

（7）模拟决策执行过程。

（8）决策评价指标体系的研究以及反馈控制决策系统运行的方式。

决策问题可以分为三类：结构化的、半结构化的和非结构化的决策问题。在决策支持方面，管理信息系统具备针对结构化决策问题的分析和决策能力，信息系统通常采用数学和统计学的算法工具，并支持统计预测和计划工作。而针对半结构化和非结构化（不确定性的）决策问题通常需要决策支持系统和专家系统来解决。

特 别 提 示

结构化、半结构化和非结构化的决策问题

结构化的决策问题是指有关的决策已经得到充分了解和表达，能够应用通用模型实现决策自动化的那类决策问题，也称为确定性的问题。半结构化的决策问题是指那些因为问题过于重大或者计算过于复杂，而当中又涉及一些客观分析和判断的决策问题。非结构化的决策问题是指那些无法结构化，问题的研究还不深入或者知识还不能很好解决的决策问题。半结构化和非结构化的决策问题的分类通常是相对的，也称为不确定的问题。

▶ 5.1.2　结构化问题的决策

所谓结构化决策是指决策问题可以用明确的语言和模型来描述，决策程序可以依据一定的规则或通用的模型来实现的决策，这样的决策问题可以借助计算机系统的模型处理能力和强大的计算与存储能力来实现，这就是说结构化决策是可以实现决策过程的自动化的决策。比如工资额和工时的计算问题，销售统计等问题。

针对结构化问题，经营决策的主要分析包括：在财务分析方面，损益分析、资产负债分析、经营指标分析（流动比率分析、速动资产/流动资产负债分析等）以及营运能力方面的分析；在销售分析方面，目标分析、趋势分析是主要的分析内容；在生产制造方面，主要包括成本分析、效率分析、绩效分析等。

统计和运筹学的方法是企业管理决策和分析中最主要的针对确定性问题的定量数据分析工具和方法。

数据分析中的统计分析模型常常是用以反映销售状况、市场占有情况、质量指标、财务状况等方面的综合、总量变化状况。这类模型在信息系统中常用各种分析图形的方式给出。在前一章中，我们介绍了一些库存管理的模型和分析工具，除此之外，在信息系统的其他模块和功能设计上常用到统计分析的部分包括销售系统、生产管理系统、财务系统等，一些主要的统计分析内容简要介绍如下。

1. 产品市场占有率和变化趋势分析

在销售分析中，管理人员可凭借销售日期、月份等来查询客户的销售资料或销售统计资料。销售分析访问的文件包括订单数据库、出货配送控制数据库、商品目录数据库、商品明细数据库、预测工具数据库、客户对商品反应数据库、入库数据库等。销售分析与销售预测系统要提供商品销售量统计表、年度商品数量统计表、年度及月份商品数量统计比较分析报表、商品成本利润百分比分析报表等数据。

2. 产品销售统计分析

产品销售统计工作，可以按照销售产品、销售地区、销售客户等各类信息进行管理和统计，可以对销售数量、金额、利润、绩效、客户服务做出全面的统计。信息系统要根据销售订单的完成情况，依据各种指标做出统计，比如客户分类统计，销售代理分类统计等，然后再就这些统计结果来对企业实际的销售效果进行评价。销售统计还可以根据销售形式、产品、代理商、地区、销售人员、金额、数量来分别进行统计。根据销售统计数据，销售分析可以进行产品销售额与利润变化趋势分析，还可以通过对比目标、同期比较和订货发货分析，来从数量、金额、利润、绩效等方面作相应的分析。同时，信息系统还可以辅助客户服务方面的客户投诉记录和原因分析。

3. 在线分析和实时控制

一些支持在线分析处理（OLAP）的信息系统可以及时了解产品在生产、销售和使用中的问题，开展售后服务及质量反馈，从而强化企业的控制能力。它可以将设计、制造、销售、运输等通过集成来并行地进行各种相关的作业，为企业提供对质量、适应变化、客户满意、绩效等关键问题的实时分析。

4. 生产统计分析

生产绩效和制造成本是企业生产统计的主要方面，这些统计和分析工作可以提供有关产品品质、损耗统计、工时统计以及生产效率和生产负荷方面的分析。

5. 财务统计分析

在企业的经营过程中，财务工作十分重要，财务部门需要及时得到资金信息用于控制成本，通过资金流动状况反映物料和经营情况，随时分析企业的经济效益，参与决策，指导和控制经营和生产活动。

在信息系统中，财务管理模块的功能主要是基于会计核算的数据，并加以分析，从而进行相应的预测，管理和控制活动。它侧重于财务计划、控制、分析和预测。

（1）财务计划。根据前期财务分析做出下期的财务计划、预算等。

（2）财务分析。提供查询功能和通过用户定义的差异数据的图形显示进行财务绩效评估，账户分析等。

（3）财务决策。财务管理的核心部分，中心内容是做出有关资金的决策，包括资金筹集、投放及资金管理。

6. 企业综合经济效益指标统计分析

信息系统可以为企业编制决策数据体系，提供决策数据分析方法，帮助企业进行投资管理、风险分析、跨国家、跨地区的集团型企业的信息集成、获利分析、销售分析、市场预测、决策信息分析、促销与分销、售后服务与维护、全面质量管理、运输管理、人力资源管理、项目管理以及利用互联网实现电子商务。

名词解释

决策过程

决策过程是一个系统的逻辑分析与综合判断的过程，它通常需要经过收集信息和情报、分析和准备方案，选择和优化方案，并进行组织实施等阶段。

决策系统

在企业中，高层决策者常常会面对一些难有固定答案的决策问题（半结构化或非结构化问题），这就需要充分利用数据库中的各种数据和信息，采用数学或统计学的算法，甚至人工智能的办法，为决策者提供决策支持。如决策支持系统（DSS）、专家系统（ES）等就是这一类型的系统。

▶ 5.1.3 简单的预测方法

决策分析中经常用到统计学方法，预测模型和统计分析模型被广泛地用于生产产量、销售量、市场变化趋势等方面。常用的预测模型有：多元回归预测模型、时间序列预测模型以及普通类比外推模型等。

特 别 提 示

预测

预测就是预计和推测，即根据过去和现在的情况，预计和推测未来。预测就是根据已知情况（包括主观经验教训、客观的条件和资料、事物演变的逻辑和推断等）来寻找事物发展的规律，从而推测未来情况。

下面，我们对较为简单的预测方法——线性回归法作一个基本介绍。“回归”这个词是由英国著名的统计学家 Francils Galton 提出来的，我们通常把由一个变量的变化去推测另一个变量的变化的方法称为回归方法。利用回归方程，我们可以进行预测。

假设我们已经得到两个具有线性相关关系的变量的一组数据（在直角坐标系 oxy 中的 n 个点）：

$$(x_i, y_i)\ i=1,2,\cdots,n$$

且所求回归方程（预测方程）是

$$y=a+bx \tag{1}$$

其中 a，b 是待定的参数，当变量 x 取 x_i （$i=1,2,\cdots,n$）时，可以得到对变量 y 的估计为

$$\hat{y}_i=a+bx_i \quad i=1,2,\cdots n,$$

它与实际收集到的 y_i 之间的偏差是

$$\hat{y}_i-y_i=a+bx_i-y_i \qquad i=1,2,\cdots n$$

我们要求的参数 a 和 b，使得整体的偏差最小。

那么我们可以用

$$Q=(a+bx_1-y_1)^2+(a+bx_2-y_2)^2+\cdots+(a+bx_n-y_n)^2$$

最小来刻画 n 个点与回归直线方程在整体上的偏差。也就是说，问题归结为当 a 和 b 取什么值时 Q 最小。

得正规方程组

$$\begin{cases}\dfrac{\partial Q}{\partial a}=2\sum\limits_{i=1}^{n}(a+bx_i-y_i)=0\\ \dfrac{\partial Q}{\partial b}=2\sum\limits_{i=1}^{n}(a+bx_i-y_i)x_i=0\end{cases}\tag{2}$$

求解方程组（2）得

$$\begin{cases}b=\dfrac{\sum x_iy_i-n\overline{x}\ \overline{y}}{\sum x_i^2-n(x_i)^2}\\ a=\overline{y}-b\overline{x}\end{cases}\tag{3}$$

其中，

$$\overline{x}=\frac{1}{n}\sum x_i,\quad \overline{y}=\frac{1}{n}\sum y_i$$

在一些情况下，变量之间的关系可能不是线性关系，比如指数关系、对数关系、多项式等。这些关系可以通过适当的变换使得变量之间的关系线性化，我们还可以通过一些软件方便地得到方程结果。

例 5.1：回归方程与 Excel 软件操作实现。

某公司 2001—2007 年的销售收入按年份呈指数上升，有关实际销售额（各年份的销售额及销售额对数值）见表 5.1。

表 5.1　各年份的销售额及销售额对数值

年度	变量 X （年）	变量 Y：销售额（万元）
2001	1	12.5
2002	2	17.1
2003	3	18.4
2004	4	25.0
2005	5	34.2
2006	6	45.0
2007	7	52.3

在 Excel 软件中，我们可以方便地求出指数回归方程，具体步骤如下。

（1）在 Excel 的表中，录入数据表，插入图表（如图 5.1 所示），选择 XY 散点图。在菜单中选定“图表”中的“添加趋势线”选项（如图 5.2 所示），弹出“添加趋势线”对话框。

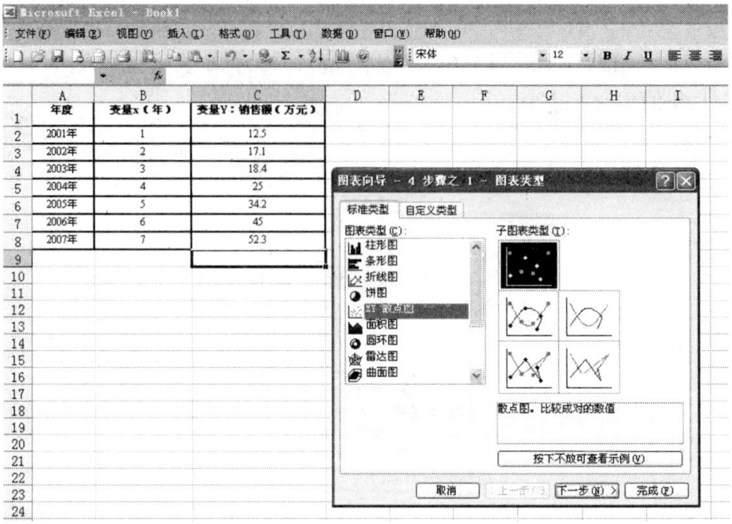

图 5.1　插入图表

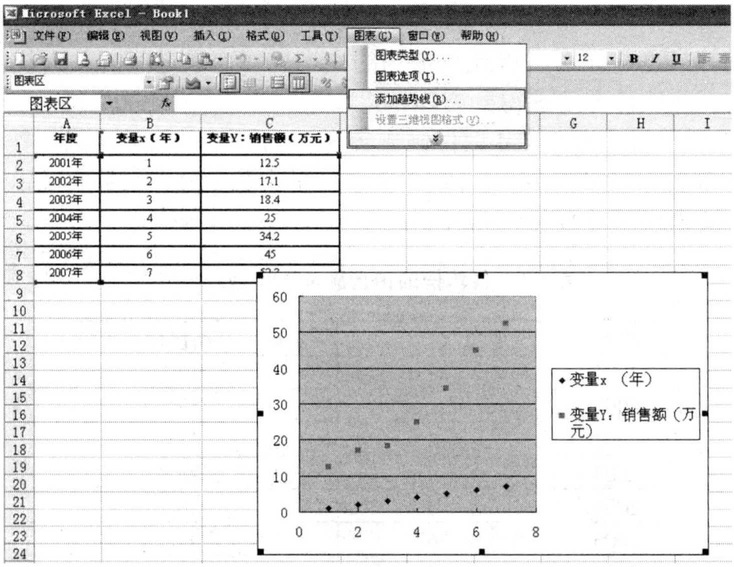

图 5.2　选定“添加趋势线”选项

（2）单击“类型”标签（如图 5.3 所示），选定“趋势预测/回归分析类”中的“指数”选项，选择数据系列为“变量 Y：销售额（万元）”。

（3）单击“选项”标签（如图 5.4 所示），选定“显示公式”，最后单击“确定”按钮。

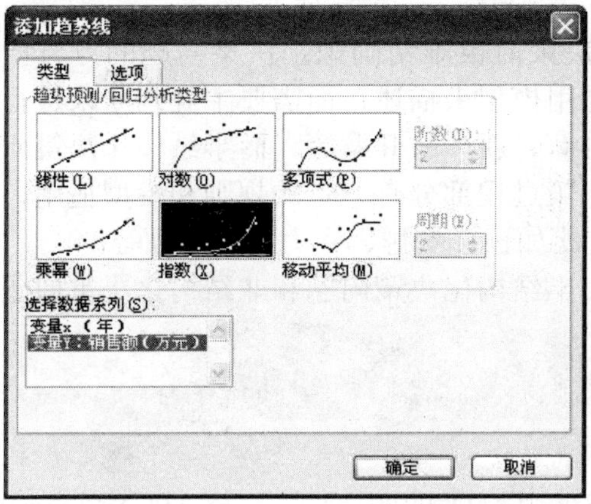

图 5.3　单击“娄型”标签

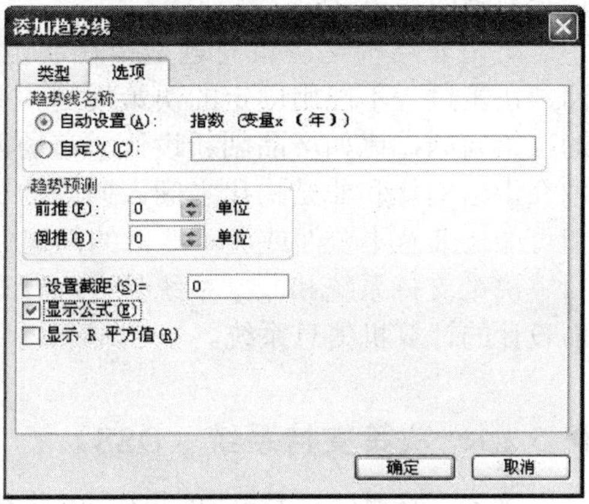

图 5.4　单击“选项”标签

（4）得到回归方程（如图 5.5 所示）。$y = 9.7531\,e^{0.2446\,x}$

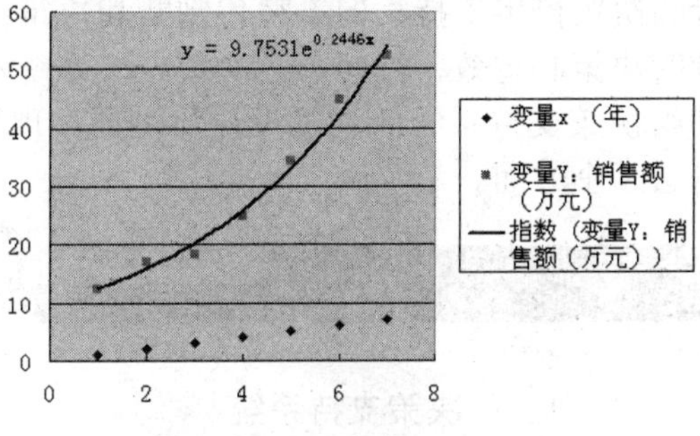

图 5.5　得到回归方程

根据方程，我们可以得到 2008 年的销售预测结果为 69.0 万元。

5.2 决策支持系统与专家系统

在前面的章节中，我们讨论了结构化决策问题的决策自动化，其中通用模型中数据分析和统计分析是实现的决策科学化的保障。但是，这些决策问题主要是针对结构化的问题，也就是说，问题能够很好地表达出来。而实际上，在企业的经营活动中，特别是决策活动中，大量的问题并不是结构化的，而是半结构化的，甚至是非结构化的。因此，决策支持系统也使用了大量的数学模型和工具来进行这类问题的决策支持。

所谓非结构化决策问题是指在制定决策前很难精确识别决策问题的方方面面，决策过程不能用固定的决策规则和通用模型来描述，而需要主观判断来进行的决策问题，比如产品创新设计、市场创新、新产品开发等。而半结构化决策问题介于结构化和非结构化之间，问题的决策过程部分有一定的规则和模型适用，但可能还涉及不全面或者不严格的问题，比如预算安排、人力资源计划等。

决策支持系统和专家系统是专门针对半结构化决策问题和非结构化决策问题而设计的计算机信息系统。

▶ 5.2.1 决策支持系统（DSS）

决策支持系统最早在20世纪70年代就由MIT的两位教授戈瑞（G. A. Gorry）和斯科特（M. S. Scott）提出了，他们认为决策支持系统应该为企业决策者提供计算机的支持，其后的研究者认为决策支持系统的目标应该是：

（1）帮助决策层在制定决策时解决半结构化的问题；

（2）对于决策者的决策提供支持，但不替代判断和决策；

（3）改进决策者的决策制定效率，而不是决策支持系统本身的效率。

这些目标要求使得决策支持系统的功能设计将主要体现在：问题的结构、决策支持和决策的效率这3个方面。

名词解释

决策支持系统

决策支持系统（DSS）是一种以计算机为基础和工具，应用决策科学及有关的各种理论和方法的人机交互系统，主要面向组织管理的战略计划中半结构化与非结构化的决策问题，提供用户以获取数据和构造模型的便利，辅助决策者分析并做出正确的决策。

---

1. 数学模型

数学模型在DSS中占有重要地位。管理者使用DSS，不是直接依靠数据库中的数据进行决策，而是依靠模型库中的模型进行决策。应用模型获得的输出可以是：

（1）直接用于制定决策；
（2）对决策的制定提出建议；
（3）用来估计决策实施后可能产生的后果。

2. 模型的分类

（1）按照模型求解的方法，可把模型分为模拟方法类、规划方法类、计量经济方法类、投入产出方法类、启发式方法类等。

（2）按照经济内容可分为：预测类模型，如产量预测模型；综合平衡模型，如投入产出模型；结构化类模型，如产业结构优化模型；经济控制类模型，如物价控制模型。

（3）从模型库结构设计的角度，可以把模型分为单元模型和决策支持模型两类。单元模型是指只具有单一功能的小模型，通常又分为通用单元模型和专用单元模型。通用单元模型是最基本的具有一般功能的模型，适用于各个领域，而专业单元模型只适用于特定问题领域。决策支持模型则是由这些单元模型结合而生成的，它是处理决策支持问题的更大的模型。

3. 决策支持系统模型

图 5.6 是一类决策支持系统的模型结构图。

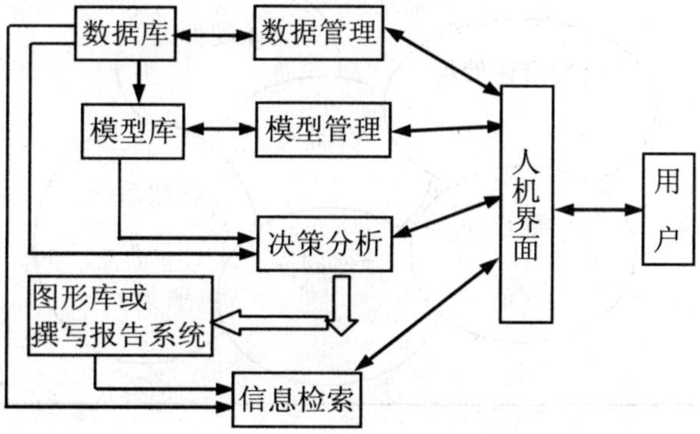

图 5.6　一类决策支持系统的模型结构图

数据库接收企业的各种数据和信息，数据库管理子系统进行数据库管理和维护工作，并为信息检索和模型库提供各类信息。模型库可以通过模型库管理子系统进行管理，提供数学模型对决策问题进行运算和模拟工作。不论是数据库还是模型库都是为企业决策分析提供支持的，决策分析的结果通过图形库、信息检索系统以及人机界面为决策者提供较为直观的帮助。

决策支持系统中的模型库系统是决策支持系统的核心。一个模型库系统中通常有三个层次：应用级模型库子系统，这是为决策者设计的模型子系统；生成级子系统由模型库管理系统、数据库管理系统、用户接口等组成；工具级子系统由一些专用的和通用型的工具和软件组成，包括图形工具、文字报告处理等。

决策支持系统的功能主要体现在以下几个方面：决策目标和决策问题的建模，数据检索和综合统计，决策方案生成，方案报告等。在决策支持系统中，图形库和报告撰写子系统为决策者提供决策支持的周期性或者专门性的报告。

▶ 5.2.2 专家系统

人工智能（AI）的概念早在 20 世纪 50 年代中期就被提出，同时还推出了第一个被称为逻辑理论家的 AI 程序，这个程序具备初步的推理能力。随后，人工智能领域成为一个长期的国际研究热点领域。

但是，人工智能方面的研究能够成功地被商业应用的还非常少，目前在商业领域应用的还只有知识库系统，最常见的知识库系统就是专家系统。图 5.7 表达的是人工智能的分支。

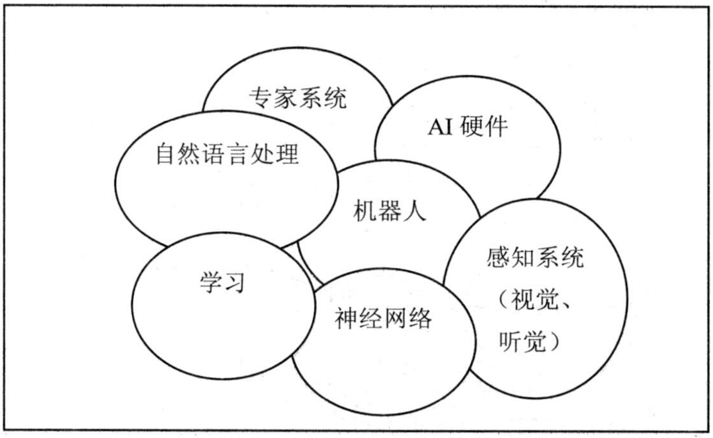

图 5.7 人工智能的分支

专家系统的概念建立在专家知识能够被反映出来，并被其他人使用的假设基础上。作为人工智能的一部分，专家系统需要具有解决问题的能力。

1. 专家系统与决策支持系统的异同

专家系统和决策支持系统有许多相似点，但也有本质上的区别。专家系统与决策支持系统的异同主要表现为以下几点。

（1）专家系统和决策支持系统都是针对不确定性决策问题而设计的，为决策者提供决策支持并辅助决策。

（2）决策支持系统有固定的程序和模式，提供综合的决策信息。决策支持系统在决策功能上主要是配合决策者决策，处于从属的、辅助的地位。而专家系统涉及的问题通常是决策者能力不及的问题，需要专家系统提供专家知识，甚至是解决方案来弥补决策者知识和能力的不足。

（3）决策支持系统主要体现的是综合信息的支持，而专家系统主要体现的是对知识库建设、推理过程和解决方案的支持与解释。

2. 专家系统模型

在专家系统的构造过程中需要处理好以下关键问题。首先是知识与知识处理分开和相互独立；其次是功能模块化，以及交互性学习和维护能力。

图 5.8 是一个专家系统模型。专家系统一般由 4 个部分组成，用户界面是用户与专家系统的联系渠道，而推理机和知识库是专家系统的核心。知识库存储相关的知识和规则，推理机提供解释知识库内容的推理能力，专家利用开发机构建立与推理机和知识库的联系，维护和丰富推理能力和知识库中知识的积累。

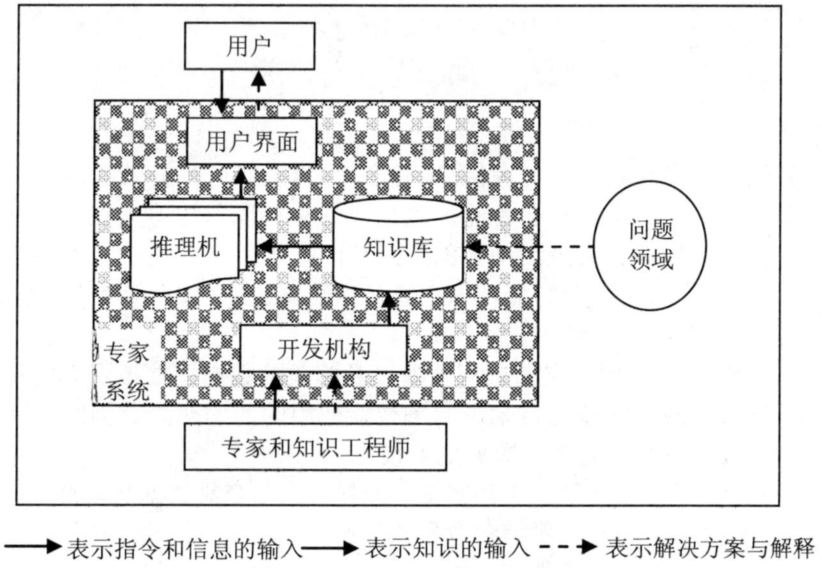

图 5.8　专家系统模型

专家系统中的推理机制作为专家系统的核心有着十分重要的地位，通常需要针对特殊问题进行设计，其中知识库设计、知识表示问题、学习问题、推理规则、推理解释与推理过程以及反向推理都十分关键。总之，专家系统运用人工智能技术、专家知识和推理去解决某个运用领域的复杂问题，它的特点是通过交互的过程，运用知识库中的知识和规则，根据用户的提问，得到问题的解决方案。专家系统能够解释已得到解决方案的推理路径，而解决方案的解释有时可能比该方案本身更有价值。

名词解释

人工智能

人工智能是机器模拟人类思维和行为的科学。

专家系统的商业应用是从 20 世纪 80 年代初开始的。决策者使用专家系统可以为他们的决策提供更多的选择机会，并利用专家经验和知识，通过专家系统获得更多的解决方案。但是专家系统还不能运用判断和直觉，而在许多半结构化和非结构化问题的决策中，判断能力和直觉往往非常重要，开创性的工作更是如此。

5.3 商务智能

商务智能是指借助收集和处理信息的技术来为企业进行有效的决策，以帮助企业取得效益。广义上讲，商业智能技术是一类从知识和智力上支持和辅助企业商业活动的技术，特别是决策活动和创新活动的技术总称。商业智能技术有广义和狭义之分，狭义上讲的商业智能技术主要是指数据仓库（DW）、数据挖掘（DM）、联机分析处理（OLAP）等技术。

20 世纪 90 年代中期出现的数据仓库以及相关的数据挖掘技术为信息系统的发展提供了新的挑战和机遇，带来了商务智能应用的新的热潮。因此，许多人现在讲商务智能就专指数据仓库和数据挖掘技术。

在数据库中，数据是未经加工和修饰的原料，它是交易数据的记录。而在大量的数据组成的信息中含有一定量商务意义的信息和数据，它需要经过提炼、加工和集成组成数据仓库，智能则是把信息提高到一个更高的层次。只有对业务数据和信息深入分析，并被更多人分享后，才会形成一种非常强大的力量。因此，数据仓库和数据挖掘主要是针对企业经营和管理的知识和创新产生和发展起来的。

特别提示

商务智能

商务智能是一种可以收集和有效利用信息，以改善商业效率的技术应用（Business intelligence refers to the use of technology to collect and effectively use information to improve business effectiveness.）。

▶ 5.3.1　数据仓库的建设

数据仓库（DW）技术的出现是由于决策支持系统发展的需要。它的提出是以关系数据库、并行处理、分布式技术以及互联网的飞速发展为基础的，它是解决如何利用分散的异构环境数据源，及时得到准确的信息，解决信息技术在发展中一方面拥有大量数据，另一方面有用信息却很贫乏这种不正常现象的综合解决方案。对于什么是数据仓库，目前比较公认的看法是："数据仓库是支持管理决策过程的、面向主题的、集成的、不可更新的、并且随着时间变化的数据集合。"

名词解释

数据仓库

数据仓库是支持管理决策过程的、面向主题的、集成的、不可更新的、并且随着时间变化的数据集合。

从仓库这个概念名词来看，数据仓库似乎是一个静态的概念，甚至有些人会认为数据仓库是一个大型的数据存储机制。事实上，数据仓库是一个工程的概念，是一个动态的概念。数据仓库的根本任务是把数据加以整理归纳，并及时提供给相应的管理决策人员，供他们做出改善其业务经营的决策，使信息发挥作用，支持决策。主要表现在以下几点。

第一，数据仓库有效集成了企业的业务数据，提供了标准的报表和图表的功能。数据仓库的报表和图表是关于整个企业集成信息的报表和图表，其中的数据可来源于不同的多个事务处理系统。从而为企业提供了按照主题的多方位的决策支持。

第二，数据仓库可以对分布在不同系统的业务数据进行清洗和加工。数据仓库的源数据可能来自许多异构的事务处理系统，它们具有不同的数据格式和数据存储管理组织，数据仓库可以按照面向主题的原则对这些数据进行清洗和加工，使它们成为统一格式的易于使用的支持决策的数据。

第三，数据仓库支持多维分析。多维分析是通过把一个实体的多项重要属性定义为多个维度，使用户能方便地汇总数据集，简化数据的分析处理逻辑，并能对不同维度值的数据进行比较。维度表示对信息的不同理解角度，例如，时间和地理区域是经常采用的维度。应用多维分析可以在一个查询中对不同阶段的数据进行纵向或横向比较，这在决策过程中非常有用。

第四，数据挖掘技术是数据仓库表现的关键技术。数据挖掘技术可以在已有数据中识别数据的模式，以帮助用户理解现有的信息，并在已有信息的基础上，对未来的状况做出预测。在数据仓库的基础上进行数据挖掘，就可以针对整个企业的状况和未来发展做出比较完整、合理、准确的分析和预测。

数据仓库建设和数据挖掘技术的应用可以为企业带来利益。企业要建设数据仓库必须具备一些重要的条件前提。

首先，用户的数据积累已达到一定规模。从分析的角度来说，没有数据或数据量少是分析不出什么东西的。其次，对信息技术的应用达到或者基本达到较成熟的水平，有较丰富的信息技术管理和信息系统应用的经验。最后，企业还必须有较大量的资金投入保障，资金的保障是至关重要的。

设计数据仓库是成功创建数据仓库的一个关键步骤。数据仓库的目的是组织大量的稳定数据以便快捷、方便地得到数据的总体视图，供决策人员进行细致的分析，做出准确的决策。最常用的数据仓库模型是星型模型和雪花模型，使用事实表和维度表用于数据仓库的设计中，其目的是组织数据。

构建数据仓库是一个长期的、反复的过程，操作系统和数据仓库平台的选取也很重要，主要考虑的因素除资金外应当是企业数据的增长速度、规模和平台使用的各种技术的技术指标。在数据仓库的构建过程中，关键是业务建模。只有对企业的业务需求进行深入的了解，才能提出真正适合企业需要的数据模型，这样数据仓库及各种相关技术才能真正地与实际相结合，为企业管理和决策提供强有力的保障。

目前国内数据仓库产品市场基本是国外产品主导，根据这些产品所提供的数据仓库工具的功能，大致可分为以下几类。

（1）前端产品。局限于数据仓库方案实施中的一部分或某一特定功能，主要作为第三方产品或者和其他公司的产品结合起来使用，如 SAS 公司的 SAS EG 工具。

（2）提供部分解决方案的产品。大多数数据库厂商所提供的构建数据仓库的工具在联机分析处理（OLAP）、数据挖掘、数据提取等方面各有特色，但都需要结合第三方供应商所提供的工具才能完成整个数据仓库的构建过程，如 IBM、Oracle、Sybase 等公司提供的产品。

（3）提供全面解决方案的产品。

▶ 5.3.2　数据挖掘技术

数据挖掘技术是人们长期对数据库技术进行研究和开发的结果。经过二十余年的研究和发展，数据挖掘技术进入了一个更高级的阶段，数据挖掘算法也已基本成熟、稳定，且易于理解和操作。尤其是随着对网络信息挖掘算法的研究和智能化搜索引擎的出现，数据挖掘技术进入了一个全新的阶段。

数据挖掘（DM），又称为数据采掘、数据开采，相近的术语有 KDD（数据库知识发现）、数据分析、数据融合（Data Fusion）、决策支持等。根据佛劳雷（W. J. Frawley）和夏必若（G. P. Shapiro）等人的定义，数据挖掘是指从大型数据库的数据中提取人们感兴趣的知识，而这些知识是隐含的、事先未知的、潜在的有用信息。原始数据可以是结构化的，如关系型数据库中的数据；也可以是半结构化的，如文本、图形、图像数据，甚至是分布在网络上的异构型数据。

发现知识的方法可以是数学的，也可以是非数学的；可以是演绎的，也可以是归纳的。发现了的知识除可以被用于信息管理、查询优化、决策支持、过程控制等，还可以用于数据自身的维护。

特别提示

数据挖掘

数据挖掘是指从大型数据库的数据中提取人们感兴趣的知识，而这些知识是隐含的、事先未知的、潜在的有用信息。

目前，数据挖掘技术正处在发展当中。数据挖掘涉及数理统计、模糊理论、神经网络、人工智能等多种技术，技术含量较高，实现难度较大。此外，数据挖掘技术还可同可视化技术、地理信息系统、统计分析系统相结合，丰富数据挖掘技术及工具的功能与性能。

数据挖掘大致分为四个步骤：

① 资源发现，即检索所需的网络文档；

② 信息选择和预处理，即从检索到的网络资源中自动挑选和预先处理以得到专门的信息；

③ 概括化，即从单个的 Web 站点以及多个站点之间发现普遍的模式；

④ 分析，对挖掘出的模式进行确认或者解释。

根据数据挖掘应用类型的不同，大致可分为以下几类。

① 分类模型。主要是根据商业数据的属性将数据分派到不同的组中。

② 关联模型。主要是描述了一组数据项目的密切度或关系。

③ 顺序模型。主要用于分析数据仓库中的某类同时间相关的数据，并发现某一时间段内数据的相关处理模型。

④ 聚簇模型。主要用于当要分析的数据缺乏描述信息，或者是无法组织成任何分类模式的情况，是按照某种相近程度度量方法将用户数据分成互不相同的一些分组。

针对上述应用类型，数据挖掘领域提出了多种实现方式与算法，数据仓库软件大多配备有关算法程序。这里仅讨论几种常见的典型的实现方法。

① 神经网络（Neural Network）。这是一种人工智能方法，利用神经网络的软件找出两件事情的因果关系，以及识别某种图像或文字的模式等。

② 决策树（Decision Tree）。通过把一系列相关联的决策用一棵树的形状画出来，加上每项决策的风险比率，计算出最佳的期望值。

③ 联机分析处理（OLAP）。一种面向数据的分析和对关系数据库的改进。

④ 规则推导。从一连串的问题和答案中推导出一组规则。当类似的问题出现时，便可以利用这套规则寻找解决办法。

⑤ 近邻算法。将数据集合中每一个记录进行分类的方法。

⑥ 遗传算法。基于进化理论，并采用遗传结合、遗传变异、自然选择等设计方法的优化技术。

⑦ 信息、数据可视化（Data Visualization）。通过各种视图或较为直观的形式表现出数据和信息特征的一种技术。

数据挖掘一般具有以下特点。

（1）数据挖掘要处理大量的数据，待处理的数据规模可能达到 GB、TB，甚至更大。

（2）由于用户不能形成精确的查询要求，可依靠数据挖掘技术为用户寻找他可能感兴趣的信息。

（3）把大量的原始数据转换成有价值的知识，用于描述过去趋势和预测未来的趋势。

（4）数据量增长快速，许多数据来不及分析就过时了。数据挖掘能快速地做出响应，提供决策支持信息。

▶ 5.3.3 联机分析处理与网络信息挖掘

联机分析处理（OLAP）是一种交互式的决策辅助工具和方法，也是一种面向数据的分析和一种对关系数据库的改进。联机分析处理是使分析人员、管理人员或执行人员能够从多种角度对从原始数据中转化出来的、能够真正为用户所理解的、真实反映企业特性的信息进行快速、一致、交互地存取，从而获得对数据的更深入了解的一类软件技术。OLAP 提供了一系列新的数据分析功能，它的技术特点包括以下几点。

1. 采用多维数据库

OLAP 的核心技术采用了多维数据库。多维数据库可以被多用户共享，它从数据的存储方法、数据的运算方法上都与关系数据库不同。例如，当用户用普通的 DSS 进行分析时，如果使用关系数据库分析销售量、时间、销售地区这三个变量之间的关系，就要对三张表进行关系运算。而在多维数据库中对这个三个变量的运算是通过向量运算来进行的。这正像在看一个建筑的设计时，关系数据库是通过一张张平面透视图来表示它，而多维数据库则是用一个立体模型来表示它。显然后者比前者更为直观和有效。

2. 快速的查询和响应

OLAP 采用一系列数据存储技术和数据压缩技术来提高查询和响应速度。它主要利用矩阵来存储数据，并对稀疏矩阵采用优化算法，对不同平面的运算采用向量运算，从而获得很快的查询和响应速度。

3. 动态数据分析

在关系数据库中，一般用静态的数据进行分析，它不能提供用户与机器交互进行数据分析的功能。而 OLAP 是以动态数据分析见长，而且还能根据一些智能化的功能，在内部自动对数据进行转换，使得用户可以在交互的过程中获得明确的分析结论。

4. 可视的数据操作界面

OLAP 还包括可视化的界面。用户时刻都能够看到它在做什么工作，朝哪个方向前进。系统一般提供多种可视化的数据表示形式，如提供制作表格、制作三维图表、平面图形等功能，用户可通过简单的选择得到满意的数据表现形式。

近年来，随着互联网的快速发展，数据挖掘技术已从传统的数据仓库技术和简单的知识发现逐步转入对海量的网络信息挖掘。普遍认为，网络信息挖掘就是利用数据挖掘技术，自动地从网络文档以及服务中发现和抽取信息的过程。

网络信息挖掘是一个极其复杂的过程，它不同于传统的数据仓库技术和简单的知识发现，它面对的海量信息不是简单的结构化数据，而是常常表现为半结构化和异结构化的复杂信息，如文本、图形、图像数据，甚至是分布在网络上的异构型数据。随着 XML 作为在 Web 上交换数据的一种标准方式的出现、用户信息需求的多样化、网络信息挖掘研究的不断深入，网络信息挖掘已经成为一个研究热点。

根据挖掘的对象不同，网络信息挖掘可以分为网络内容挖掘（Web Content Mining）、网络结构挖掘（Web Structure Mining）以及网络用法挖掘（Web Usage Mining）。

（1）网络内容挖掘。网络内容挖掘即从网络的内容/数据/文档中发现有用信息的过程。从资源形式看，网络信息内容是由文本、图像、音频、视频、元数据等形式的数据组成的，因而我们所说的网络内容挖掘将是一种多媒体数据挖掘形式。

（2）网络结构挖掘。网络结构挖掘即挖掘 Web 潜在的链接结构模式。

（3）网络用法挖掘。通过网络用法挖掘，可以了解用户的网络行为数据所具有的意义。网络内容挖掘、网络结构挖掘的对象是网上的原始数据，而网络用法挖掘则不同于前两者，它面对的是在用户和网络交互的过程中抽取出来的第二手数据。这些数据包括：网络服务器访问记录、代理服务器日志记录、浏览器日志记录、用户简介、注册信息、用户对话或交易信息、用户提问式等。

本章英文缩写词汇对照表

英文缩写	英　　文	中文翻译
AI	Artificial Intelligence	人工智能
DM	Data Mining	数据挖掘
DSS	Decision Support System	决策支持系统
DW	Data Warehouse	数据仓库
ES	Expert System	专家系统
ETL	Extract，Transform，Load	引用、转换、加载
GB	Giga Byte	千兆字节
KDD	Knowledge Discovery in Databases	数据库知识发现
KPI	Key Performance Indicator	关键绩效指标
OLAP	On-line Analytical Processing	联机（在线）分析处理
TB	Trillion Byte	兆兆字节

5.4 小　结

❶ **了解信息与决策的关系和各类经营决策使用信息的特点。**信息是决策的依据，决策实施后又得到新的信息。企业经营运作中的决策分为三个等级。

（1）战略性决策。有关整个企业的重大方向性问题的决策，如经营方针、年度计划、新产品试制等。

（2）战术性决策。为了保证战略决策所需要的人、财、物的准备而进行的决策，如人事调动、资金周转、资源分配等。

（3）作业性决策。为了提高日常工作效率和效益而做的决策，是着眼于短期和个别方面的，如确定进出货批量、解决日常业务中发生的问题等。

不同决策所使用的信息特点不同。作业性决策往往具有经常性和重复性，有一定规律可循，可以事先进行设计和安排。但是，愈接近战略性决策，愈需要主观的判断能力、直觉、推理和估计来解决问题，所以需要的信息一般是经过分类、压缩和过滤后的，概括性、综合性强，数据形式不严格。不同程度的决策需要不同的信息，所以，在信息处理中如何将适当的信息提供给不同的决策者，是一个非常重要的问题。

● 试举例说明信息与我们个人日常事物决策的关系。

● 在财务业务处理和财务分析中有哪些财务决策问题是结构化的？举例说明。

2 **理解经营决策的基本过程。**决策过程是一个系统的逻辑分析与综合判断的过程，它通常需要经过收集信息和情报、分析和准备方案，选择和优化方案，进行组织实施等阶段。

● 请结合销售决策过程的要求，说明销售统计中为什么要进行各种分类统计。

● 试分析和简述决策支持系统和专家系统是如何按照决策过程的要求进行系统模型设计的。

3 **理解结构化与半结构化决策问题的差异。**在企业经营决策活动中，有些决策问题是结构化的，但大量的经营决策活动面临的问题并不是结构化的，而是半结构化的，甚至是非结构化的。所谓结构化的决策问题是指有关的决策已经得到充分了解和表达，能够应用通用模型实现决策自动化的那类决策问题，也称为确定性的问题。半结构化的决策问题是指那些因为问题过于重大或者计算过于复杂，而当中又涉及一些客观分析和判断的决策问题。非结构化的决策问题是指那些无法结构化，问题的研究还不深入或者知识还不能很好解决的决策问题。半结构化和非结构化的决策问题分类通常是相对的，也称为不确定的问题。

结构化问题的决策在一般的管理信息系统中得到了较好的解决，而针对半结构化和非结构化问题，需要通过决策支持系统、专家系统以及商务智能技术来解决。

● 试举例说明连锁企业可能面临的结构化、半结构化和非结构化决策问题。

● 举例说明在你自己的工作和生活过程中遇到过什么样的半结构化决策问题。

4 **初步了解统计预测中的线性回归方法。**预测是计划的前提，预测方法主要是采用统计分析方法进行的。线性回归法是一种基本的、简单的预测方法。

● 请根据例中 Excel 的操作指引，完成例子的 Excel 处理，得出回归方程，并预测 2009 年的年销售额。

5 **理解决策支持系统和专家系统的概念和异同。**专家系统与决策支持系统的异同主要表现为以下几点。

1．专家系统和决策支持系统都是针对不确定性决策问题而设计的，为决策者提供决策支持和辅助决策。2．决策支持系统有固定的程序和模式，提供综合的决策信息。决策支持系统在决策功能上主要是配合决策者决策，处于从属的、辅助的地位。而专家系统涉及的问题通常是决策者能力不及的问题，需要专家系统提供专家知识，甚至是解决方案来弥补决策者知识和能力的不足。3．决策支持系统主要体现的是综合信息的支持，而专家系统主要体现的是知识库建设、推理过程和解决方案的支持与解释。

- 简要说明决策支持系统中模型库的分类问题。
- 为什么讲决策支持系统是针对半结构化问题的？系统输出结果的目标是什么？

6 **了解决策支持系统和专家系统模型的关键内容。**决策支持系统模型的关键内容包括数据库、模型库和决策分析的实现；专家系统模型中的关键内容是推理机和新知识、新规则的学习。

- 试分析系统的自学能力对专家系统的作用？

7 **简述商务智能、数据仓库、网络信息挖掘的基本概念。**商务智能是指借助收集和处理信息的技术来为企业进行有效的决策，以帮助企业取得效益。广义上讲，商业智能技术是一类从知识和智力上支持和辅助企业商业活动的技术，特别是决策活动和创新活动的技术总称。商业智能技术有广义和狭义之分，狭义上讲的商业智能技术主要是指数据仓库（DW）、数据挖掘（DM）、联机分析处理（OLAP）等技术。

数据仓库是支持管理决策过程的、面向主题的、集成的、不可更新的、并且随着时间变化的数据集合。

网络信息挖掘就是利用数据挖掘技术，自动地从网络文档以及服务中发现和抽取信息的过程。

- 数据库与数据仓库有着密切的联系，但同时也有着显著的区别，请举例说明一些重要的差别。

8 **了解数据挖掘的主要步骤。**数据挖掘大致分为 4 个步骤：①资源发现，即检索所需的网络文档；②信息选择和预处理，即从检索到的网络资源中自动挑选和预先处理以得到专门的信息；③概括化，即从单个的 Web 站点以及多个站点之间发现普遍的模式；④分析，对挖掘出的模式进行确认或者解释。

- 简述数据挖掘技术的一些典型的工具和方法。

9 **了解联机分析处理的主要特点。**OLAP 的技术特点包括以下几点：1．采用多维数据库；2．快速的查询和响应；3．动态数据分析；4．可视的数据操作界面。

- 试简述联机分析处理技术特点中的动态数据分析问题。

延伸阅读

2007—2008 中国商业智能市场发展研究报告

从全球范围来看，商业智能（BI）已经成为最具有前景的信息化领域。从国内来看，商业智能是企业信息化中最重要的组成部分。据 China BI 统计，2007 年中国内地（不含港、澳、台）的 BI 市场份额约为二十亿元人民币，同比 2006 年增长 35%，其中 BI 产品许可证约为九亿元人民币；BI 系统集成（不包括许可证）约为十一亿元人民币。现有 BI 厂商包括产品提供商、集成商、分销商、服务商等有近五百家，包括各行业从业人员在内约八万人。在未来几年内商业智能市场需求旺盛，市场规模增长迅速。

1．国外 BI 技术发展趋势分析

据 China BI 观察，2007 年商业智能的技术走势主要有以下几个方向：企业级 BI（Enterprise BI）、操作型 BI（Operational BI）、数据挖掘、主数据管理（Master Data Management）。目前，随着 BI 技术在部门级的应用日益成熟，企业级数据中心和企业级 BI 已经是箭在弦上，不得不发。操作型 BI 是将 BI 嵌入到业务操作流程的细节中，可以借助它自动进行日常业务决策，开创了 BI 的新领域。目前数据挖掘尤其是预测分析方面已经有很多成熟的解决方案，今后将会在越来越多的领域应用。由于主数据管理能较好地解决企业数据仓库中数据不准确的难题，已有越来越多的企业集团将主数据管理列入开发日程。由于全球领先的 BI 公司纷纷被收购，今后将会有更多的小公司在 BI 领域进行创新，力求改变市场格局。经过市场选择，将会出现新的领导者。

2．BI 业务模式

BI 公司的主要资产是软件产权，主要的经营成本是人力的支出和其他固定经营成本，行业利润来源主要是软件产品许可、系统集成、软件分销等，咨询、培训占据很小的市场份额。BI 行业进入的壁垒主要是技术，其次是资金。对比整个管理软件行业，BI 领域处于高端，价格较贵，主要集中在大中型企业，供不应求，目前还无法满足中小企业的市场需求。

3．BI 竞争态势

2007 年是 BI 的并购年，比较大的并购有 Oracle 以 33 亿美元收购 Hyperion Solutions；SAP 以 68 亿美元收购 Business Objects；IBM 以 50 亿美元收购 Cognos。另外，Teradata 从 NCR 独立，HP 对 BI 事业部也日益看重。2007 年之前，纯 BI 厂商是全球市场的主导者，但是 2007 年一系列的并购改变了市场格局。今后的 BI 软件市场将由 IBM、Oracle、SAP、Microsoft 统治。除此之外，SAS、Informatica、

Microstrategy 等专业 BI 厂商对 BI 发展的引领作用将越来越明显。目前国内 BI 厂商占据中国 BI 市场份额的 36%，其中国内 BI 许可证的销售金额只占全部 BI 许可证的 6%。

（1）国际厂商赢利模式、竞争优势分析

国际厂商的主要赢利来自于产品销售、技术服务和大项目系统集成，尤其是在数据仓库、数据挖掘、ETL 领域占据绝对优势，在报表和 OLAP 领域占据较大优势。在金融、电信、保险、能源等行业应用的大项目中占据很大优势。

（2）国内厂商赢利模式、竞争优势分析

国内厂商的主要赢利来自于系统集成和产品销售。其中在金融、电信领域，国内集成商占据系统集成的半壁江山，以客户为主导是集成商和分销商赢利的关键。国内的 BI 产品厂商在 2007 年获得较大进步，尤其是报表领域出现了“北润乾，南尚南”的典型。产品厂商的进步源于自己的核心技术，但是赢利的关键在于获得集成商和分销商的合作支持。

（3）行业需求规模、增长率

在 2007 年，金融、电信、保险领域有 20%左右的市场增长率；能源、制造、政府等行业将保持 30%以上的市场增长率。大企业实施企业级 BI 的环境逐步成熟，未来 3 年是关键时期，是 BI 市场份额的重要组成部分；目前中型企业是 BI 的主要增长点，处于发展阶段，3 年内达到成熟阶段；小型企业目前处于起步阶段，将在未来几年左右快速发展，5 年左右达到成熟阶段。

BI 软件实施在大型企业相对比较独立，但 BI 在中小型企业对 ERP、CRM 等管理软件具有一定依赖性。预计今后将有更多的 BI 产品嵌入到 ERP、CRM 等管理软件中，形成优势互补。出于长远考虑，BI 厂商应重点关注操作型 BI 的前瞻性投入。

（4）行业需求的特点和变化周期

BI 已经在各行各业深入人心，普及的最大制约因素是价格高昂和人力资源匮乏。BI 行业对于金融、电信、保险、能源、电力等行业的依赖度较大，其他行业相对来说在 BI 领域投资较小。BI 行业竞争越来越激烈，将导致整体价格水平的逐步调低，许可证的销售数量增长加快，但是销售总额增长幅度不大。BI 价格对于用户来说仍然不透明，市场有待进一步成熟和规范。

BI 是信息化领域的高端领域，其技术目前无法替代，而且 BI 技术的发展还在继续，企业级 BI、操作型 BI、预测分析等将会给 BI 领域带来新的机遇。其他管理软件 ERP、CRM、SCM 中也将会融入更多的 BI 技术。国内对 BI 产品的需求将在 5 年内高速发展，达到高峰，市场份额将达到 50 亿元人民币，之后还有 3 年成熟期的延续。

（5）细分市场需求分析

在 BI 的应用中，对各种产品的需求将随时间的发展而变化。2007 年各种产品的市场表现如下。

报表和 OLAP 产品：报表是 BI 领域的基本组成部分，任何应用都离不开报表展现，OLAP 多维分析是 BI 的特色，报表和 OLAP 约占 BI 市场的 45%，但是报表和 OLAP 领域竞争激烈，国外厂商占据 80%的市场份额，国内厂商占 20%的市场份额。数据仓库产品：数据仓库和数据集市产品是 BI 项目的基石，约占 BI 市场的 40%，国外厂商产品占据绝对市场优势。ETL 和数据集成工具：ETL 和数据集成的工作量占 BI 项目的 40%，但是 ETL 工具约占 BI 市场的 9%，其中很多应用采用手工编码方式，ETL 工具仍有待普及。数据挖掘：数据挖掘技术目前已经成熟，但由于缺乏技术专家阻碍了它的发展，目前约占 BI 市场份额的 3%。其他如绩效管理、KPI、元数据等产品约占 3%的市场份额。

文/石江

资料来源：http://www.topoint.com.cn/html/wenku/2008/01/203219.html

第6章 连锁企业的全程电子商务

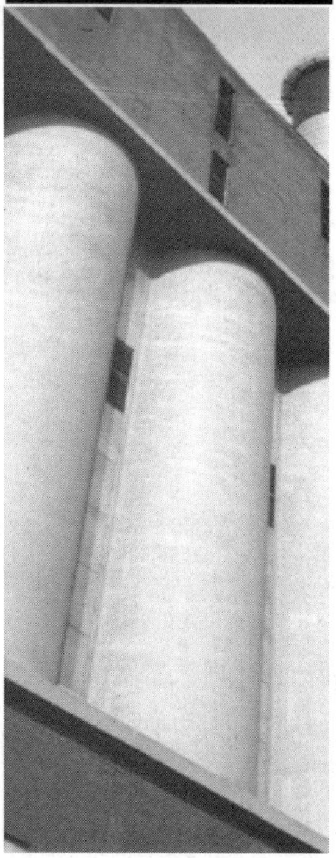

【学习目标】

1.了解电子商务的概念

2.思考电子商务对企业管理的影响

3.理解电子商务信息流的概念

4.解释电子商务物流的特点

5.了解发展第三方物流对电子商务发展的意义

6.认识连锁企业发展电子商务的策略和原则

7.思考连锁企业实践电子商务的可能途径

8.解释全程电子商务的概念

9.进行一次模拟电子商务的实践活动

案 例 导 读

客户亲密的典范 Global Card Services

全球卡服务机构（GCS）与 Sybase 一道提供了一个实时的电子商务智能解决方案，为饭店处理客户信用卡事务。饭店需要降低对信用卡调查所需反应的成本以及存储文档的成本。没有即时访问信用卡交易信息的能力，对客户的响应就会被延迟，有时甚至发生错误。这会使用户难堪，而且错误的交易信息可能导致信用卡发行商从账户中把现金转移出去。

GCS 通过应用它的产品——Chargeback Manager 与 Folio Viewer 来解决这个问题，它们都运行在 Sybase Adaptive Server IQ Multiplex 数据库软件之上。Folio View 是一个在线的调查与文档管理应用，允许饭店排序、查看、检索与发布信用卡信息系统。Chargeback Manager 是一个全自动的检索与 Charge back 管理系统，可以使饭店自如地响应银行卡检索需求与全美快递调查。

“IQ Multiplex 使我们的应用能够存储大量的信用卡信

息并且能允许数以千计的并发用户在线访问。”全球卡服务机构总裁及首席运营官马克说，“使用 IQ Multiplex 作为后台数据库，Folio Viewer 与 Chargeback Manager 使饭店有能力立即访问客户信用卡信息，并查看客户亲笔签名的扫描图片。当一个客人或信用卡公司查询一次交易，客户服务人员能够立即作出响应。”

GCS/Sybase 解决方案能够帮助饭店更好地服务于客户，并且确保饭店与信用卡公司之间适当的现金流动。由于 GCS/Sybase 解决方案是基于 Web 的，饭店的客人与信用卡公司就能够获得与饭店相同的信息，各方同时共享信息是使问题自行解决的重要特性。

GCS 与 Sybase 为饭店带来了效率，降低了成本，降低了信用损失，通过了减少信用卡处理费用与自动的账户均衡，立即可以看到效果。

资料来源：

http://www.ciotimes.com/example/2005122/2005122155400211.html

电子商务的概念始于 20 世纪 90 年代初期的美国，互联网的商业化直接推动了一类新的企业和商务模式的发展，出现了在今天依然为人们乐道的国际国内企业巨人，YAHOO（雅虎）、GOOGLE（谷歌）、EBAY、ALIBABA（阿里巴巴）等等，其后许多软件业巨型企业也加入到互联网经济中来，如 MICROSOFT（微软），IBM（国际商业机器公司）等。

但是，电子商务的内涵和外延也是不断发展的，电子商务不能单纯理解为“电子”加“商务”，或者“电子网络”与“商务”概念的叠加，或者“电子是手段，商业是目的”等说法上。按照世界贸易组织电子商务专题报告的定义，电子商务就是企业通过电信网络进行的生产、营销、销售、流通等活动，它不仅指基于因特网上的交易，而且指所有利用电子信息技术来解决问题、降低成本、增加价值和创造商机的商务活动，包括通过网络实现从原材料查询、采购、产品展示、订购到出品、储运以及电子支付等一系列的贸易活动。

电子商务的概念有广义和狭义之分。狭义的电子商务也可以称做电子交易，主要包括通过计算机网络进行的交易活动，如网上广告、网上洽谈、订货、收款、付款、客户服务、货物递交等活动。而广义的电子商务，则是包括电子交易在内的、利用网络进行的全部商业活动，因此，它还包括企业内部的商务活动，如市场调查与分析、生产、管理、营销、财务、客户联系以及企业间的商务活动等。

名词解释

电子商务

按照世界贸易组织电子商务专题报告的定义，电子商务就是企业通过电信网络进行的生产、营销、销售、流通等活动，它不仅指基于互联网上的交易，而且指所有利用电子信息技术来解决问题、降低成本、增加价值和创造商机的商务活动，包括通过网络实现从原材料查询、采购、产品展示、订购到出品、储运以及电子支付等一系列的贸易活动。

6.1 电子商务的产生与发展

随着社会的进步和生产力的发展，特别是科学技术的进步，人类商务活动的形式及内容在不断地变化——从原始的以物易物的商品交换演变成以货币为媒介的商品交换。服务于人类商务活动的商务技术和通信手段也是促使商务活动变化的重要因素。

一个比较通行的说法是电子商务起步于20世纪70年代。由于EDI技术的发展，西方发达国家开始使用EDI技术进行贸易，形成了一个全球化的“无纸化贸易”的热潮，这是电子贸易的前期；20世纪90年代以来，随着网络和通信技术的突破性发展，互联网和企业局域网的发展达到一个新的水平，特别是互联网的商业化应用加快了商务电子化的脚步。在20世纪最后几年，基于高速接入网络和计算机的普及化，以及互联网应用技术的发展，如WWW技术、浏览器技术和Web技术的发展，电子商务才能够把商务创新与技术创新结合起来，作为新经济的代表正式走上时代舞台。

“电子商务”作为一个专有的概念被提出、传播并推广，是在1996年前后才开始的。信息技术和网络技术是商务，特别是贸易的重要技术支撑条件。条件的改变当然会带来商务的变革，而这些变革确是根本性的。

那么什么才是电子商务呢？这些变革为什么是根本性的？变革体现在哪些方面？

企业建设网站是电子商务，因为它从在线的角度实现了企业与消费者和供应商的联系；实施网上采购是电子商务，因为它借助网络和通信技术实现了企业的核心业务作业；建设和运营客户呼叫中心是电子商务，因为它在服务上实现了低成本和以人为本和一对一的客户关系管理；实现无纸贸易是电子商务，因为它实现了企业业务流程的自动化和信息化。这些都是电子商务的一部分，但远远不是全部。

那么，连锁企业要真正和成功地实施电子商务战略需要做什么和怎么做呢？那就是要实现企业管理的四化——电子化、系统化、协同化和信息化。

企业管理的电子化是企业电子商务战略实施的第一步。显然，企业内部管理的计算机化不只是购买足够多的电脑的问题，还应该是电子商务战略的一个有机组成部分，是一个借助电子化手段将商业过程、管理过程和信息处理过程全面自动化过程。

电子商务尽管不是自动化，但是没有自动化就不会有实施电子商务战略的可能性。在电子化过程中，企业应该注意长期目标和近期成本收益的有机结合，计划和控制性一定要强。

企业管理的系统化是企业电子商务战略实施的第二步。各类管理信息系统和计算机辅助技术的应用将在企业电子商务战略实施过程中建立重要的业务与管理流程的规程和标准，它是实施电子商务战略的前提。

企业管理的协同化是企业电子商务战略实施的第三步。协同这个概念不仅是针对企业内部，还包括供应商、零售商和客户关系的处理。采用跨组织的信息系统和信息技术，包括互联网技术和网站建设，去建立企业最广泛和最核心的合作伙伴关系，采用群件技术提高企业内部的知识管理水平，采用关键技术和核心技术提高组织的竞争力。

在企业管理的协同化过程中，企业应该对供应链管理、商业过程重组、知识型员工的培训等方面给予更多的关注。同时，注意培养和提供员工的网络文化意识。包括提高对新的国际化贸易的认识，加强对电子商务有关应用技术的学习和建立新型的企业文化和职业道德观念。

企业管理的信息化是企业电子商务战略的最终目标，它与企业的商业目标和业务发展方向有着紧密的融合。企业的信息化就是用技术和知识代替人力、资金、设备作为企业的核心能力，实现企业向新经济的根本转型，在新环境下建立企业策略型的信息技术应用。

特别提示

万维网（WWW）

万维网是互联网的一个标准，这个标准用来存储、查询、格式化和显示信息。信息可以作为页存取和显示，这些页可以包含文本、图形、动画、声音和视频，也可以与其他页连接而不考虑存放的地点和计算机类型。

调查资料

典型零售企业开设网上商店及服务项目结构[1]

一、建立网上商店的比例	15%
二、网上商店的服务项目及所占比例	
1．商品搜索	83%
2．商品介绍	100%
3．商品销售	50%
4．订单查询	33%
5．会员型信息服务	50%
6．客户留言	83%

6.2 电子商务对企业管理的影响

尽管电子商务的发展经历了20世纪末的高潮和随后几年的低潮，直到目前的重新复苏，电子商务在全球范围内的发展依然是十分强劲的。我国现在把电子商务作为现代服务业中的重要领域加大建设和引导。对世界各国的企业来说，电子商务既提供了前所未有的机遇，也带来了极为严峻的挑战。

（1）电子商务对市场运作模式的影响。工业经济时代的市场运作模式必须有许多中间环节，企业与消费者之间需要大量的批发商、零售商作为中介，这就决定了工业经济具有“迂回经济”的特点。迂回经济的各个中间环节主要是依靠占用和耗费各种经济资源来维持它的生存。电子商务的出现给我们提供了一种减少，甚至是消除“迂回”的现实可能。

电子商务可使企业与顾客之间的隔阂降到最低限度，网络也使得企业的商务活动变得更加透明，因此企业需要更强的适应市场的能力。

（2）电子商务对企业组织结构的影响。电子商务以电子文档取代纸面文件，以网上交易取代传统的信息传递与贸易方式。网上营销使厂商必须面对客户的需求，保持敏锐的反应，迅速组织企业资源进行生产。电子商务需要企业打破部门、甚至是企业间的界限，进行企业、部门和个人间的联网，发挥网络上每一个节点的作用。

（3）电子商务对生产作业管理的影响。电子商务的发展，使许多产品和服务

---

① 中华人民共和国商务部．中国电子商务报告[C]．北京：经济科学出版社，2006：117．

的需求由大批量、标准化转变为小批量、个性化和快速化。厂商可以与消费者方便地进行交流；消费者可以通过网络访问厂商的网站，浏览厂商的各种产品，在线描述自己的要求，订购个性化的产品，由厂商根据网上客户的要求组织生产。

（4）电子商务对企业营销管理的影响。电子商务的方兴未艾对企业传统的营销理念、营销方式提出了挑战，电子商务网络营销还将长期与传统营销并存，但必将逐步成为企业营销的主要方式。电子商务可以通过互联网实现 24 小时在线服务。任何人都可以在任何时候向网上企业查找信息，浏览企业产品，还可以发出电子邮件进行询问。企业的销售会因为 24 小时的网上交易而增加。

（5）电子商务对企业管理模式的影响。适应电子商务发展的管理模式要求在计算机技术和网络技术的支撑下，把技术、知识、管理、人力等多种资源整合于一体，使各生产要素紧密结合，协调运作，充分发挥各种资源的优势，使其在缩短产品开发周期，保证产品质量，降低生产成本，提供及时服务，提高企业的竞争能力等方面起到应有的作用。这种创新型管理模式具有柔性化、集成化和智能化的特征。

调 查 资 料

近三年典型零售企业网上销售商品结构[①]

网上销售的新增主营商品类型	所占比例
化妆品	46.15%
食品	38.46%
数码产品	38.46%
服装	30.17%
饮料	30.17%
小家电	23.08%

6.3 连锁企业的电子商务策略

连锁企业实施电子商务战略的过程中，首先要分析连锁企业的特征和特点，包括面临的内外部环境和机会与挑战。这些问题的解决是连锁企业电子商务战略实施的关键。

① 中华人民共和国商务部．中国电子商务报告[C]．北京：经济科学出版社，2006：117.

（1）是否开展电子商务的问题。连锁企业是网络化经营的企业，也是整体利益与局部利益共存的企业，对电子商务有一种天然的亲近感。但是人们可能还会担心电子商务会形成规模吗？电子商务是企业所必备的吗？网上信息和交易会可靠吗？商业活动不通过面对面关系就真的可以成交，那么还需要连锁干什么？因此，采用电子商务的观念的建立可能需要一个过程。

（2）企业内部资源的不足。连锁企业中尽管有部分大型企业，但更多的是中小企业的联合体或独联体。同大型企业比较，独自一个的联合体成员，无论在人、财，还是信息化的经验方面都有着许多的不足，难得有大量的时间和资金进行投入，甚至也没有合适的员工进行这方面的工作，它们在现代管理方面的经验还非常少。因此，电子商务的收益是连锁企业必然十分关注的。

（3）来自外部竞争的压力。连锁企业多出现在一些微利，或者竞争十分激烈的行业和领域。企业面临的外部竞争压力较大，因此需要管理者在企业的产品和服务方面，以及成本控制和商务创新方面投入大部分的精力和资金，尤其是在企业长期的商业目标确立的不确定性还极大等问题不存在的情况下。因此，要对电子商务是否正在成为竞争的必须，以及如何认识电子商务的创新价值有所思考。

（4）自主开发和维护支持的压力。尽管有许多专业公司提供了面向企业的电子商务解决方案，但确定一个符合连锁企业自身特点的解决方案不是简单的问题。在连锁企业经营活动中，许多问题的结构化程度不高，满足企业需求的解决方案的差异性很大，因而企业自主开发和维护支持的压力必然较大。

（5）如何处理实体上连锁与电子上连通的关系。对多数连锁企业来讲，实施电子商务可能意味着一次管理上的巨大跳跃，在企业承受风险的能力较小的情况下，可能难以找到选择这种跳跃的理由。而且连锁单元间的利益驱动和投入问题在协调上可能有一定难度，利益问题和管理理念可能使得它们对较大项目的投入有一种天然的抗拒。因此，电子商务的整体规划成为了连锁企业电子商务发展策略的一种必须。

针对这些问题，连锁企业电子商务战略实施过程中应该遵循以下原则。

（1）不断提升和稳步适应的原则。电子商务的确是新时代商业活动的方向。连锁企业与电子商务有着密切的联系和特殊的、天然的相似。尽管许多信息技术的应用使企业有了较丰富的信息技术应用经验，而电子商务可能已经是竞争对手的重要策略工具，因此，企业的电子商务能力在不久的将来一定会成为竞争的必需。因此，企业应该主动去适应这些变化。

（2）自上而下和重点突破的原则。连锁企业实施电子商务计划，需要自上而下的领导和组织。高层管理者一方面对业务和管理的理解要深入；另一方面，在利益协调和计划实施上负有更多的责任。研究和制定电子商务策略的问题可能是连锁企业高层管理者必须面对的最紧迫的任务之一。有了高层管理者的热诚和参与，连锁企业电子商务的实施就会变得更加自然、有效。

（3）注重实效和简易方便的原则。连锁企业信息技术的应用是多方面和多样化的，电子商务发展需要企业在技术方面和管理方面的经验积累，需要将电子商务应用与商业业务过程进行整合。连锁企业具备极好的灵活性，在业务改造和新技术应用方面，企业需要在需求和风险承受能力之间做合理的权衡。因此，连锁企业可以在应用项目计划和实施方案方面始终把实效和简易方便作为重要要求来加以关注。

（4）内外结合和实践指导的原则。连锁企业的电子商务既可以采用外包的形式，也可以以按项目分步自我实施的形式来进行，但是不论哪种形式，实践永远是检验真理的唯一标准。在电子商务实践中，“进一步可能会海阔天空”。有人总结美国一些中小型企业电子商务实践的四条经验是：装点门面；保持互相间接触；监视与反监视；丰富的信息资源。这些经验没有一个不是通过实践就能够体会得出来的，要成功就只有去实践，并用实践的经验和教训去获得更大的成功。

针对连锁企业所处的环境和实践原则，连锁企业可以按照下面的步骤和要求进行电子商务建设。

（1）首先从外部寻找合作建设电子商务的途径。连锁企业对许多信息技术的应用有相当的基础和经验，规模效益和网络化营销是长项。电子商务带来了许多新的机遇和挑战，第一个挑战和机遇就是实体连锁与信息连通的融合。这些信息的连通对连锁企业的经营、新市场开拓和与客户建立长期合作关系十分重要。企业要做到这一点不需要太多的资源，即使需要资源，也可以通过用与一些外部机构的资源共享和利益共享的方式寻求合作。

（2）注意尝试在企业内部信息化过程中与外部世界建立更为密切的联系。连锁企业内部信息化是企业竞争的必需已经成为共识，而在内部信息化的过程中，有重点的尝试一些业务和信息的网络化和电子化是有必要的。一方面，发挥企业资源的效率，取长补短和建立企业的核心竞争力是每个企业最根本的经营之道；另一方面，连锁企业在培植核心竞争力方面发挥长处，以及建立更快的连通是一种重要的企业生存和创新能力。

（3）注重电子商务对连锁企业核心业务和商务活动的创新作用。连锁企业进入或者建立虚拟市场意味着连锁企业不再仅仅是实体、地理上的连锁企业，它还可能拥有了一个更广泛的市场空间。在这个空间中，电子贸易可以让连锁企业与更多的供应商、零售商和客户联系在一起，拥有一个成熟的商业虚拟市场将成为连锁企业最有价值的产品和服务。在网络的市场空间中，产品和服务交换（价值增殖）的能力不是以场地、员工数量甚至是资金来计算的。

调查资料

典型批发企业网上批发业务发展情况[①]

一、实现网上批发业务的企业比例	16%
二、批发业务所实现的交易手段所占比例	
1．对手交易	100%
2．代理制交易	20%
3．网络交易	16%
4．拍卖交易	0%
三、网上优先批发商品类别及所占比例	
1．家电	67%
2．通信产品	43%
3．数码产品	43%
4．文化用品	24%

6.4 电子商务信息流与物流

信息流和物流工作是连锁企业经营活动中的两个关键环节，那么电子商务信息流和物流有哪些新特点呢？在这一节中，我们将就电子商务信息流管理和电子商务物流管理做进一步的讨论。

▶ 6.4.1 电子商务信息流

任何企业，包括连锁企业既是市场信息的接受者和使用者，同时也是市场信息的生产者和发布者。企业不可能设想在自己的经营活动中，没有了信息的接受和发布会是一种什么样的情形。企业通过各种途径获取决策和管理所需要的信息；另一方面，也源源不断地向外界输出和发布各种信息，如产品信息、供求信息、服务信息等。

电子商务信息流的概念解释，理论界目前还没有明确的定义，较为广泛认同的表述是：电子商务信息流是指电子商务信息通过计算机网络获得进行传输的运动过程，是对商务活动的直接反映。它包括电子商务信息的产生、收集、传播、运用与反馈过程。

① 中华人民共和国商务部．中国电子商务报告[C]．北京：经济科学出版社，2006：118．

电子商务信息流的形成有以下几条途径。

（1）企业的信息管理部门通过计算机网络去收集各种与企业决策和管理有关的信息，这就使电子商务信息在网络上从其他地方流向企业。

（2）企业产生和形成的决策信息、管理信息和服务信息通过计算机网络向消费者发布和传播，使电子商务信息从企业流向消费者。社会对企业的这些决策信息、管理信息和服务信息产生反馈，形成反馈的信息流。

（3）消费者利用电子商务网站提供各种服务，产生的信息必将通过计算机网络传向企业，同时企业也会将反馈信息传向消费者。

（4）在电子商务活动中，各类企业之间以及企业部门之间的信息交流也形成了电子商务信息流。企业之间、企业部门之间、企业与消费者、企业与企业、企业与其他社会组织之间的信息交流导致了电子商务信息流的产生。电子商务信息流是电子商务运行过程的直接反映，是电子商务活动中企业与其他社会组织及消费者的关系状态的反映。

▶ 6.4.2　电子商务物流

企业物流是由供应物流、生产物流、销售物流、回收和废弃物流组成的。在企业物流中，生产物流是核心，它是和生产同步进行的，而供应物流和销售物流是生产过程中物流的外延部分（上伸和下延），它们受企业外部环境的影响较大。企业物流是四通八达、纵横交错的社会物流网络的一个节点，并通过生产物流来实现节点内的转换，以供应物流和销售物流实现节点之间的连接。如果供应物流和销售物流不通畅，企业生产就无法进行，社会物流网络也就不能正常运转。

企业购入原材料、零部件或商品的物流过程被称为供应物流。供应物流包括原材料、燃料、半成品等一切生产资料的采购、进货、运输、仓储、库存管理、用料管理、供料输送等。

从企业的原材料购进入库起，到成品发送到成品库为止，这个过程中的物流活动称为生产物流。生产物流是企业物流的主体。生产物流的合理化对工厂的生产次序、生产成本有很大影响。生产物流的均衡稳定，可以保证在制品的顺畅流转，缩短产品的生产周期。在制品库存的减少，设备负荷均衡化，也都和生产物流的管理和控制有关。

企业售出产品或商品的物流过程被称为销售物流。它是指物资的生产者或持有者至用户或消费者的转移。销售物流是企业物流系统的最后一个环节，是企业物流与社会物流的又一个衔接点。要使销售物流合理化，必须在产品包装、成品储存和销售渠道的设计上下工夫。

回收和废弃物流指企业进行产品召回或消费者不再使用的企业产品的回收，

例如，废弃电池、电脑等。企业回收和废弃物流的管理不仅要从经济的角度考虑，更要从社会效益和责任的角度来考虑。

电子商务物流是伴随着电子商务技术和社会需求的发展出现的，它是电子商务价值实现中不可或缺的重要组成部分。电子商务物流在其运作特点和需求方面有别于一般物流，信息化、自动化、网络化和社会化发展是其重要特点。同时，电子商务物流的发展对企业电子商务和企业物流有着重大的影响。

（1）电子商务物流的一般模式。电子商务物流的一段模式主要包括自营物流、物流联盟和第三方物流。

（2）电子商务对企业物流的影响。从电子商务对物流的要求来看，一方面，要求企业物流更好、更多地使用电子化、自动化和其他物流技术；另一方面，电子商务改变物流企业，包括自营物流的企业的物流业务单元的经营形态。

从电子商务对物流的影响来分析，电子商务的发展要求企业电子商务物流系统的合理化。这些合理化包括：仓储合理化、运输合理化、配送合理化、物流成本合理化和一个更加健全的物流信息系统和物流技术的应用。

（3）电子商务改变了物流的运作方式，促进了第三方物流的发展。第三方物流（Third Party Logistics，TPL 或 3PL）是一个新兴的领域，已得到越来越多的关注。第三方物流的概念兴起于 20 世纪 80 年代末 90 年代初，国家标准《物流术语》（GB/T18354—2001）把第三方物流定义为“由供方与需方以外的物流企业提供物流服务的业务模式”。可见，第三方物流实际上就是指由物流劳务的供方、需方之外的第三方去完成物流服务的物流运作方式。第三方物流可以说是物流专业化的一种形式。这种物流服务形式是建立在现代电子信息技术基础上的企业之间的联盟关系。所以，第三方物流其实就是把不属于自己企业的核心业务交给更专业的物流公司来做。这样物流公司和工商企业都能发挥自己最大的能量，把最擅长的核心业务做得更好。

在今天，越来越多的企业选择了物流业务的外派。第三方物流给客户企业带来了众多益处，主要表现在以下几个方面。

（1）让企业更好地集中于主业。企业能够实现资源优化配置，将有限的人力、财力集中于核心业务，进行重点研究，发展基本技术，开发出新产品参与世界竞争。

（2）帮助企业节省费用，减少资本积压。专业化的第三方物流提供者利用规模生产的专业优势和成本优势，通过提高各环节能力的利用率实现费用节省，使企业能从分离费用结构中获益。

（3）实现减少库存和保障供应的目标。企业不能承担多种原料和产品库存的无限增长，尤其是高价值的部件要被及时送往装配点，实现零库存，以保证库存的最小量。第三方物流提供者借助精心策划的物流计划和适时运送手段，最大限度地减少库存，改善了企业的现金流量，实现了成本优势。

（4）合作共赢和培植战略伙伴。第三方物流提供者与客户不是竞争对手，而是战略伙伴。他们为客户着想，通过全球性的信息网络使客户的供应链管理完全透明化，客户随时可通过互联网了解供应链的情况；第三方物流提供者是物流专家，他们利用完备的设施和训练有素的员工对整个供应链实现完全的控制，减少物流的复杂性；他们通过遍布全球的运送网络和服务提供者（分承包方）大大缩短了交货期，帮助客户改进服务，树立自己的品牌形象；他们通过"量体裁衣"式的设计，制订出以客户为导向、低成本高效率的物流方案，使客户在同行者中脱颖而出，为客户企业在竞争中取胜创造了有利条件。

6.5 全程电子商务实践

2006 年 7 月，国内企业资源计划系统和中小企业电子商务解决方案供应商——金算盘软件有限公司提出中小企业的全程电子商务平台，标志着全程电子商务这样一种新的电子商务服务和应用模式的正式诞生。

所谓全程电子商务是指企业内部信息化和外部商务活动电子化的集成化，全程电子商务由企业资源计划系统、企业电子商务网站、电子交易系统等集合组成。

金算盘全程电子商务平台以 eERP 为核心，将企业的管理范畴从企业内部向外扩展到上游供应商、下游客户和分销商，实现全球化供应链管理；在企业与供应商、客户进行业务协同的基础上，实现商务活动的全程电子化；通过整合全球资源，降低企业的经营成本和经营风险；利用供应链的规模优势，为客户创造最大化的价值。

▶ 6.5.1　全程电子商务平台

金算盘全程电子商务平台（以下简称全程电子商务平台）即"金算盘 72ec"，是在传统 ERP 软件和电子商务应用基础上发展，针对企业及其供应链伙伴所设计，以 eERP 为核心，将企业管理、业务协同及电子商务完美融合，对商务活动的进行全过程管理与协同，并支持软件服务化（SaaS）模式的一站式信息化服务平台。

全程电子商务是以信息技术和网络技术为基础，面向全球化供应链网络，将电子商务、企业管理和供应链协同融为一体，实现企业贸易活动、内部运营管理及供应链上下游商务伙伴间协同等所有业务过程的数字化、电子化的一种全新的商业活动模式。它融合了最具时代魅力，最具挑战性的 IT、管理、商务等综合领域的特征，开创了一种全新的企业管理和经营理念。全程电子商务的核心是商务，主体是企业，重点是全程。

（1）全程电子商务平台（在万维网上的地址为：www.72ec.com）。

全程电子商务平台是电子商务第三方服务平台，该平台支持软件服务化（Software-as-a-Service，简称 SaaS）模式。也就是说，企业可以根据实际业务需要，在统一的服务平台租用相应的服务，按需订购、按需付费，大大降低了企业在信息化方面的一次性投入风险和对专业人才的要求，彻底突破了中小企业信息化瓶颈。

（2）全程电子商务平台的基本构成。全程电子商务平台由 eERP、eTools 和 ePortal 3 部分构成。目前，金算盘 72ec 可向企业提供企业门户、网上贸易、业务管理、企业商圈、移动商务和行业资讯 6 大类服务。

eERP 是一个扩展的、支持电子商务的 ERP 系统，是构建全程电子商务平台最核心和最基础的组成部分。它不仅继承了传统 ERP 的所有功能和特点，帮助用户实现企业管理信息化，还可以将管理范围延伸到上游供应商、下游客户（分销商），实现全程的供应链管理。

eTools 是一系列帮助用户完成与商业伙伴之间的业务协同，并实现全商务流程电子化的工具。

ePortal 是企业进行网上贸易、网络营销、获取商业资讯的网络门户。

▶ 6.5.2 全程电子商务平台实务操作

1. 登录并注册

连接一台能够上网的计算机，键入该平台的网址 www.72ec.com（如图 6.1 所示），登陆平台。在页面的注册登录框中点击“我要注册”按钮。

图 6.1 www.72ec.com

特别说明：部分浏览器在登陆时可能会出现错误，如 Firefox、TT、Opera 等浏览器，建议用户采用 IE 内核的浏览器。

注意：在注册过程中，要先填写公司信息。公司信息包括公司名称、所属地区、主营行业和邮件地址 4 个必填项。注册页面如图 6.2 所示。

在成功注册后，你就能够在进入平台后选择登录全程电子商务平台。

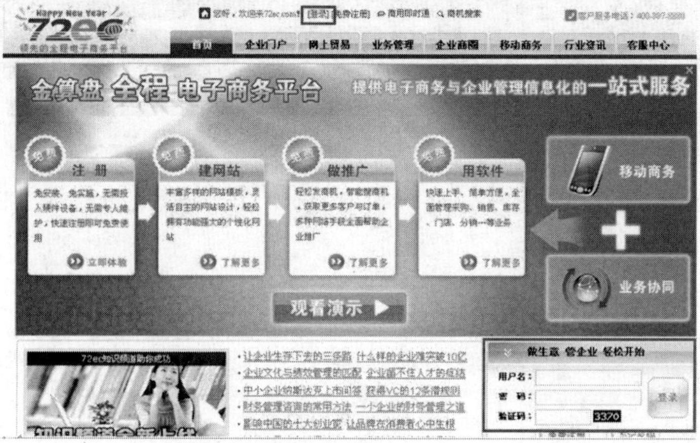

图 6.2　进行全程电子商务注册登录的页面

2. 我的首页

登录全程电子商务平台后，首先显示的是工作台，即“我的首页”，如图 6.3 所示。全程电子商务平台中每个角色都有自己的首页，首页内容显示该角色最关注的内容。用户可以在首页处理待审批的单据、查看相关的报表数据分析。

图 6.3 “我的首页”

3. 编辑公司资料

其中，网站管理功能设计为：你可以为自己的企业网站充实网站的内容和增加网站的信息量。网站管理的功能包括对公司资料、企业荣誉、招聘信息、新闻动态、分销渠道和网站留言这几个栏目的编辑管理。编辑页面如图 6.4 所示。

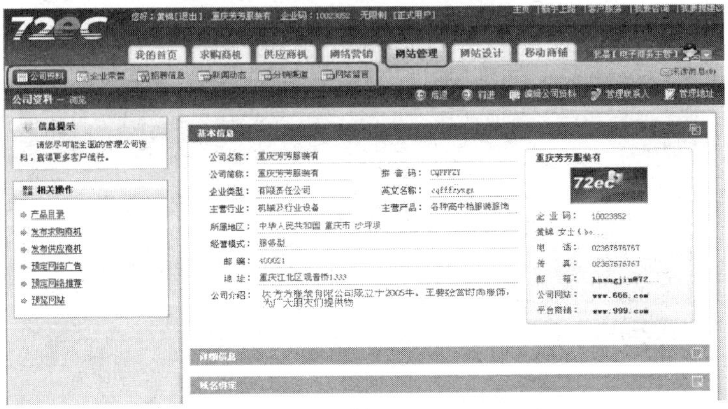

图 6.4　编辑页面

4. 角色与权限设置

（1）组织机构设置。进入“组织机构-编辑”页面，填写机构名称、机构编码（机构编码，全程电子商务平台已经默认，也可以直接修改），选择机构类型、上级机构、负责人等详细信息。进行机构设置、角色设置、账号设置和公司基础数据设置的逻辑示意图，如图 6.5 所示；机构设置演示图，如图 6.6 所示。

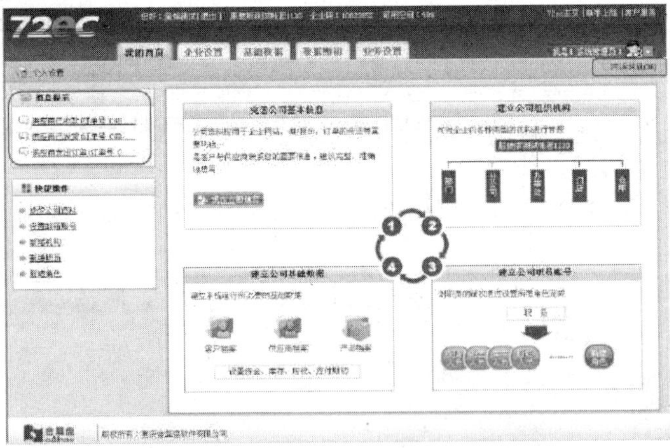

图 6.5　进行机构设置、角色设置、账号设置和公司基础数据设置的逻辑示意图

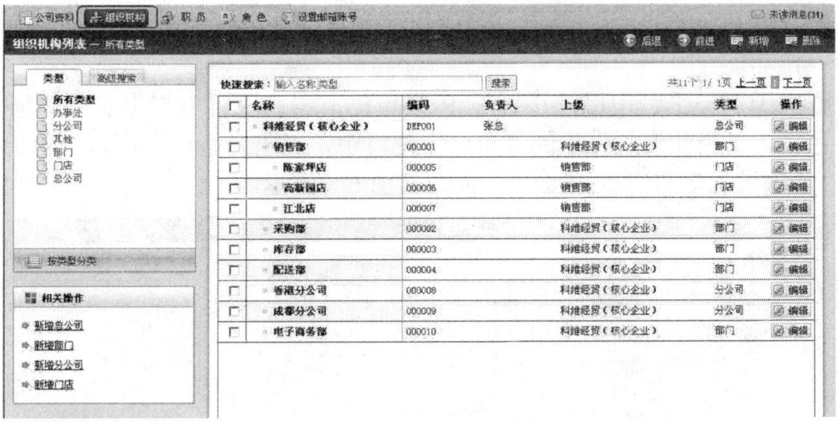

图 6.6 机构设置演示图

(2) 关于角色

角色分类对全程电子商务平台中的各种角色进行分组管理，用户在进行角色切换操作的时候，“角色切换面板”将按照角色分类进行显示。其中，“基本信息”页面如图 6.7 所示。全程电子商务平台提供三个角色分类，包括：电子商务、企业管理和门店管理。

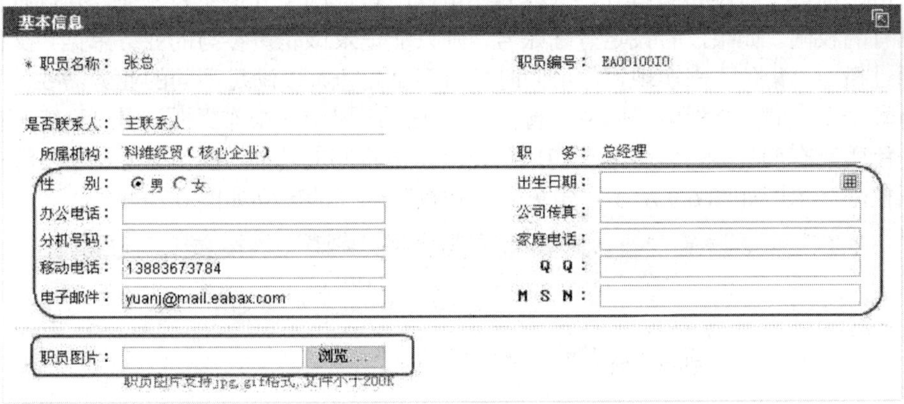

图 6.7 基本信息

角色首页——每个角色都有一个自己的首页，用于显示该角色最关心的各种任务统计及报表，全程电子商务平台为预置的 9 类角色提供了对应的角色首页，但当用户自定义新角色的时候，角色首页不能自定义，只能从预置的角色首页中选择一个。

角色菜单——角色菜单是为该角色设置全程电子商务平台中功能模块的操作

权限，制定好角色菜单后，用户使用该角色时在操作界面中就只会看到该角色所具有的操作功能。

全程电子商务平台中已经预置了 9 类角色，用户还可以根据自己的需要定义新的角色。在“企业设置”下的“角色”栏目中，点击“新增”进入“角色-新建”页面。“角色设置”与“权限处理”页面如图 6.8 所示。

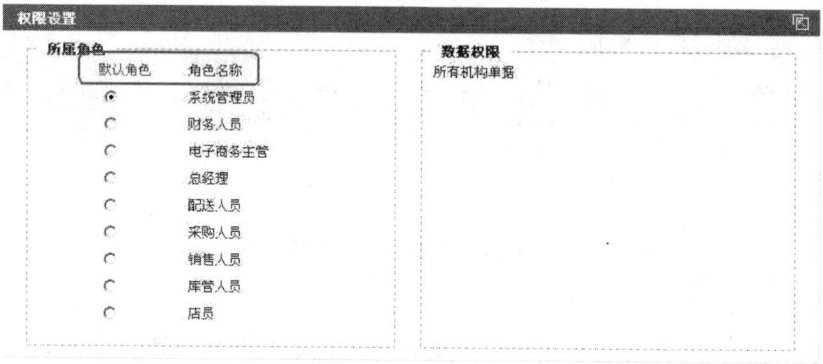

图 6.8 角色设置与权限处理

（3）关于职员登陆账号和权限。当你设定了登陆账号，操作权限后，就可登陆到全程电子商务平台中进行操作，登陆后还可修改自己的个人信息及密码，并查看自己所具有的权限。如果没有设定登陆账号，则只能记录该职员参与的业务单据。操作权限通过指定“角色”来实现，你可同时拥有多个角色，以满足不同的业务需要。当你拥有多个角色时，全程电子商务平台按角色来组织用户的操作界面，用户只能操作当前角色所具有的功能，但可通过切换角色来使用不同的功能。职员账号、角色选择与数据权限演示图如图 6.9 所示；角色账号和权限选择的确立如图 6.10 所示。

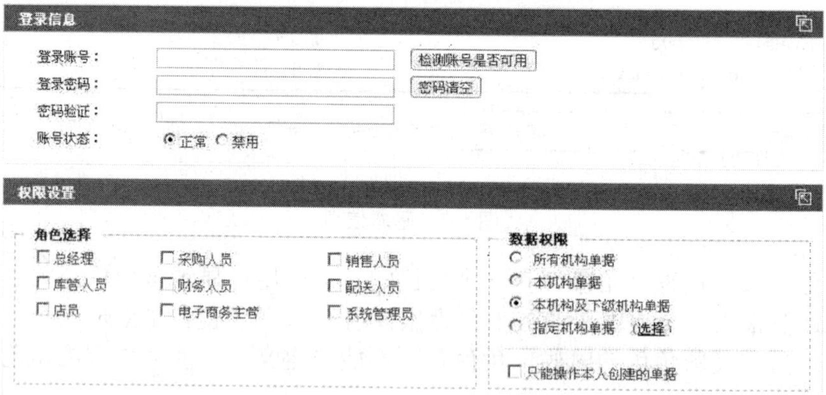

图 6.9 职员账号、角色选择与数据权限演示图

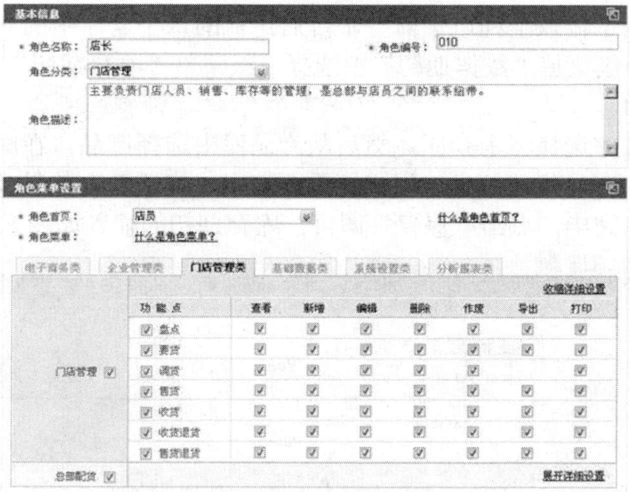

图 6.10　角色账号和权限选择的确立

5. 基础设置

基础设置方面的工作是企业信息系统的基础，在进行基础设置的过程中，需要对公司的业务流程、期初数据及业务基础资料的建立进行建设和维护。因此，最好有一个班子的人员仔细研究并组织实施。

这些基础设置主要包括以下几种。

（1）数据期初。包括资金账户期初、库存期初、应收期初和应付期初。资金账户期初用于输入全程电子商务平台启用前的每个资金账户余额。点击一级菜单“数据期初”，默认进入二级菜单“资金账户期初”页面。录入账户编码、账户名称及账户期初金额，点击“保存”即可。资金账户的输入，如图 6.11 所示。

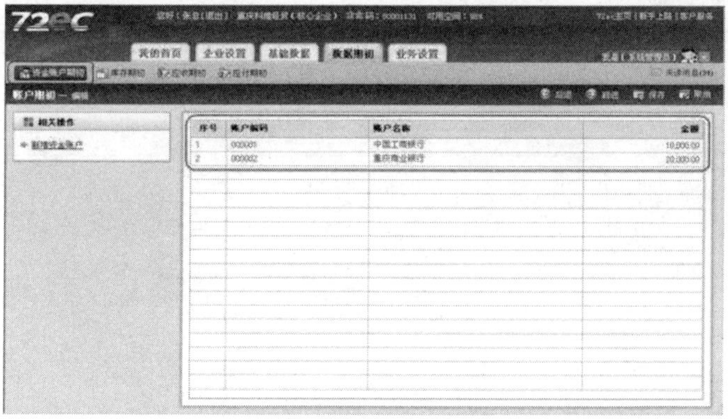

图 6.11　资金账户的输入

库存期初用于输入全程电子商务平台启用前的每个仓库中的产品库存数量与库存金额。从一级菜单“数据期初”中选择二级菜单“库存期初”，进入“库存期初—编辑”页面。

从仓库档案中选择一个仓库，然后从产品库中选择产品，在库存期初卡片中已有自动带出的产品相关信息，用户还需要填写、修改库存数量及库存金额。库存期初信息输入完毕，点击“保存”即可。库存期初的输入如图 6.12 所示。

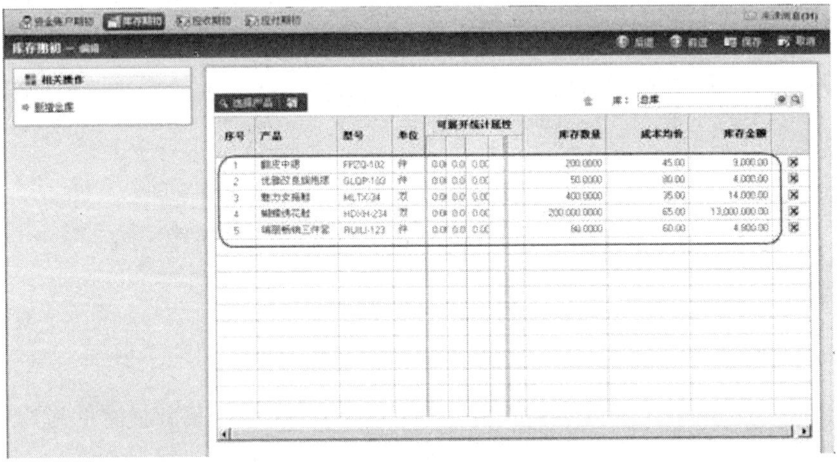

图 6.12　库存期初的输入

应收期初用于输入全程电子商务平台启用前客户欠我方的款项。从一级菜单“数据期初”中选择二级菜单“应收期初编辑”，进入“输入期初应收”页面。应收期初的输入如图 6.13 所示。

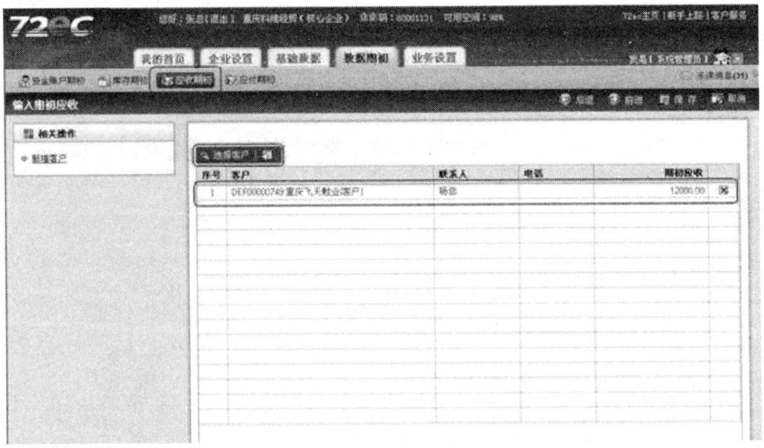

图 6.13　应收期初的输入

从客户档案中选择客户，全程电子商务平台自动带出联系人、电话信息，用户只需输入期初应收金额，点击“保存”即可。

应付期初用于输入全程电子商务平台启用前我方欠供应商的款项。从一级菜单“数据期初”中选择二级菜单“应付期初编辑”，进入“输入期初应付”页面。应付期初的输入如图 6.14 所示。

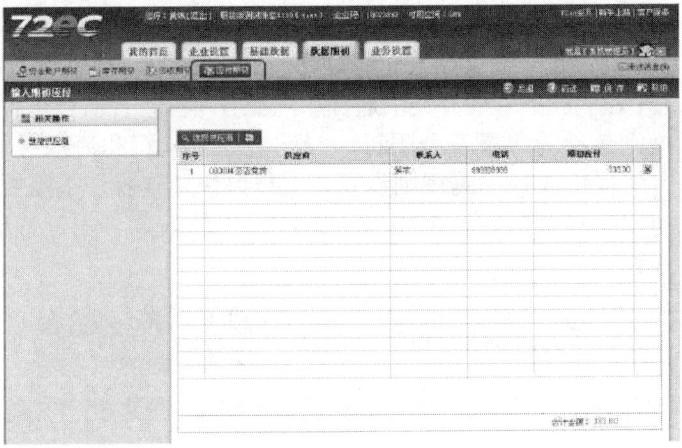

图 6.14　应付期初的输入

从供应商档案中选择供应商，全程电子商务平台自动带出联系人、电话信息，用户只需输入期初应付金额，点击“保存”即可。

（2）进行业务设置，如单据审批设置、单据编码设置、是否开通移动商务等。审批设置指用户可以根据企业的需要为全程电子商务平台中的所有业务单据定制审批流程。全程电子商务平台默认为所有业务单据都不需要审批。审批设置操作演示图如图 6.15 所示。

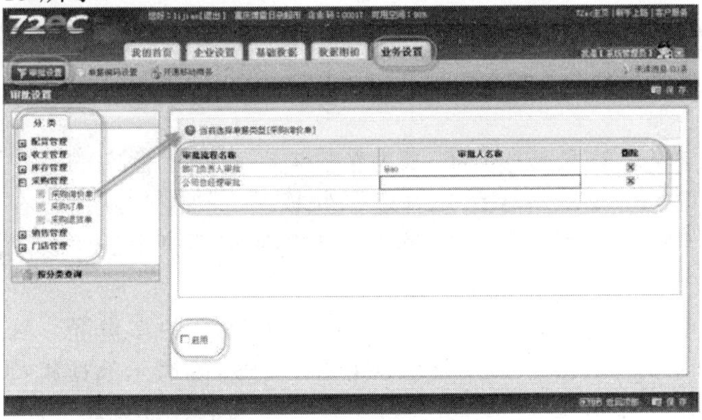

图 6.15　审批设置操作演示图

点击一级菜单“业务设置”，默认进入“审批设置”页面。首先从左侧业务管理分类中选择一项业务单据，在右侧输入审批流程名称和审批负责人名称。如果不需要该审批流程，则直接点击“删除”按钮。审批流程设置后，可选择是否“启用”，若需要启用该审批流程，则直接在“启用”前的方框中打钩。注意：设置审批流程但却不“启用”，该审批流程将无效。

进行编码设置。用户可以根据企业的需要为全程电子商务平台中的所有业务单据设定编号生成的规则。在一级菜单“业务设置”下选择“单据编码设置”，进入编码设置页面。首先从左侧业务管理分类中选择一项业务单据，在右侧进行编码设置。

编码设置规则包括前缀段、分隔符、日期段、分隔符和流水号段。同时，全程电子商务平台还提供 5 种编码规则设置，用户可快捷选择，不需要再自己设置。编码设置后，可直接在编码预览框中查看编码设置的效果。配置管理中的编码设置演示图如图 6.16 所示。

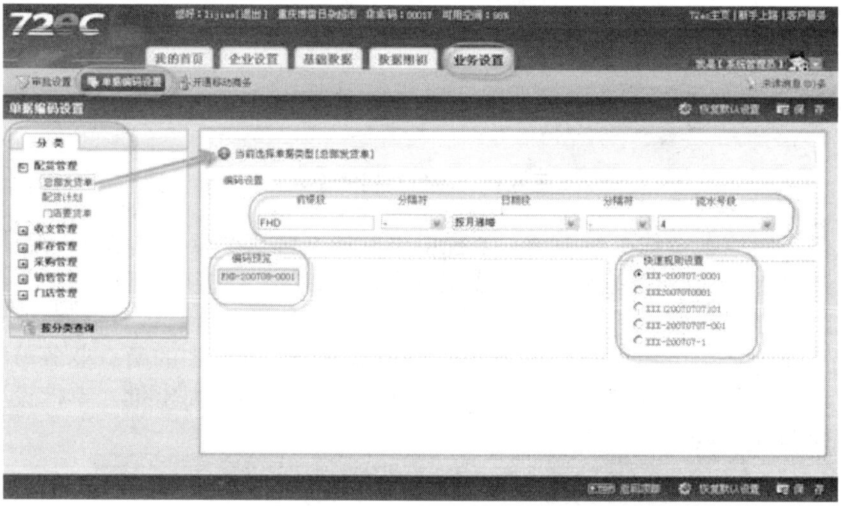

图 6.16　配置管理中的编码设置演示图

开通移动商务。在此模块中可以为全程电子商务平台中的用户开通使用“移动商务”的权限。一旦给一个用户开通了此权限，该用户就可以在手机上使用与全程电子商务平台中相同的账号和密码，登陆使用手机上的“移动商务专家”进行移动业务处理。

在一级菜单“业务设置”下，进入“开通移动商务”页面。开通移动商务的示意图如图 6.17 所示。在左侧选择组织机构，在右侧显示的该机构职员列表中，选择需要开通移动商务功能的职员，点击上方“开通移动商务”按钮即可。注意：开通移动商务的职员必须留有手机联系方式，否则无法开通移动商务功能。

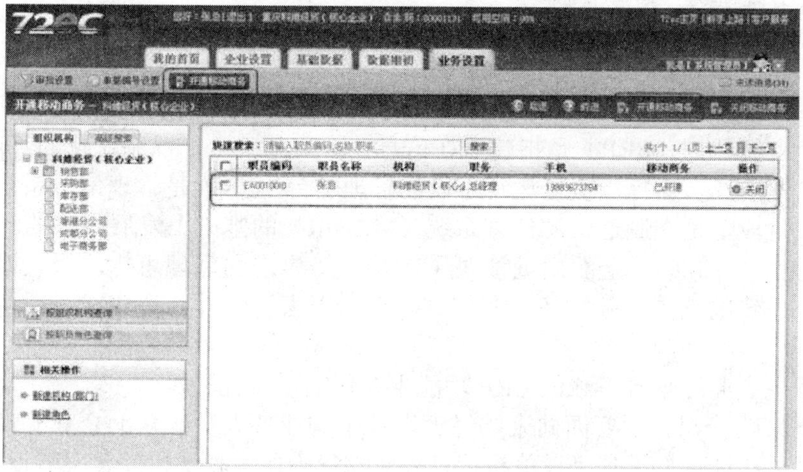

图 6.17　开通移动商务的示意图

（3）产品管理、仓库管理和资金账户管理的基础数据。

基础数据是指在系统中录入企业的资金账户、仓库、供应商、客户及产品信息，建立企业的档案库。这是企业顺利开展业务流程的前提条件。这部分的设置与企业资源计划系统的基础数据设置基本类似，主要包括：与产品、仓库、资金管理等有关的基础数据的输入和维护。

资金账户。通过的资金账户可以了解公司资金往来的账户情况。

仓库信息。通过仓库信息可以了解公司产品所在的仓库情况。

供应商信息。通过供应商信息可以了解公司所有供应商的详细档案。

全程电子商务平台支持线下供应商和网络供应商的管理，并可以直接导入网上供应商的产品。对于供应商的详细资料，提供多个供应商地址和多个联系人管理。

客户信息。通过客户信息可以了解公司所有客户的详细档案。

全程电子商务平台支持线下客户和网络客户的管理，对于客户的详细资料，提供多个客户地址和多个联系人管理。

产品信息。通过产品信息可以了解公司所有产品的详细资料。

全程电子商务支持发布产品上网，同时对产品详细信息的管理支持多计量单位的使用，计量单位按计量单位组分组，同一组下的计量单位可以相互换算。另外，还提供自定义属性功能，用户可根据企业的行业特性为产品添加各种特殊的属性，例如，服装行业的颜色，尺码等属性。自定义属性分为两种类型：普通属性和可展开属性。普通属性是用于扩展产品标准属性以外的自定义属性，以满足产品管理的需要（如服装鞋帽行业的“颜色”）；可展开属性用于购销单据中数量的展开输入（如服装鞋帽行业的“尺码”）。

▶ 6.5.3 全程电子商务平台主要功能

1. eERP（全程电子商务平台集成的ERP）的基本功能

企业资源计划（ERP）是指建立在信息技术的基础上，以系统化的管理思想，为企业决策层及员工提供决策运行手段的管理平台。ERP 是管理信息系统发展的一个重要阶段，是在制造资源计划系统（MRP II）的基础上发展起来的。ERP 吸收了准时生产（JIT），全面质量管理（TQM）等先进的管理思想，极大地扩展了管理信息系统的范围，除财务、分销、制造、人力资源外，还集成了质量管理、决策支持等多种功能。

全程电子商务平台集成的 ERP 功能主要包括以下几种。

（1）采购管理。主要面向采购经理以及采购业务人员，帮助企业实现从“询价”到“采购订单”再到“订单执行过程（收货确认、收货付款、采购退货）”的采购全过程的管理及与供应商之间的全程业务协同。

（2）销售管理。销售管理主要面向销售经理以及销售业务人员，帮助企业实现从“报价”到“销售订单”再到“订单确认”、“订单执行过程（收款确认、发货、销售退货）”的销售全过程的管理及与客户之间的全程业务协同。

（3）库存管理。库存管理主要面向企业库管员，记录企业产品库存进销存情况，帮助企业清楚地管理产品出库、入库以及剩余库存量的统计，随时关注产品的超储或短缺情况，及时减少或补充产品的库存量，提高库存管理效率。

（4）收支管理。收支管理主要是面向企业财务管理人员，提供简单的钱流收支账管理，完成企业日常的财务收支，对外提供账务资金收支信息，对内提供详细报表分析，为管理者提供经营决策支持信息，并帮助其作出科学决策。它是企业运营的重要部分。

（5）配送管理。配送管理主要面向企业专门的配送部门，主要处理下属门店及分销商/加盟商的要货需求并对它们进行配货、发货、调货等业务，将各分支主体与总部有机结合起来，达到信息共享，实现对企业内部请求快速响应。

（6）门店管理。门店管理主要面向企业的下属门店，主要处理门店的日常售货业务，同时还可以与总部协同完成要货、配货、收货等业务。

（7）总经理查询。总经理查询主要是指查询企业的资金分析、经营分析及企业进销存、门店业务等相关的数据报表。满足企业管理层了解财务、业务数据，做出相应决策分析的需要。总经理查询中主要包括企业财务报表、销售报表、采购报表、库存报表、配送报表、门店报表及总经理报表。

2. EIP 的基本功能

企业信息门户（EIP）以企业的视角，依托全程电子商务平台服务基础，将企业使用的全程电子商务平台的各种服务和由此产生的内外部信息整合在一起，为企业内部管理、网上贸易、供应链协同等提供统一的应用入口。它既是企业通过网络进行形象宣传和产品推广的窗口，又是企业管理者、职员、供应商、分销商、客户、物流服务商等协同工作的接入点。

（1）网站管理。用户可以对自己的企业网站进行快速、高效的管理，充实网站的内容以增加网站的信息量。网站管理操作简单、内容明确，只需要录入相关的文字信息和图片即可。

网站管理包括对公司资料、企业荣誉、招聘信息和新闻动态这几个栏目的编辑管理。

（2）网站设计。拥有内容丰富的企业网站后，用户还可以对网站进行个性化设计，为企业网站选择独特的主题和栏目风格，打造别具一格、与众不同的企业专有形象，吸引更多的客户关注企业网站和企业产品。

（3）网络营销。为企业提供各种网络化的营销推广服务，帮助企业塑造形象、宣传产品，快速、高效地提升企业的品牌知名度。

网络营销包括网上产品展厅、网络广告和网络推荐 3 部分内容。

3. 网上贸易

在全程电子商务平台中，网上贸易功能是 ePortal 的一部分。ePortal 是支持网上贸易、供应链管理等的功能总称。其中网上贸易，也称电子贸易，是指狭义上的电子商务。

所谓网上贸易是指企业以互联网为基础，通过构建全球化的企业间数字化贸易平台，帮助企业在全球范围内推广产品和服务，寻找商机，发展商务伙伴，获取更多订单和客户所进行的贸易。

全程电子商务平台中的网上贸易目标主要是为企业提供产品推广，以供应链为基础并精确定位的商机搜索、商机智能撮合、诚信认证、在线洽谈、在线采购、在线销售、在线物流、在线支付、在线结算等服务；同时，网上贸易与企业内部管理融为一体，实现信息共享、流程整合。

（1）商机发布。用户可以发布企业产品的求购和供应信息，全程电子商务平台可以自动把发布的信息上传到企业网站和全程电子商务平台上，作为供求商机信息显示出来。任何全程电子商务平台的用户都可以看到该商机信息，同时商机订阅和商机智能撮合功能能快速增加产品的关注度和交易率。商机发布包括求购商机发布和供应商机发布。

（2）商机搜索。全程电子商务平台可以提供丰富的商机信息，用户可在全程电子商务平台中搜索企业需要的商机，扩大企业营销范围，在更大的空间内挖掘优质供应商和客户。

（3）商机订阅。用户可以根据企业实际需要设定合适的产品关注范围，全程电子商务平台可以根据用户设定的范围自动推荐用户需要的商机信息。

（4）商机撮合。全程电子商务平台可以自动在网站资源库中为用户所发布的商机信息匹配相应的商机，为用户找到合适的供应商和客户，并按匹配度推荐给客户，帮助用户有效地获取潜在的优质供应商和客户，节约商机搜索时间。

（5）在线询价。用户在全程电子商务平台中发现任何一条商机，都可立即点击，进行在线询价，操作简单、快捷，有利于第一时间掌握产品价格信息，节约采购信息搜集成本。

（6）在线下单。用户可对在全程电子商务平台上发现的任何一条合适的产品信息下达采购订单，帮助用户高效、快捷的完成业务订单操作。

4. eSCM（全程电子商务平台集成的 SCM）功能

全程电子商务平台提供了一类企业商圈建设工具，全程电子商务平台把它归为 ePortal 的一部分。这里的企业商圈是指一种基于互联网的企业商脉网络，以企业为活动主体，通过行业、区域、供应链等不同维度划分，在全程电子商务平台上建立联系、进行业务往来、产生信任并自主结成商业伙伴或联盟。企业间基于商圈的活动，可以构建更为广泛的商务关系网络，实现沟通、业务协同，经验分享、贸易洽谈并缔结良好的伙伴关系。

注意：在全程电子商务平台中，SCM 供应链管理是属于 eERP 的范畴。

协同平台为全程电子商务平台中所有的企业提供了一个统一的供应链协同平台，帮助企业把商机获取、交易、物流、支付等供应链业务集中到一起，让所有供应商、客户、物流公司都能够在一个统一的集成平台中进行商务交流与协作，实现供应链管理全过程的多对多在线业务协同。

企业通过协同平台进行业务协同时，可以进行：业务单据同步传输、业务消息实时通知、业务执行全程跟踪，真正实现整个业务处理过程的全程协同。

作为电子商务应用技能与实训练习，本节的内容提供者为金算盘软件公司，电子商务平台提供系统一定时间内的试用推广性的实验服务和支持，便于学习者使用全程电子商务平台完成实践实验活动。特此致谢。

本章英文缩写词汇对照表

英文缩写	英　文	中文翻译
B2B	Business to Business	企业间电子商务
EC	Electronic Commerce	电子商务
CRM	Customer Relationship Management	客户关系管理系统
EIP	Enterprise Information Portal	企业信息门户

（续表）

英文缩写	英　文	中文翻译
OA	Office Automation	办公自动化
SaaS	Software-as-a-Service	软件即服务 软件服务化
SCM	Supply Chain Management	供应链管理系统
WWW	World Wide Web	万维网

6.6 小　结

1 **了解电子商务的概念。**电子商务的概念有广义和狭义之分。狭义的电子商务也可以称做电子交易，主要包括通过计算机网络进行的交易活动，如网上广告、网上洽谈、订货、收款、付款、客户服务、货物递交等活动。而广义的电子商务，则是包括电子交易在内的、利用网络进行的全部商业活动，因此，它还包括企业内部的商务活动，如市场调查与分析、生产、管理、营销、财务、客户联系以及企业间的商务活动等。

- 广义的和狭义的电子商务概念有什么根本性的不同？
- 为什么说实现企业电子化、系统化、协同化和信息化是企业电子商务实施的主要内容？

2 **思考电子商务对企业管理的影响。**电子商务对企业管理带来的影响是全方位和深刻的变革。我们可以从电子商务对市场运作模式的影响，电子商务对企业组织结构的影响，电子商务对生产作业管理的影响，电子商务对企业营销管理的影响以及电子商务对企业管理模式的影响来分析，当然还包括其他方面的影响。

- 试说明电子商务对企业销售活动带来的影响。
- 试说明电子商务对企业管理创新带来的机遇和影响。

3 **理解电子商务信息流的概念。**电子商务信息流是指电子商务信息通过计算机网络进行传输的运动过程，是对商务活动的直接反映。它包括电子商务信息的产生、收集、传播、运用与反馈过程。

- 试分析电子商务信息流与一般商务活动信息流的不同之处。
- 举例说明电子商务信息流中的信息传播特点。

4 **解释电子商务物流的特点。**电子商务物流是伴随着电子商务技术和社会需求的发展出现的，它是电子商务价值实现中不可或缺的重要组成部分。电子商务物流在其运作特点和需求方面有别于一般物流，信息化、自动化、网络化和社会化发展是其重要特点。

- 举例说明电子商务物流的信息化和网络化特点。

5 **了解发展第三方物流对电子商务发展的意义。**第三方物流是物流专业化的一种形式。这种物流服务形式是建立在现代电子信息技术基础上的企业之间的联盟关系。所以，第三方物流其实就是把不属于自己企业的核心业务交给更专业的物流公司来做。这样物流公司和工商企业都能发挥自己最大的能量，把最擅长的核心业务做得更好。同时，专业化的第三方物流提供者利用规模生产的专业优势和成本优势，通过提高各环节能力的利用率实现费用节省，使企业能从分离费用结构中获益；能够帮助企业实现减少库存和保障供应的目标，并建立合作共赢和培植战略伙伴。

- 简要说明企业应该如何发展与专业化物流企业的合作共赢关系。
- 请你通过互联网，查询我国发展现代物流的政策和措施，加深对我国第三方物流发展的认识。

6 **如何认识连锁企业发展电子商务的策略和原则。**连锁企业是网络化经营的企业，也是整体利益与局部利益共存的企业，对电子商务有一种天然的亲近感。电子商务能够在实体联系和虚拟连通两个方面为连锁企业提供重要的支撑。连锁企业的电子商务策略要特别关注培育电子商务理念，稳步发展和关注电子商务收益优先的策略。针对连锁企业电子商务发展，我们可以采用以下原则。

1．不断提升和稳步适应的原则。
2．自上而下和重点突破的原则。
3．注重实效和简易方便的原则。
4．内外结合和实践指导的原则。

- 为什么说连锁企业发展电子商务要特别关注外部竞争的压力？

7 **思考连锁企业电子商务实践的可能途径。**一种可能的途径是首先从外部寻找合作建设电子商务的途径。注意尝试在企业内部信息化过程中与外部世界建立更为密切的联系。注重电子商务对连锁企业核心业务和商务活动的创新作用。

- 请列出 3 点，说明你是如何理解连锁企业实施电子商务的需求的。
- 试通过分析连锁企业的内部优势和不足，以及发展机遇和挑战来概括连锁企业电子商务策略的要点。

8 **解释全程电子商务的概念。**所谓全程电子商务是指企业内部信息化和外部商务活动电子化的集成化，全程电子商务由企业资源计划系统、企业电子商务网站、电子交易系统等集合组成。

9 **进行一次模拟电子商务的实践活动。**你可以通过 www.72ec.com 或者其他途径实现一次电子商务的实践活动。

- 请根据有关全程电子商务平台的介绍和实践实务操作规程说明，设计一份你的连锁企业模拟经营计划，借助全程电子商务平台建构一套电子商务应用系统，并撰写一份实践报告。

一种全新的电子商务服务模式

2006 年 7 月 27 日，金算盘软件有限公司发布了金算盘全程电子商务平台。

金算盘全程电子商务平台由 eERP、ePortal 和 eTools 3 部分构成，为用户提供企业门户、网上贸易、业务管理、企业商圈、移动商务和行业资讯六大服务。

金算盘全程电子商务平台的特色是创造性地将电子商务和供应链管理进行融合，形成了独特的新型电子商务模式。主要表现在三个方面：一是将供应链管理从企业内部延伸到了企业外部的上游供应商和下游客户，提供了 eERP、eCRM（全程电子商务平台集成的 CRM）、eSCM、eOA（全程电子商务平台集成的 OA）等在线应用（部分功能支持离线应用）系统，形成了一个全程供应链管理系统；二是将电子商务从以发布信息、搜索商机为主延伸到电子采购、诚信认证、在线支付、协同工作等领域，形成了一个完整的全程电子商务交易系统；三是将软件服务化（Software-as-a-Service，简称 SaaS）模式成功地整合到管理软件和电子商务的应用领域。

一种全新的电子商务服务模式——全程电子商务应运而生。

针对企业需求与传统电子商务服务模式产生的矛盾，需要新一代的全程电子商务模式来解决。全程电子商务服务模式就是要改变传统电子商务平台专注于卖家的立场的现状，全面考虑买、卖双方的交易需求。它将企业的内部业务与电子商务完全融合，并与上游供应商、下游分销商和客户实现业务协同与信息共享，同时将各种商业活动与企业的品牌传播和产品推广紧密联系在一起，让企业的传统商业活动与电子商务、企业自身与外部合作伙伴、产品销售与品牌推广成为一个整体，实现了企业供应链管理和电子商务的相互结合。

商家可通过交易引擎实现包括信息流（商机发布、查询）、商流（业务的处理、统计、分析）、资金流（网络安全交易）和物流（商务助理支持）的全程电子商务交易，它可以帮助企业发现商机、把握商机、处理业务，最终实现安全交易。

这种充分实现了供应链和电子商务结合的电子商务供应链管理系统（eSCM）又可以称做全程电子商务，它的核心是高效率地管理企业的信息，帮助企业创建一条畅通于客户、企业内部和供应商之间的信息流。

1. 全程电子商务的模式

全程电子商务是建立在企业群体实现电子化并形成供应链网络的基础上，利用 Internet 或 Extranet 进行商品交易、信息交换、企业协作等活动的供应链模式。

2．全程电子商务的构建步骤

企业构建全程电子商务，必须从建设 3 个 E 开始。

第一个 E 是企业资源计划系统（ERP）。从供应链的角度看，ERP 的本质就是企业内部的供应链管理。ERP 集中企业内部价值链的所有信息，合理调配企业各方面的资源。如果企业内部都没有实现供应链管理，就不可能延伸到外部去。

第二个 E 是企业管理咨询系统（EIP），又称企业信息门户。它是建立在协同商务概念上的应用软件。主要是提供一个把信息进行集中的通道，让企业的员工，特别是分布在世界各地的员工、客户和生意伙伴间进行相互交流，加快沟通。EIP 还支持与其他管理系统的连接。

第三个 E 是电子供应链管理系统（eSCM），eSCM 集中不同企业的关键数据，包括订货、预测、库存状态、生产计划、运输安排、在途物资、销售分析、资金结算等数据。供应商、分销商、零售商实现了供应链上的信息集成，达到共享采购订单的电子接收与发送、多位置库存自动化处理与控制、周期盘点等重要信息，就像一个企业一样。

3．全程电子商务对中小企业的价值

电子商务这个全新的商务模式改变着供应链上的信息流、物流、资金流、人流和商务流的运作模式，使供应链上的供应商、制造商、分销商、客户集成起来作为一个不可分割的整体。通过全程电子商务的应用，能有效地将供应链上的各个业务环节孤岛连接起来，使业务和信息实现集成和共享。同时，EC 应用改变了供应链的稳定性和影响范围，也改变了传统的供应链上的信息逐级传递的方式，为创建更为动态、广泛的供应网（Supply Web）关系提供了基础，使许多企业能以较低的成本加入到供应链联盟中；使企业降低交易成本、缩短订货周期、改善信息管理和提高决策水平，从质量、成本和响应速度 3 方面改进企业经营；能帮助买、卖双方通过信息、资讯服务发现商机，并参考商品的行情资讯找到最高性价比的商品，最终通过网络支付进入物流环节完成交易，增强企业的竞争能力。

全程电子商务不仅可以管理企业内部业务，同时也可以与对外的信息发布、信息搜索、信息匹配以及基于互联网的电子商务活动联为一体；不仅可以管理内部的销售流程，还可以获取更多的客户信息和销售渠道来扩大企业的销售；不仅可以准确管理企业内部的采购和库存信息，还可以获取更多的供应商信息，优化供应商结构，降低采购成本；不仅可以提高企业内部业务流程的运转效率，还可以与外部合作伙伴进行协同工作，确保外部流程的可管理性和高效运作；不仅可以对企业内部信息进行准确管理，还可以通过将必要的信息及时共享给外部合作伙伴，从而对整个供应链的信息进行准确管理。

资料来源：http://www.eabax.com/ec/smec/qxdzsw.htm
http://www.eabax.com/ec/smec/qcdzsw.htm

金蝶进军全程电子商务市场

新浪科技讯 2007 年 8 月 15 日下午消息，金蝶国际软件集团公司（以下简称“金蝶”）今天下午宣布全面进军电子商务服务市场，这是该公司接受 IBM 注资后在电子商务及企业 SaaS 服务领域进行的首次战略发布。

在此之前，金算盘曾于去年发布面向中小企业的全程电子商务平台，以迎合企业管理软件与电子商务相融合以及世界软件服务化（SaaS）的趋势。分析认为，金蝶这次全面进军全程电子商务市场也是在这一大势下做出的战略选择。

对此，金蝶国际软件集团主席徐少春称，“随着互联网应用的普及，企业间电子商务（B2B）已经成为一种趋势，ERP 与电子商务系统的集成与协同将成为企业信息化发展的必然”。

据了解，金蝶本次发布的全程电子商务战略旨在提供全程、全方位、一站式的电子商务服务平台。其中，“全程”指企业内外商务活动的全程电子化；“全方位”意味着企业外部商业伙伴的全面协同；“一站式”即快捷、便利的一站式电子商务服务。金蝶称，其全程电子商务战略是金蝶“让 ERP 个性化计划”的延续。

另外，值得关注的是本次新战略的发布，也得到了其战略合作伙伴 IBM 的大力支持。中国投资基金董事合伙人 IBM 大中华区副总裁吴宝淳、雷曼兄弟副总裁关颖峰、IBM 大中华区策略与地区合作伙伴部总经理李永财和 IBM 业务流程外包服务部大中华区总经理孙锡铭都亲临现场助阵。

孙锡铭称，“IBM 有信心帮助金蝶成为国内最优秀的 SaaS 服务提供商，进而实现金蝶的全程电子商务战略”。

据透露，金蝶全程电子商务战略发布的第一步是将携手 IBM 推出企业 SaaS 服务。发布会上金蝶移动互联技术有限公司总经理冯颉表示金蝶将在近期内推出全球首个全程电子商务及 SaaS 服务平台——友商网（www.youshang.com）。在友商网上，企业可完成企业内部流程管理、品牌推广、信息搜索、商品交易等一系列商务活动，并能有效地加以集成管理。

资料来源：http://tech.sina.com.cn/it/2007-08-15/14101677992.html

第7章 连锁企业的信息系统战略

【学习目标】

1.理解连锁企业信息系统战略规划的作用

2.掌握连锁企业信息规划的主要方法

3.掌握连锁企业信息系统战略规划的步骤

4.学会撰写连锁企业信息系统战略规划报告

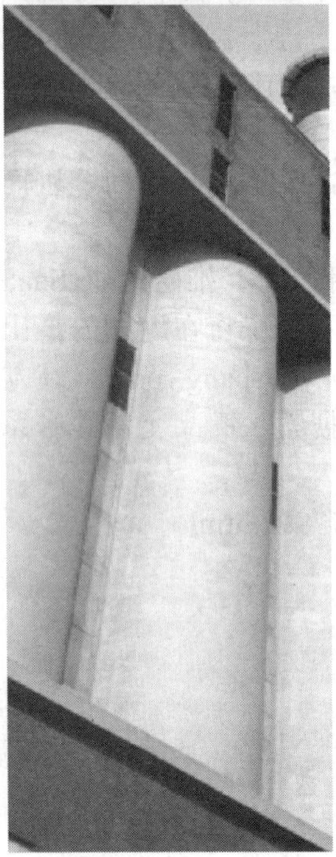

案例导读

谭鱼头——用IT系统铸造数码火锅

成都谭鱼头投资股份有限公司是一家以餐饮业为龙头、以连锁经营为模式的现代企业，2005年底拥有员工8000余人，年销售额近5亿元人民币。公司成立于1997年，麾下的谭鱼头火锅连锁店已达100多家，遍布包括港、澳、台地区在内的50多个大中城市。

谭鱼头的第一家火锅店刚开业时，30多张桌子的餐厅天天爆棚，门口经常有几十人排队等位。但时间久了，顾客开始没有耐心排队等候了。这时，谭鱼头与IBM公司合作，全面采用IT系统。在谭鱼头的每个连锁店，基本都采用这样的应用模式：餐厅使用POS机点菜，后台厨房的打印机同步提交顾客点菜信息，库存管理员根据点菜系统中的物料消耗随时补货，财务系统根据点菜系统和结账系统的数据对每天的销售状况进行精细统计。每个顾客的点菜时间和上菜时间都有记录。于是，企业对哪些菜必须在几分钟内提交给顾客都有具体要求，真正实现了中式餐饮的精细化管理。尤其是火锅制作的标准化，使得中式餐饮能够走向全国。

问题：谭鱼头信息化战略实施的关键是什么？

（资料来源：中国连锁经营协会.《零售创新案例》. 北京：中国商业出版社，2005，第 206 页）

管理者存在的困惑是：何时引入信息技术、投资多大才是合理的、投资回报有多大、怎样引进新的管理理念、怎样调整现有管理架构、业务是否需要改造、如何改造、这种改造对企业原有体系的冲击有多大等。正如某连锁企业董事长所言："我们知道信息化建设的重要性，但我们是搞经营出身，对 IT 投入经常有很多困惑。"这番话代表了连锁企业管理层多数人的现状。而对信息总监而言，存在的困惑是：技术上如何实现、选择什么样的解决方案及提供商、如何保护原有的信息化投资等。

信息系统是组织变革的全面解决方案，企业信息系统的建设就像万里长征，而科学的战略规划就是设计整体解决方案从而迈向成功的第一步。它是信息化建设的基本纲领和总体指向，对合理分配和应用信息和信息系统资源实现企业战略目标，有效地进行信息化项目建设具有重要意义。

战略信息系统规划已成为组织、利用信息技术，创造竞争优势，实现战略目标的关键步骤，并逐步成为企业规划的一个重要途径。战略信息系统规划犹如一张地图，描绘了连锁企业的信息系统战略、信息系统建设目标、发展方向、体系结构、实施策略等内容。有效的战略信息系统规划奠定了企业信息系统战略与企业发展战略相匹配的基础，帮助企业理顺有 IT 支撑后的管理思想和模式，为企业提供了成功实施信息化战略的蓝图，保障信息化建设的统一性和扩展性。好的规划是信息化成功的一半，企业缺少信息系统规划，未来的信息系统建设将没有明确的方向和目标，企业战略和关键业务也得不到支持，最重要的是不能充分地利用资源，导致不必要的重复投资或无效投资，甚至严重影响企业自身的运行机制，使得 IT 这一本来应该成为利器的工具变成企业的包袱。

名 词 解 释

战略信息系统规划

战略信息系统规划（Strategic Information System Planning，简称 SISP）是信息化建设的基本纲领和总体指向，是全面考虑管理与技术问题形成的基于 IT 的解决方案。

7.1 连锁企业战略信息系统规划的作用

（1）促进连锁信息系统战略与连锁企业战略之间的协同。信息系统作为商战的利器已为广泛的接受，这件武器若使用的好，则会为企业在商业战争中创造竞争优势。

美国一玩具公司在初始时仅是一家很小的商店，在 20 世纪 80 年代初期，公司高层领导决定大规模拓展市场。在高速发展的过程中，他们陷入管理难度很高、人力资源十分紧张的困境时，决定利用信息系统来解决这些问题。经过 SISP，意外发现利用信息系统，其市场规模竟然可以在原有基础上进一步大大拓展。现在，该玩具公司已发展成为全国性廉价连锁店，并在加拿大、英国、新加坡和中国香港也建立起自己的分公司，使其与美国联邦百货公司能够分庭抗礼。

从上面这个例子可以看出：一方面，企业战略目标对战略信息系统有着关键的约束力，战略信息系统规划服务于企业战略目标，它对企业文化、企业环境、企业管理制度、企业人力财力等方面进行综合分析，以支持企业实现其战略目标；另一方面，战略信息系统规划也可以反作用于企业战略目标。企业可以利用信息系统的特点及优势，调整企业的战略目标。因此战略信息系统规划的好坏，对企业发展战略的影响是十分巨大的。

（2）对连锁企业管理目标及运营过程的支持作用。信息系统对管理目标的支持作用是不可否认的。但是，在大多数连锁企业里，起步阶段的信息系统往往服务于各部门的目标，信息系统之间往往交流不畅，信息难以共享（即所谓的“信息孤岛”）。诸如此类的问题大大影响了连锁企业运营效率及管理目标的进一步提高，而连锁企业可以利用信息系统战略规划原理及方法解决这些问题，对现有信息系统进行一定的装配、修改及补充，使之整合为一个完整的体系，从而进一步提高管理效率及运作效率，按照系统工程原理，实现“1+1>2”的理想，使各部门分目标整合起来为连锁企业总目标服务。

同时，在规划过程中，还可以利用业务流程再造（Business Process Reengineering，即 BPR）的原理和方法，充分发挥信息系统的潜能，从信息系统角度对连锁企业的管理体系和业务流程进行再思考，从内部对连锁企业的管理体系和业务流程进行优化和再造，使连锁企业的管理效率和运作效率得到本质的提高。

（3）对连锁企业信息资源的统筹作用。许多连锁企业在信息系统建设初期，往往是自下而上提出建立，连锁企业内各部门信息系统如雨后春笋般冒出来。但是，由于大多数连锁企业缺乏规划，从全局角度来看，各部门信息系统之间功能重复，交流不畅。更为严重的是存在信息资源缺乏共享性，一致性差（多个部门同时生成和维护同一信息，很容易造成基础信息来源不一致）等问题，信息资源的完整性也很难保证。通过战略信息系统规划，统筹信息资源，在保证信息资源的一致性、完整性、共享性和安全性的前提下，有计划、有组织的实施，才可以保证信息系统建设的顺利进行。

（4）对信息技术和硬件设备的统筹作用。连锁企业信息系统经过一段时间的使用，由于会出现一些问题其功能和架构需要重新定位，主要包括：操作系统平台不一致；数据库系统不一致；网络规划不当，连锁企业内外环境一改变，设备就报废；终端设备陈旧，购买不久就被淘汰。直接后果就是无法实现信息共享，系统之间接口复杂或根本没有接口，花费大量人员维护还难以保证预期效果，许多系统只好报废。另一方面在信息系统建设初期，缺乏对连锁企业内部信息技术平台的统一规划。总之，要是能够在信息系统建设之前先组织进一步的信息战略系统规划，连锁企业的失误就会大大减少。

（5）对连锁企业信息系统实施的指导意义。连锁企业信息系统的建设必须分步骤、分层次、分阶段进行，这是由信息系统的内部逻辑属性决定的。连锁企业信息系统一般可分为战略决策信息系统、管理信息系统和事务处理系统 3 个层次。上层信息系统需要下层信息系统提供的基础数据，没有下层信息系统提供的基础数据，上层信息系统是无法运转的，同时还要求下层信息系统保证一定的数据共享性、完整性及一致性，否则上层信息系统输出结果的可信度将大大降低。战略信息系统规划能够帮助理清连锁企业将要实施的信息系统之间的内在逻辑关联，指明信息系统间的层次及今后开发的先后次序及步骤，连锁企业则可以根据人力资源、物质条件，分轻重缓急，制订出连锁企业级、部门级的信息系统建设的年度计划及中长期计划。

（6）有助于更好地实现连锁企业信息系统愿景的共识。SISP 的过程其实也是连锁企业重新分析战略与需求、认识连锁企业现有资源以及分析信息系统战略作用的过程。在 SISP 过程中，中高层人员参与的大量讨论活动、沟通活动、协商活动等实际上起到了多重作用。首先，这些讨论与沟通的过程也是学习的过程，有针对性地提高连锁企业关键人员对信息系统的认识，更有利于连锁企业在正确理解的基础上，正确使用信息系统解决连锁企业的问题；其次，SISP 让大家更好地理解连锁企业的战略，并全面地了解连锁企业目前的现状与有待解决的问题，那么在设计信息系统解决方案时，就会考虑整体性；最后，促使连锁企业各个层面的人员达成对信息系统解决方案的共识。因此 SISP 绝不仅仅只是一份厚厚的报告，它还解决了很多实施过程中的合作、政治、心理等问题。

（7）规避投资风险，提高投资回报率。把 SISP 以上 6 个方面的作用，归结到一起，可以为连锁企业减少信息系统实施的失败概率，提高投资回报率。SISP 使得信息系统能够更好地解决连锁企业的问题、支持连锁企业的战略、使信息系统建设的过程更加合理、人员配合度更高、资源浪费更少等。反映到经济上，就是极大地提高了投资回报率。

当然除了这些之外，它还有很多作用。例如，挖掘潜在的应用系统、把投资花在最能为连锁企业带来利润的领域上、培养连锁企业系统思考能力、保护连锁企业已有投资等。

7.2 连锁企业信息系统规划的主要方法

▶ 7.2.1 企业系统规划法（BSP）

1. BSP 方法的原理

企业系统规划法（Business System Planning，BSP），是 IBM 公司于 20 世纪 70 年代初将其作为内部系统开发的一种方法。它主要是基于用信息支持企业运行的思想，其全过程是将企业目标转化成为信息系统战略，其步骤是自上而下规划、自下而上实施。

BSP 方法通过分析企业的使命、目标和职能来识别企业的流程；根据企业实体和企业流程来识别数据类，最后按照数据库分析与设计的原则对数据类进行归纳合并，形成功能矩阵。最终的 BSP 规划报告将提供一个全局的信息系统结构和各子系统的实施方案，BSP 的规划方法原理如图 7.1 所示。

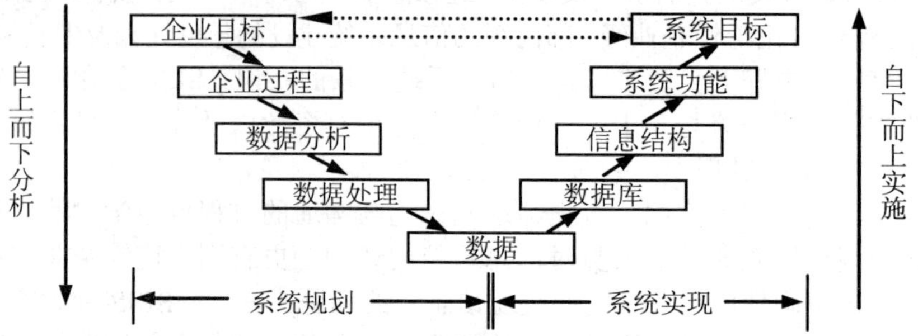

图 7.1　BSP 的规划方法原理

2. BSP 方法的基本原则

BSP 方法是把企业目标转化为信息系统战略的全过程。BSP 方法所支持的目标是企业各层次的目标，实现这种支持需要许多子系统。运用 BSP 方法是一项系统性工作，一般来说应遵循以下几个基本原则。

（1）企业信息系统必须支持企业的战略目标。

（2）企业信息系统的总体规划应当表达出企业的各个管理层次的要求。

（3）企业信息系统应向整个企业提供一致的信息。
（4）企业信息系统应在组织结构和管理体制改变时保持工作能力。
（5）企业信息系统的总体规划应当由系统结构中的子系统开始实现。

3. BSP 方法的优缺点

BSP 方法在企业中应用也较为广泛，它的关键步骤在于企业过程的识别。BSP 方法的主要优点和缺点如下。

优点：

（1）自上而下的分析与自下而上的实施相结合，使 BSP 方法成为一种集成性较好的规划方法；
（2）规划过程中企业高层的积极参与以及各层人员之间的充分交流；
（3）规划系统的成本、利益、风险和功能易于控制与管理。

缺点：

（1）需要对 BSP 方法经验非常丰富的规划团队；
（2）自上而下的分析过程与自下而上的实施过程匹配较困难；
（3）成功的实施 BSP 可能需要花费相当长的时间与精力。

▶ 7.2.2　关键成功因素法（CSF）

关键成功因素法（Critical Success Factor，CSF）是通过与高级管理者的交流，了解企业的发展战略及其相关的企业问题，识别企业的关键成功因素，然后再围绕这些关键因素来确定系统的需求，并进行规划的方法。同时，企业要对这些关键活动在管理上给予更多的关注并确定相应的信息资源分配的优先级别，帮助企业利用信息技术发掘新的机遇，使企业获得其战略目标。CSF 方法包括以下几个基本步骤，如图 7.2 所示。

1．识别目标 2．识别 CSF 3．识别指标 4．定义 DD

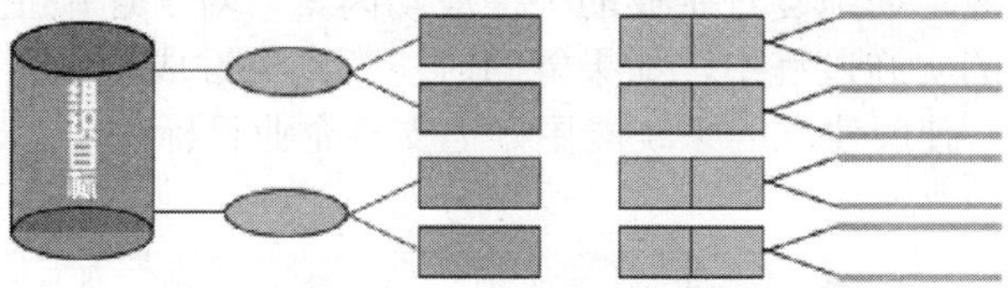

图 7.2　CSF 的基本步骤

（1）识别企业目标，即确定企业和 IS 的战略目标。
（2）识别 CSF。关键成功因素指的是对企业成功起关键作用的因素。主要是通过分析影响战略目标的各种因素和影响这些因素的子因素，来确定关键成功因素。不同行业的关键成功因素各不相同。即使是同一个行业的组织，由于各自所处的外部环境的差异和内部条件的不同，其关键成功因素也不尽相同。

（3）识别指标，即明确各关键成功因素的性能指标和评估标准。

（4）定义 DD（Data Dictionary）。识别联系于系统目标的主要数据类及其关系，一直细化到产生数据字典。数据字典就是用来定义数据流图中的各个成分的具体含义的，它以一种准确的、无二义性的说明方式为系统的分析、设计及维护提供了有关元素的一致的定义和详细的描述。它和数据流图共同构成了系统的逻辑模型，是需求规格说明书的主要组成部分。(注：关于数据字典的详细知识请参考数据库管理书籍)。

关键成功因素法通过目标分解和识别、关键成功因素识别、性能指标识别，一直到产生数据字典起作用。这好像建立了一个数据库，一直细化到数据字典。

关键成功因素法设计的目的是为管理者提供一个结构化的方法，帮助企业确定其关键成功因素和信息需求。CSF 法通过与管理者特别是高层管理者的交流，根据企业战略决定的企业目标，识别出与这些目标成功相关的关键成功因子及其关键性能指标。CSF 方法能够直观地引导高层管理者分析企业战略与信息化战略和企业流程之间的关系。CSF 方法在企业中应用非常广泛，它的主要优点与缺点如下。

优点：

① 能够较为直观的识别出组织或高层管理者的关键信息需求；

② 使组织能够集中资源，围绕信息需求进行系统开发；

③ 相对比较容易操作，所需资源较少。

缺点：

① 在进行大型综合的战略信息系统规划方面存在不足之处；

② 在进行较低层次的信息需求分析时，效率不是很高；

③ 开始时较注重管理的控制，因此比较局限于内部的分析而创造性不足；

④ 不太注意信息系统增值方面的分析。

由于企业的发展和客观环境的变化，在不同时期，关键成功因素也会发生变化。为此，企业应定期地复查企业的关键成功因素。对于连锁企业信息系统的开发，在总体方案的实施过程中，如果能随时注意到关键成功因素的变化，就可以适当地调整计划，使所建立的系统能更好地支持企业目标。

7.3 连锁企业信息系统战略规划过程

连锁企业的信息化战略必须从支持企业长期发展战略的高度，对信息化建设布局作总体思考，体系化地对企业战略、组织架构、业务流程、基础数据、信息集成、行业发展方向和信息技术方向进行系统性的思考、设计和统筹，以达成共识、降低风险、节约成本。它既是一个成果，也是一个过程，即企业上下对“IT 支撑管理”的沟通和碰撞的过程。IT 规划在企业的管理和信息技术之间搭起一座桥梁，它是企业信息化发展的必然选择。

特别提示

连锁企业的信息化战略

连锁企业的信息化战略必须从支持企业长期发展战略的高度，对信息化建设布局作总体思考，体系化地对企业战略、组织架构、业务流程、基础数据、信息集成、行业发展方向和信息技术方向进行系统性的思考、设计和统筹，以达成共识、降低风险、节约成本。

连锁企业的信息化规划要和企业自身的发展战略紧密配合。要充分考虑到企业独特的经营规模、经营区域、经营范围、经营理念、产品选型、生命周期、成本收益率、标准化要求、长远发展目标等诸多重要因素，同时还要考虑到总部对供应商、加盟商的管理深度、管理范围，使必要的管理内容和流程，通过信息化手段以最方便快捷的方式实现，经营信息迅速完成上传下达，汇总数据，为企业运行提供强有力的后盾支持，从而达到企业管理的综合要求。

连锁企业的信息系统规划主要步骤与过程如图 7.3 所示。

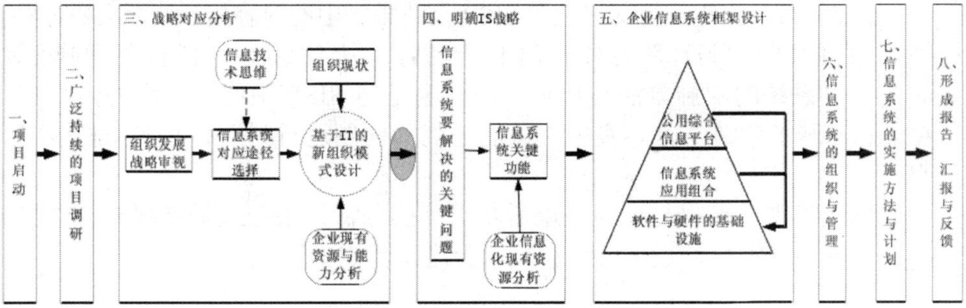

图 7.3　连锁企业的信息系统规划主要步骤与过程

（1）项目启动。项目启动过程主要是有规划项目的通报与信息系统规划小组的组织两个活动。一般来说，SISP 过程中的战略对应分析是需要有高层管理人员、业务经理、CIO 等中高层管理人员一起参与来完成的，其他工作大都属于 IT 部门内部的事情。不过 IT 部门在选择担任规划工作的人员时，可以考虑由各部门派的代表与 IT 专业人员一起组成临时规划小组。

（2）广泛持续的项目调研。这一阶段是对组织的现状、战略、未来经营思路、信息化历史、信息系统建设情况等进行充分而透彻的调研，为后期的设计工作打下基础。一般来说，调研是持续的，不是前期花一段时间就完全结束了，而是要采用产生问题就调研、发现不理解就调研这种形式，才能真正达到调研的效果。

（3）战略对应分析。通常来讲，战略对应分析以组织的发展战略为基础，根据规划小组的 IT 思维，判断组织战略与未来信息系统之间是属于何种关系，是支持运营的，还是产品和服务创新的，然后在此基础上勾画出了信息系统之后的新组织模式。有了新的模式后，对比企业原有的模式，就产生了组织对信息系统的需求。有了需求之后，再分析一下企业的资源的能力，能用于做什么，不能用于做什么，这样就正式形成了信息系统所要解决的关键问题。接下来就是在此基础之上形成组织的信息系统战略。

（4）明确 IS 战略。有了组织对信息系统的正式需求，这一阶段就要分析已有的信息系统是不是能够满足这些需求。如果不能，或者部分不能，可以把这些需求转化为信息系统所要实现的关键功能，而这就是信息系统的战略目标。

（5）企业信息系统框架设计。在信息系统战略目标的指引下，通过了解现有 IT 市场所能提供的信息系统产品，为企业构建信息系统框架，分别包括最底层的信息系统基础设施、中间层的信息系统应用以及最高的综合信息平台。这 3 个平台之间的关系是信息系统应用为综合平台提供信息，而信息系统基础设计为信息系统应用平台和综合平台提供基本的运营条件。

（6）信息系统的组织与管理。它与 SISP 最终报告中的内容相一致，主要是根据新的信息系统的要求，设计新的 IT 部门组织形式，以及信息收集机制、管理制度等。

（7）信息系统的实施方法与计划。同样也是与 SISP 最终报告中的内容相一致，对信息系统的实施方法、实施中可能遇到的问题进行说明，并安排相应的日程计划。

（8）形成报告，汇报与反馈。最后是把这些分析结果形成最终报告，向组织的信息化领导小组汇报，根据反馈意见，再进一步修正和完善。

7.4 连锁企业信息系统规划报告

规划的最终结果就是一份计划报告，说明如何实现所期待的目标。为了确定报告的主要步骤与主要方法，根据结果导向的原则，最终确定要完成的规划连锁企业信息系统规划报告需要包括哪些方面的内容，然而再根据这些内容来确定连锁企业信息化战略的步骤并选择适当的方法。

虽然每个连锁企业信息系统规划报告不尽相同，但是大体而言，包括 6 大主题，分别是连锁企业战略与信息系统战略分析、信息化现状与现有资源分析、连锁企业信息系统应用设计、连锁企业信息系统的基础设施设计、连锁企业信息系统组织管理体系设计与连锁企业信息系统实施方法与计划。

1. 连锁企业战略与信息系统战略分析

主要包括以下几方面的问题。

（1）组织目前面临的挑战，包括产业状况、相关法规、顾客与供应商等。

（2）组织的任务与战略目标（内部需求分析）：企业的经营风险及预期结果、组织的总体目标、详细目标、经营理念等。

（3）现有的组织形态与现有资源情况。

（4）信息系统要实现的战略目标以及主要框架：确定信息系统主要要解决的问题与范围。

2. 信息化现状与现有资源分析

设计未来的信息系统架构之前，首先要看看企业现在在信息化方面有什么样的资源。通常包括以下几个方面。

（1）现有资源的清单：包括硬件、一般软件、通信设备和软件、应用系统、IT 人力资源等方面。

（2）分析现状：分析费用分配情况，对硬件、软件、通信、IT 人力等的运行情况进行分析。

（3）正在进行开发的信息系统：可能会使用的资源与 IT 人员和可能会对后期信息系统造成的影响。

（4）现有信息系统优缺点评估：主要应用系统的评估及改进建议，是运行良好，还是要修正或者增加功能，或是要大幅修改或淘汰更新。

3. 连锁企业信息系统应用设计

根据信息系统要实现的战略目标，在参考企业现有的资源分析的基础上，利用信息系统规划人员的信息系统思维，参考 IT 市场上可用的应用，提出连锁企业信息系统应用方案与组合策略。包括以下几个方面。

（1）分析和预测 IT 市场可用的应用：熟悉目前在 IT 市场上，与企业需求相关的应用系统的情况，有助于设计者做出最有性价比的方案。

（2）信息系统主要框架设计：设计主要的信息系统应用内容，以及每一种应用要解决的具体问题，给出相应的框架图与流程图，便于后期详细的规划。

（3）信息系统与原有系统的组合策略：包括在流程、功能、数据接口等方面与原有系统如何进行配合。

4. 连锁企业信息系统的基础设施设计

按照科学的信息化观点，众多的信息系统将共享同一的基础设施平台，以避免出现资源的浪费，也可以增加系统与系统之间的集成性。然而新的信息系统需要新的硬件、软件、数据库、通信设施等，如何把新的需求无缝地集成到原有的公共平台，既是一个系统工程，也是对 IT 人员技术的把握能力与组织能力的考核。基础设施部分主要包括以下几个方面。

（1）公用框架的描述（如果有的话是描述，如果没有则应该重新设计一个）：对目前公共开发平台、硬件、网络设备、数据库等的负荷能力、可扩展能力进行描述。

（2）硬件：新的信息系统可能需要的硬件，以及性能上的要求。

（3）软件开发平台：新的信息系统对二次开发软件平台的要求。

（4）数据库：描述在新的信息系统中，各个数据库之间的结构，以及与其他数据库之间的关系。

（5）网络：利用网络设备，搭建信息系统所要运行的平台，例如，简单的局域网或者跨地区的 VPN 等。

5. 连锁企业信息系统组织管理体系设计

完整意义上的组织管理体系设计是指与信息系统解决方案相匹配的组织解决方案，包括业务流程、组织结构、权力机制等。但在实际 SISP 过程中，这一部分可简化为信息系统的组织与管理设计。分别包括以下几个方面。

（1）人事战略：设计整个组织的信息系统组织，包括信息化领导小组、指导小组、IT 部门等的岗位设置、工作机制、配合机制等。

（2）信息系统资源获取：如何确保信息系统所需要的资料能够准确地被收集，设计必要的保障机制。

（3）信息系统的管理制度：组织的信息系统管理制度建设可以确保信息系统良好的实施效果与运行结果，确保系统在安全性、保密性、数据准确性等方面的性能。

6. 连锁企业信息系统实施方法与计划

（1）与新信息系统相匹配的实施方法与实施计划，如果有能力，还可以提出初步的预算。

（2）信息系统的实施方法：包括实施的模型与步骤、优先级、基础数据的准备、人员的职责分配、切换机制等。

（3）预计将遇到的困难：列举可能会遇到的困难和克服的方法，并寻求相关的支持。

（4）主要培训活动：所需要的培训、培训对象、培训主题等的罗列。

（5）详细的里程碑及时限：实施过程中每一环节的时间安排。

（6）预算需求：资金需求、费用安排等。

本章英文缩写对照表

英文缩写词汇	英　文	中文翻译
SISP	Strategic Information Systems Planning	战略信息系统规划
BSP	Business System Planning	企业系统规划法
CSF	Critical Success Facors	关键成功因素法
DD	Data Dictionary	数据字典
BPR	Business Process Reengineening	业务流程再造

7.5 小　结

1. **理解连锁企业战略信息系统规划的作用。**战略信息系统规划是信息化建设的基本纲领和总体指向，是全面考虑管理与技术问题形成的基于 IT 的解决方案。战略信息系统规划犹如一张地图，描绘了企业的战略信息系统、信息系统建设目标、发展方向、体系结构、实施策略等内容。对合理分配和应用信息和信息系统资源实现企业战略目标，有效地进行信息化项目建设具有重要意义。

- 连锁企业信息化时，为什么要从战略层规划信息系统？

2. **掌握连锁企业信息系统规划的主要方法。**企业系统规划法主要是基于用信息支持企业运行的思想，其全过程是将企业目标转化成为信息系统战略，其步骤是自上而下规划、自下而上实施。关键成功因素法是通过与高级管理者的交流，了解企业的发展战略及其相关的企业问题，识别企业的关键成功因素。企业要对这些关键活动在管理上给予更多的关注并确定相应的信息资源分配的优先级别，帮助企业利用信息技术发掘新的机遇，使企业获得其战略目标。

- 比较分析两种连锁企业信息系统规划方法的优缺点。

3. **掌握连锁企业信息系统战略规划的步骤。**信息系统战略规划的步骤包括：1．项目启动；2．广泛持续的项目调研；3．战略对应分析；4．明确 IS 战略；5．企业信息系统框架设计；6．信息系统的组织与管理；7．信息系统的实施方法与计划；8．形成报告，汇报与反馈 8 个阶段。

- 怎样进行连锁企业的信息化规划？

4 **学会撰写连锁企业信息系统规划报告。**连锁企业信息系统规划报告不尽相同，但是大体而言，包括六大主题，分别是：（1）连锁企业战略与信息系统战略分析；（2）信息化现状与现有资源分析；（3）连锁企业信息系统应用设计；（4）连锁企业信息系统的基础设施设计；（5）连锁企业信息系统组织管理体系设计；（6）连锁企业信息系统实施方法与计划。

- 请调查一家连锁企业，了解该企业的基本情况，其信息化建设的总体情况，根据本章的信息系统规划步骤，写出一份详细的信息系统规划报告。

S 新华书店集团的信息化规划

一、S 新华书店集团介绍

S 新华书店集团公司具有四大业务板块：出版发行业务板块、旅游板块、文化产业板块以及包含其他业务的综合板块。中国加入 WTO 后，出版行业对外开放、集团的信息化建设越来越不适应集团发展的需要，迫切需要加快信息化建设，塑造集团的核心竞争优势。

S 新华书店集团信息化规划具有以下难点：1．集团的管理架构处在变化之中，未来可能根据业务板块成立事业部、异地分公司是否独立核算等诸多不定因素；2．主营业务板块具有多种业务形式，不同的业务模式之间具有关联关系；3．集团目前信息化部门的职能以及 IT 人力资源分布不均衡，需要重新配置集团的 IT 人力资源，并明确集团以及分、子公司 IT 部门的信息化职能。

二、信息化规划的起点：集团战略目标、集团管理以及业务分析

IT 规划首先是对集团的发展战略进行分析，分析目前的现状以及未来的发展目标，并分析关键成功要素和信息化建设的目标。如针对出版物发行公司的连锁发行业务模式分析：当前的现状是连锁经营已经初步完善，但是还没有发挥出连锁经营的优势；未来的发展目标是建立多种连锁经营形式并存，并成为跨地域的连锁销售渠道；连锁经营的关键成功要素在于物流、信息化、服务和低运营成本；连锁经营未来的信息化建设的目标是加强连锁经营各个环节的信息共享，提高物流能力和客户服务水平，加强信息分析，更好地制定采购营销决策和降低运营成本。

结合集团未来的发展目标，通过对每个部门的层层分解，并就每一分析层面对信息化的需求和建设目标做详细分析，形成企业未来的信息化建设的目标体系，确定集团的信息化建设的目标和重点及企业未来信息化建设的全局。

三、信息化需求分析

在明确了集团战略、集团对分、子公司的管控以及各个分、子公司业务的发展，明确了各个层次的信息化建设目标之后，需要对集团未来需要建设的信息系统进行分析。集团未来需要建设的信息系统包括以下两个方面。

1．集团对分、子公司的管控方面

集团对分、子公司的管理包括 6 个方面：战略管理、品牌管理、财务管理、人力资源管理、研发管理、信息化管理。其中，财务管理和人力资源管理可以通过信息系统加强管控，支持集团财务和人力资源的集中管理。此外，集团还需要加强办公自动化建设，提高管理效率和知识共享；加强商务智能建设，实现对集团的决策支持。

2．分、子公司业务运作层面

在各个分、子公司业务层次上，分析各个分、子公司各种业务模式的特点，提出支持各个分、子公司业务运作的信息系统建设方案。

针对集团管理和分、子公司主要业务的信息化需求分析，采用以下思路进行。

• 当前管理（业务）存在的问题：分析各个管理业务模块运作中存在的主要问题，制约业务扩大的主要因素是什么，哪些问题可以通过信息化来解决。

• 未来的管理模式/业务发展：针对集团的管理，主要探讨在集团的战略目标指引下，集团未来的管理模式，主要包括集团未来的财务管理模式和人力资源管理模式；在未来的管理模式下，集团以及分、子公司的权利和义务。对于各个分、子公司的业务，需要明确未来的业务发展规模，业务发展的地理范围，业务模式有何变化及不同业务模式之间的关系。

• 管理/业务成功的关键因素：明确集团提升财务和人力资源管理的关键要素，各种业务发展的关键因素。

• 管理/业务蓝图：根据集团未来管理模式和业务发展目标，描绘未来管理和业务蓝图；明确主要管理功能和业务环节相互之间的逻辑关系。

• 未来信息系统结构：未来的信息系统需要支持未来管理/业务的运作，管理和业务蓝图的主要环节确定了未来信息系统的主要功能模块。

• 各个功能模块描述：对未来支持管理/业务的信息系统各个功能模块进行描述，明确未来的信息系统是如何支撑未来管理业务运作的；功能模块描述需要深入到管理和业务的细节。

• 信息系统带来的关键价值分析：明确实施信息系统后，将带来哪些关键的改变，这些改变是否与未来的管理模式和业务发展相适应，是否能够解决目前业务运作的问题，通过对信息系统价值的分析，使信息系统的选择着眼于未来的价值，要使之符合信息化建设要以价值为导向的原则。

资料来源：http://www.amteam.org/k/ITSP/2004-5/476998.html

第8章 连锁企业信息系统开发与设计

【学习目标】

1.掌握连锁企业信息系统开发的主要环节

2.掌握生命周期法和原型法的基本步骤

3.理解信息系统外包的利与弊

4.理解连锁企业信息系统设计的主要内容

5.认识连锁企业信息系统安全设计的重要性

6.了解连锁企业信息系统开发的文档管理内容

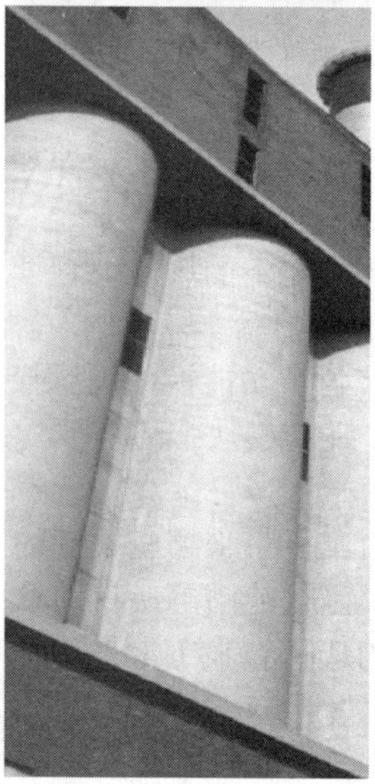

案例导读

某连锁书店信息系统的开发

某软件公司针对某连锁书店的信息系统需要，采用原型法，开发了连锁书店信息管理系统，下面就以该系统为例介绍一下利用原型法的开发过程。

（1）系统需求分析、系统初步设计。通过与连锁书店有关部门负责人交流，明确本系统的设计目标，对各部门数据进行收集、加工、分析、存储、检索和传输。并根据确定的设计目标初步完成系统基本数据流图、主要功能模块图和网络结构图的设计。

（2）系统模型的确定。建立总部、门店、配送各系统的子系统模型，为实现不同部门间信息资源的共享，将本系统的基本模式设计为典型的Client/Server体系结构。总部设立数据库服务器，作为数据处理中心总部及其他管理部门的客户机，通过局域网与服务器相连，进行操作。

（3）系统模型的实现。使用面向对象的 PowerBuilder 6.5 设计，界面快速且美观，而且提高了系统的通用性。

（4）用户审核。将本系统的最初版本提交给该连锁书店使用，根据连锁书店在使用过程中提出的修改意见，不断完善系统，如此重复，直至用户满意为止。

（5）系统维护与评价。为维护方便并建立系统开发档案，把系统提交给连锁书店，投入正式使用。至此，本系统的开发过程基本结束。

完成连锁企业信息系统的整体规划方案后，就进入了正式的连锁信息系统建设过程。信息系统的管理本质决定了企业信息系统的建设过程不是单纯的由技术人员完成的过程，而是一个需要企业决策人员、管理人员、技术人员以及操作人员共同参与的信息系统开发与管理过程。

8.1 连锁企业信息系统开发的一般过程

连锁企业信息系统关注的是企业如何对信息资源进行有效的管理，而实现管理的工具就是连锁企业信息系统。对企业的管理者来说，如何开发一个符合企业实际情况、能够良好运转的信息系统已成为第一要务。一般情况下，信息系统开发指的是针对组织面临的问题和存在的机会建立一个信息系统的全部活动，它包括系统分析、系统设计、系统编程、系统测试、系统转换、系统使用和维护等环节。

在一个完整的信息系统开发周期中，这些环节是按照一定的逻辑顺序逐步实施完成的。信息系统开发的一般过程如图 8.1 所示，它显示了一个信息开发周期的主要环节。但是，在企业的实际开发过程中，根据不同的开发策略和开发方法，系统开发的流程会有所变化，具体的环节也会出现变化。一个成功的信息系统开发过程，不同的环节可能会经过多次反复，这是技术环节同组织管理环节交互产生的必然结果。

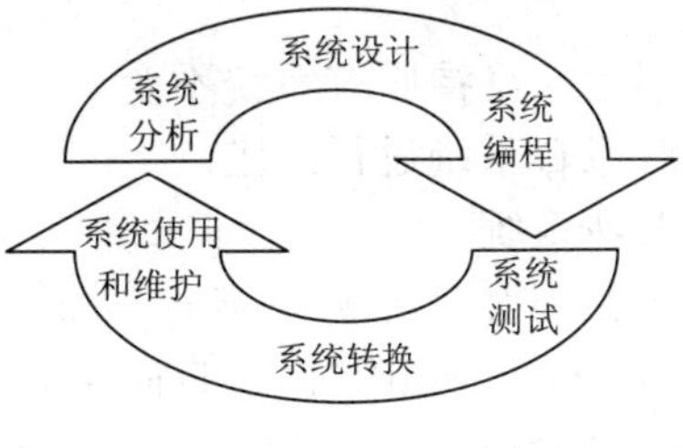

图 8.1 信息系统开发的一般过程

▶ 8.1.1 系统分析

系统分析环节一般是组织信息系统开发的启动环节，它对系统开发的后续环节产生直接作用，对整个开发结果产生重大的影响。系统分析是指对组织存在的信息化问题进行分析的过程，它包括对问题的定义、原因的确定、解决方法的说明、解决该问题所需要提供的信息资源等内容，并最终提出一个解决问题的方案和规划。

开发连锁企业信息系统的关键之一是能否对原系统和其所属的组织有一个彻底的理解，这是系统分析员的主要任务。

首先，系统分析员要绘制分析图表，确定该组织的信息资源，包括拥有、产生或使用数据、信息的机构、部门和个人，掌握信息资源对于信息系统的需求。

其次，系统分析员要分析原系统存在的问题，对于不存在信息系统的组织，要分析其现存的问题。常用的途径有查阅相关文档、了解具体业务流程、对业务人员进行调研、与关键人员或领导进行访谈等。

除此之外，系统分析员还要了解组织中原系统采用的信息技术状况，包括软件、硬件、通信技术等。通过综合分析，系统分析人员提出具体的解决方案，该方案可以是开发一个新的信息系统的，也可以是对原有信息系统进行改造。

通常情况下，系统分析包括可行性分析和信息需求分析。

1. 可行性分析

可行性分析是系统分析的一项内容，主要分析提出的具体解决方案是否可行，是否具备相应的资源和实施条件。一般应分析以下 3 个方面的内容。

（1）技术可行性：解决方案所需的软硬件和有关技术是否可以获得，组织现有的技术水平是否成熟，如果尚不具备条件能否在市场上获得。

（2）经济可行性：实施解决方案所产生的效益是否大于投入的成本，组织是否具有充足的经济实力来实现解决方案。

（3）操作可行性：解决方案在当前的管理体系和组织形式中是否可以进行，是否是最理想的。

经过对解决方法的可行性分析后，系统分析员会得到具体的结论。一般的结论可以划分为以下 3 类。

（1）解决方案可行性不大，维持原有系统不变。

（2）有一定可行性，对原有系统进行改进。

（3）可行性很强，开发新系统。

当然，系统分析员在得到可行性分析结论后，还需要进一步将解决方案的成本、效益和优缺点详细列出，提交到组织相关的管理部门，由它们完成组织成本、效益甚至企业文化方面的综合分析。

2. 信息需求分析

信息需求分析也叫用户需求分析，这是整个系统分析环节中较为耗时的部分。信息需求至少应该包括系统的 4W1H，即：谁（Who），在哪里（Where），什么时间（When）、需要什么信息（What）和以何种方式（How）。信息需求分析要仔细地定义出新系统的目标，要详尽地描述出新系统必须完成的各项功能，还要考虑经济的、技术的以及时间上的各种约束，将这些因素与组织的目标、业务流程和决策过程统一起来。

信息需求分析阶段出现任何错误都将直接导致系统开发失败或是开发成本过高，因为错误的信息需求分析将会破坏系统的开发步骤和相关要求，结果只能是项目失败，或是花大量的成本进行大幅度的修正工作。对于整个系统分析环节来讲，信息需求分析阶段的工作是重中之重。

确定组织和用户的信息需求要做大量的调研和分析工作。在很多情况下，组织原有的业务流程并不明确，或是用户对基于信息系统的业务流程有新的要求，这就要求系统的分析人员重新定义组织的业务流程，统一组织的工作规范，在建立新信息系统的同时完成对组织业务流程重组的工作。

▶ 8.1.2　系统设计

系统分析环节主要描述了组织、用户对信息资源的需求是什么，而系统设计环节关注的是系统应该如何做才能够实现组织、用户的要求。一个信息系统的设计工作就是系统的总体规划方案和模型。系统设计环节主要完成以下 3 个方案。

（1）技术配置方案：包括实现整个系统所需要的软硬件配置、性能分析、安全性分析等指标，还需要有网络构架要求、系统扩展性要求等辅助标准。

（2）技术实现方案：它是系统技术实现的管理与控制要求，包括详细的程序开发步骤、代码说明书、文档编制要求、数据代码标准、测试标准等。

（3）人员配备方案：系统设计人员要按照系统分析中确定的各种功能来配备实施人员，并在涉及管理、组织、技术等具体问题的环节安排专门的负责人员，包括组织中的员工、技术专家、咨询顾问等。

整个信息系统的设计环节可以分为逻辑设计和物理设计。

特 别 提 示

信息系统设计中的问题

信息系统的设计不能只由技术专家独自承担，它还要求用户的高度参与和控制。正是组织、用户的信息需求决定并且推动着系统开发工作。

（1）逻辑设计。逻辑设计确定系统的组成部分以及它们之间的关系。从用户的角度描述了系统的输入输出、处理过程、业务流程和数据模型，规定了可接受的性能标准以及实际测试这些性能标准的方法。

（2）物理设计。物理设计是把新系统的抽象的逻辑模型转化为特定的技术设计的过程。它包括对实际的硬件、软件、物理数据库、输入输出设备和人工操作规程的技术设计。物理设计提供了一个把抽象的逻辑设计方案转化为一个能实际运作的人机系统的详尽说明。

信息系统的设计不能只由技术专家独自承担，它还要求用户的高度参与和控制。正是组织、用户的信息需求决定并且推动着系统开发工作。用户对系统的设计过程必须有足够的控制，以确保系统能够反映出他们的实际业务和真实信息需求。用户参与设计工作，增强了用户对系统的理解程度和系统的可接受性，减少了因权力转换、部门间的冲突以及对新系统功能和流程的不熟悉而引发出的各种问题。根据国外对信息系统开发失败案例的研究，用户参与程度不够是引发系统失败的主要原因之一。

因此，在设计过程中，用户的参与程度应该随系统的不同而变化。那些要求精细、流程复杂、需求定义模糊的系统需要更多的用户参与；对于那些简单和明确的需求，则不一定需要用户的过多参与。

▶ 8.1.3 系统实现

系统实现的主要内容是将系统分析与设计阶段提出的方案，转换为一个完全可以操作的实际的信息系统，这一阶段的工作内容包括编程、测试和转换。

1. 编程

通俗地讲，编程就是把设计说明书转化为计算机具体程序或软件的过程，它为系统的实际操作提供了具体的指令。设计环节完成的 3 个方案已经包含了有关文件、数据结构、数据库、流程、操作等方面的具体要求，通过编程阶段，将这些要求以及操作转换为程序代码的形式，并完成相应的程序说明书。一般情况下，由于在系统分析和系统设计环节已经做了大量的工作，编程所占用的时间和精力并不算多，只属于整个系统开发生命周期中的一部分。根据具体的编程实现方式，编程还分自主实现、外包实现、二次开发等不同的形式。

2. 测试

测试阶段是指对所有完成的系统程序进行彻底、详细检验的过程，它可以确定新的信息系统能否根据要求产生正确的结果。根据统计，大部分的信息系统项目都低估了测试工作所需花费的时间和成本，而在实际实施中，大约有 50%的软件开发预算都花费在测试中，整个测试阶段是一个耗费时间、精力的工作。测试用的数据需要仔细地准备，对系统产生出来的结果要反复验证，并不断以此来修正系统。测试阶段包括模块测试、系统测试和验收测试。

（1）模块测试。模块测试也叫程序测试，其任务是测试系统中的每一个程序模块是否正确。模块测试作为一项反复进行的工作，要想一次性地消灭程序中的错误实际上是不可能的，只能用它来逐步排除程序中的各种错误，验证系统的输出结果。

（2）系统测试。系统测试是从整体的角度验证系统的功能，从而确定分散的模块是否是按规划的那样共同完成预定的职能。

（3）验收测试。验收测试是为系统准备实际投入使用而进行的最后阶段测试。它由用户来进行并给出评估结论。当用户认为各个部分都令人满意时，该系统就达到了验收的标准，可以投入到组织的实际运营中了。

3. 转换

转换是用新的信息系统来替代旧系统的过程。根据不同组织的实际情况，转换可以分为 4 种策略：平行转换、直接转换、试点转换和分阶段转换。

（1）平行转换。即将新旧系统并存一段时间，直至确定新系统性能良好，可以完全替代旧系统时为止。这是最安全的系统转换方法，因为在出现故障或新系统崩溃的情况下，旧系统仍然可以作为备份来投入使用。这种方法的缺点在于两个系统同时运行的成本过高，需要额外的操作人员、额外的系统运行费用等资源。

（2）直接转换。即确定一个节点，以新系统来完全替代旧系统的转换方法。这种方法虽然成本较之平行转换要低，但风险性却很大。一旦新系统出现了严重的问题，组织无法在短时间内恢复系统，这时将给组织带来很大的资源损失。

（3）试点转换。即将新系统引入到一个特定的组织中的特定工作环节，以此来作为试点，当系统在试点处运行良好后，再逐步放大应用范围，直至完全投入到组织中。这种方法在成本和风险性中取了一个折中点，保证了系统转换的有序进行。例如，新系统先在财务处运行，如果成功再引入到生产部门，再到市场部门，直至企业全部采用。

（4）分阶段转换。即把新系统的功能分阶段引入到组织中，直至系统的所有功能在组织中实现。分阶段转换与试点转换类似，都是在成本和风险性中取折中点。例如，系统的基层操作功能先在所有部门的业务办事人员处试用，如果没有问题再开放管理控制功能给中层干部，最后再将决策功能引入到经理层，实现组织中的全部运行。

在转换过程中，数据的转换应该引起开发人员的格外注意。旧系统的数据必须转换到新系统上，可以通过人工转换或通过特殊的软件把旧系统中的数据转换到新系统中，然后对转换的数据进行仔细地验证，检查其正确性和完整性。做好数据转换工作，是整个系统成功运行的基本保证。

▶ 8.1.4 系统运行与维护

新信息系统在安装完毕，数据转换工作完成后，便进入了系统的运行与维护阶段。为了修正系统出现的各种错误，满足用户的要求，提高系统处理的效率而对系统软件、硬件、网络、数据等进行的修正、调试工作等可以被称为“系统的维护”。在此阶段，进行运行与维护工作的主要有 3 类人员：系统用户、系统技术人员和开发项目咨询顾问。

系统用户作为系统今后的使用者，主要根据组织的实际情况，运用系统来完成各种业务流程，检验系统在操作过程中的正确性和稳定性；系统技术人员主要进行“维护”工作，即对系统运行过程中出现的错误和问题进行修正，包括系统对用户要求的响应情况以及目标的实现程度等；开发项目咨询顾问在这个环节可以提供问题咨询、信息系统审计与控制等工作。

8.2 连锁企业信息系统开发的常用方法

连锁企业信息系统的开发根据信息系统的规模、技术复杂程度、外部环境以及要解决的问题不同，采用的具体开发方法也有所差异。在信息系统开发的一般框架下，针对不同的开发背景，产生了不同的系统开发方法，下面针对几种典型的开发方法进行具体介绍。

▶ 8.2.1 生命周期法

生命周期法是常用的信息系统开发方法之一，它将信息系统比作生物的一个生命周期，遵循一般信息系统建设方法的步骤，将信息系统开发的全过程分为开始、中间及结束等各个不同的阶段，每个阶段都有特定的工作内容，完成开始阶段的工作以后才能进入下一个阶段。

生命周期法包含项目定义阶段、准备和调查阶段、问题分析阶段、需求分析阶段、决策分析阶段、设计阶段、系统构造阶段、实现阶段和运行维护阶段。信息系统的生命周期法基本步骤如图 8.2 所示。

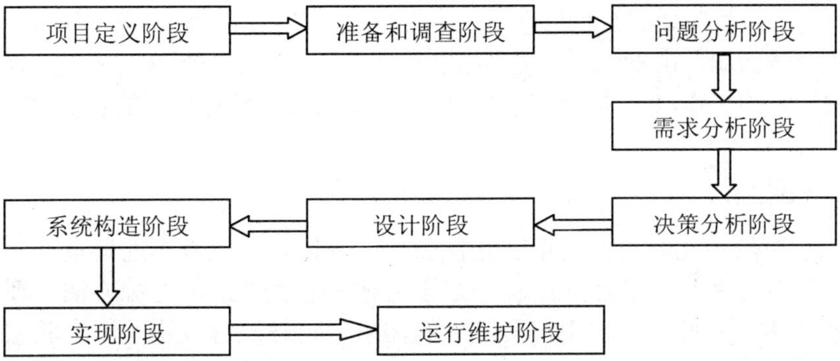

图 8.2　生命周期法基本步骤

（1）项目定义阶段。主要针对现有系统的运行状况，由用户提出当前系统存在的问题以及新系统应达到的效果。用户和信息系统技术人员可以联合提出该项目应该达到的目标。这个阶段是整个信息系统开发项目的起点。

（2）准备和调查阶段。这个阶段的主要目的有两个。第一，信息系统技术人员深入企业调查，确认项目存在的问题、机遇和目标。第二，建立该项目的章程，以便确定项目的范围、需求、约束、项目参加人员、财政预算、计划安排等。

（3）问题分析阶段。这个阶段的内容是信息系统技术人员分析企业当前存在的问题，找到引起这些问题的原因，评价这些原因产生的效果。然后，提出应该采取的相应的解决措施和信息系统将要达到的目标。

（4）需求分析阶段。该阶段的目的是确定新系统应该为用户提供哪些功能，必须采集、使用、存储哪些数据等，还要确定用户的多个需求的优先等级。这个阶段将要解决系统做什么的问题，为下一个阶段提供业务需求描述。

（5）决策分析阶段。该阶段是按照给定的业务需求描述，提出若干个可以实现这些业务需求的可行的新的信息系统的解决方案，从技术、经济、管理、计划、风险等多个方面选择一个最佳的解决方案。该阶段为下一个阶段提供了可行的信息系统方案。

（6）设计阶段。设计阶段是按照给定的信息系统方案，设计目标系统。这个阶段是把业务需求描述转变成信息系统设计规格说明书的过程。

（7）系统构造阶段。这个阶段的工作内容是按照一定的信息系统设计规格说明书，创建信息系统并且测试所创建的信息系统。这个阶段结束之后，新的信息系统的所有功能都已经实现了，但并没有开始投入使用，仅仅是一个具有特定功能的功能系统。

（8）实现阶段。是指如何把新信息系统在用户企业中顺利运行的过程，这时必须保证新系统和旧系统之间实现平滑转换，用户开始真正使用新信息系统。

（9）运行维护阶段。是指信息系统的开发已经结束，用户使用新的信息系统开始正常的经营活动。由于信息系统产品的特殊性，信息系统的开发人员还需要对信息系统进行维护工作，例如，修复系统中出现的问题，执行数据的备份和恢复等。

▶ 8.2.2 原型法

为了解决结构化的生命周期法存在的开发周期长、成本高的缺点，研究人员提出了开发信息系统的快速应用程序建设方法——原型法。这种方法不要求用户提出完整的需求，而是先按用户最基本的需求，迅速地开发出一个实验型的小系统，称作“原型”。该原型可以被用来演示和评估，用户可以借助这种测试版本的系统来更加详细地提出自己的需求，并提出相应的修改意见。系统开发人员可以继续根据新的需求来修改和完善原型系统，继续交给用户，进一步挖掘用户的需求。这样不断反复修改，直至完成一个满足用户需求的系统。

与生命周期法相比，原型法的用户需求是动态的，系统分析、设计与实现都是随着对一个工作原型的不断修改而同时完成的，相互之间并没有明确的界限，也没有明确的人员分工，整个系统的开发计划是一个反复修改的过程。

在原型法中，包含 4 个基本的阶段，即设计阶段、构造原型系统阶段、实现原型系统阶段和分析原型系统阶段，它们构成了循环阶段。除了 4 个基本的循环阶段之外，还包括准备和调研阶段、分析问题阶段和运行维护阶段。原型法的基本步骤如图 8.3 所示。

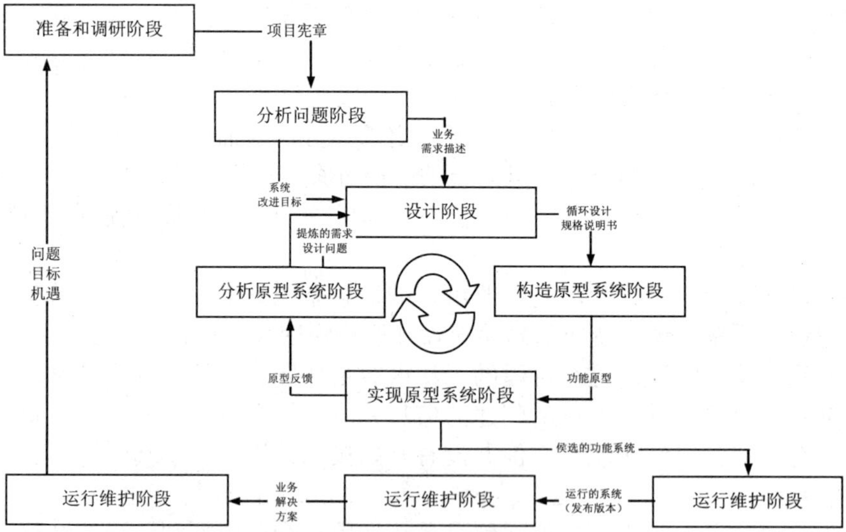

图 8.3 原型法的基本步骤

原型法的具体流程是：

第 1 步，定义要开发的信息系统项目，提出相应的问题、目标和方向；

第 2 步，进入准备和调研阶段，提出信息系统项目的范围、约束等章程；

第 3 步，进入分析问题阶段，提出业务需求描述。

完成好上述准备工作后，进入原型法的循环阶段。

循环阶段包括设计阶段、构造原型系统阶段、实现原型系统阶段和分析原型系统阶段。在这种循环阶段中，借助一些软件工具快速开发出一个可以使用的工作原型。这种工作虽然只能完成用户需要的最主要的功能，但它却可以提供给用户进行基本的使用功能。在循环阶段，最重要的内容是鼓励用户使用工作原型，然后提出自己的更多需求和进一步的修改意见。系统开发人员根据用户的需求和原型系统存在的问题，对工作原型系统进行修改和增强。这个循环过程反复进行，直到原型系统满足用户的需求为止。经过不断修正、完善后的系统就是用户需要的功能系统。

▶ 8.2.3　商品化软件包

对于大部分连锁企业来讲，很难具备自我开发信息系统的实力。一般来说，如果完全自己开发，会给企业的核心业务带来影响，弊大于利。针对这种情况，商品化软件包建设方法得到了广泛的应用。简单地讲，商品化软件包方法就是利用市场上提供的标准的商品化软件包作为系统基础，开发人员对它进行适当的配置或修改，使之符合组织的实际情况，实现系统功能的建设方法。商品化软件包就是在软件市场上可以买到的各种软件，一般包括财务管理软件、库存管理软件、客户关系管理软件、人事管理软件等。这些商品化软件包虽然具备了系统的标准化功能，但还不完善，需要做进一步的加工才能让用户方便使用。例如，系统的基础数据处理过于简单、权限分层过少、操作界面简单、数据单位不统一等问题，都需要用户对软件包进行修正。

商品化软件包的实施步骤包括需求分析与选型、系统设计（与供应商一起）、系统配置与二次开发、系统上线与试运行以及正式运行与维护阶段，其中各个阶段的具体工作如图 8.4 所示。

（1）需求分析与选型。完成的任务主要是对企业的具体情况进行调研，确认用户的需求，并在这个基础上比较和评估市场上的商品化软件，为企业选择一个合适的产品以及合适的实施方案。其中评估市场上商品化软件包的过程最为重要。但在开展选型之前，企业对希望通过软件包解决的问题与需求等，要有明确的掌握，否则选型的过程将无章可依。

（2）系统设计（与供应商一起）。首先，对高层领导进行必要的培训，以便后期能持续支持项目进行；其次，是针对企业的现状，和供应商一起针对基于软件包的流程与企业的需求，讨论并确认未来的流程，实现用户业务流程等内容。

（3）系统配置与二次开发。是为实现前期设计的业务流程，收集和整理基础数据，对软件系统进行一定的配置，以适应不同企业的不同要求。例如，企业销售部门的人员数量、产品数据等。另外有一些功能是软件包不能支持的，这就需要通过二次开发或通过一定的集成手段来实现。

（4）系统上线与试运行。是把数据正式输入到系统中，进行业务的流转。因此这一阶段主要的工作是对员工进行培训，进行信息系统试运行，然后及时解决系统试运行中出现的问题。

（5）正式运行与维护。实现系统的正式切换，维护新系统。

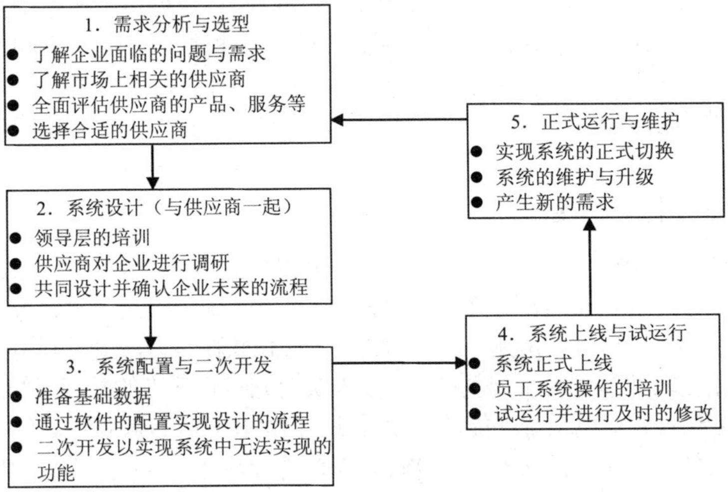

图 8.4　具体工作

选择商品化软件并不是说把所有的建设责任交付给供应商，在软件包建设过程中，企业在分析自身的需求、选择适合企业的产品以及与供应商一起去实施等方面都有不可推卸的责任。好的商品化软件包建设方法的成功=有准备的企业+合适的产品+好的实施方法。

名 词 解 释

信息系统外包

企业把信息系统开发与管理方面的工作交由专业公司或机构来完成，这些工作包括信息系统的开发、维护等工作。这种信息系统的开发管理形式称为信息系统外包，简称为外包（Outsourcing）。

▶ 8.2.4　信息系统外包

如果连锁企业没有投入专门的资源（包括人力、财力、物力）去自己开发并且运行一个信息系统，就可采用招标分包或是雇佣的形式，让信息系统管理方面的专业公司或机构来为组织完成信息系统的开发、建设、管理和维护工作。这种信息系统的开发管理形式称为信息系统外包，简称为外包（Outsourcing）。

一般来讲，为组织提供信息系统外包服务的通常是软件供应商或是信息系统管理机构，它们不仅为组织开发信息系统，同时承担与信息系统相关的各种职责，包括对组织 IT 部门的管理、培训，网络的建立和控制，系统相关应用软件的开发，系统相关人员的培训，系统的维护、改进、升级等。

依靠外包所提供的“经济规模效益”，可以使连锁企业大大节约在信息系统方面的投资。因为外包服务的提供者都是一些专业机构，它们可以用相同的知识、技术和能力，为不同的客户提供信息系统管理服务，实现“经济规模效益”，降低所收取的服务费用。信息系统的外包服务允许连锁企业按使用信息系统服务的多少来支付费用，而如果组织自己开发建立信息系统，不用的时候也要产生运转和维护的费用。还有一些连锁企业的内部员工无法达到对信息系统进行管理的标准，而外包供应商提供的服务却是全面和周到的。但采用信息系统外包方式，也存在相应的风险，如机密资料暴露、外包商的变动、外包商没有充分利用新型技术挖掘信息系统、服务质量差等。

8.3　连锁企业信息系统设计

▶ 8.3.1　连锁企业信息系统结构设计

1. 连锁企业组织机构

连锁企业一般由总部、配送中心和门店组成。总部是连锁店经营管理的核心，具备以下职能：经营管理职能、统筹进货职能、教育培训与指导职能、促销职能、开发职能、融资职能、信息职能等。配送中心是连锁店的物流机构，承担各门店所需商品的进货、库存、分货、加工、采配、运输、送货等任务。门店是连锁店的基础，主要职责是按照总部的指示和服务规范要求，承担日常销售业务。

2. 连锁企业的基本业务流程

连锁企业的基本业务流程如下。

（1）总部的采购部门根据业务部门制订的销售计划，与供应商洽谈并签订采购合同（商品采购单），将采购合同信息传递给配送中心。

（2）供应商按采购合同组织商品送到配送中心，收货员根据合同验货，将不合格商品退回，合格商品交仓库保管员并记入仓卡并记总部商品进货。同时，将新的可配货信息与库存信息传递给配送中心作配货依据。

（3）采购部门将该订货合同实际入库数据及结算通知传递给财务部门，财务部门根据该信息与供应商结算。

（4）各门店根据本门店商品销售与库存情况制定补货申请单或调拨申请单或退货申请。将生成的配货单、调拨单与退货单，下达到配送中心组织商品配送调拨、退货；同时将配送单、调拨单与退货单送门店验收。

（5）门店对配送中心送来的配货进行验收，并记门店补货、调入、调出、退货商品账。

（6）配送中心将门店已执行的补货单、调入单、调出单形成的数据，传递给总部。

（7）各种数据汇集到总部数据库，总部根据数据进行分析，做出科学决策，及时指导门店经营。

3. 连锁企业信息系统逻辑结构

根据划分子系统（或模块）的原则：模块独立性，模块内的强内聚性，模块间的松耦合性，模块与组织部门之间的相对适应性，模块的规模与大小，减少系统和开发的复杂性等，建立连锁企业信息系统的子系统。连锁企业信息系统逻辑结构如图 8.5 所示。

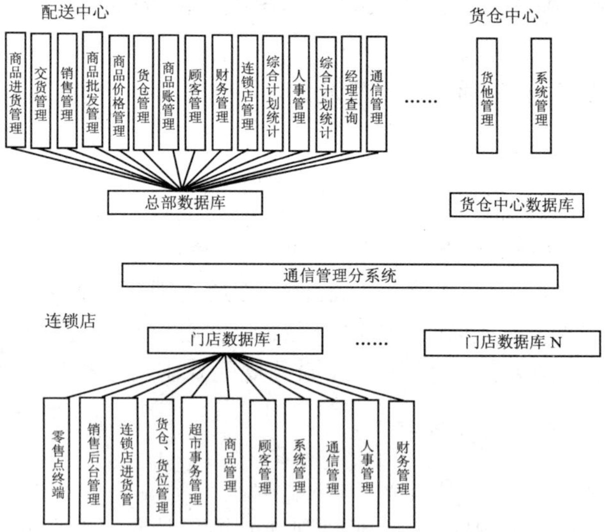

图 8.5　连锁企业信息系统逻辑结构

▶ 8.3.2　连锁企业信息系统功能设计

连锁企业信息系统功能设计可以被简单地分为总部、配送中心功能设计和门店系统功能设计两部分。

1. 总部、配送中心功能设计

（1）系统管理：商品档案管理、往来单位管理、组织机构管理、操作权限管理、数据备份与恢复。

（2）进货管理：进货合同管理、进货计划编制、订货单管理、进货流水账管理、商品结算管理、供应商管理。

（3）出货管理：配送中心与门店库存信息查询、门店出货信息查询、门店销售情况查询、出货申请单汇总、新商品分货处理、配送算法处理、出货期处理、编制分货单、特许出货处理。

（4）价格管理：商品定价管理、商品改价管理、商品特价管理。

（5）坏货管理：坏货分类、坏货汇总、坏货处理、坏货/退货统计。

（6）仓储管理：收货管理、出货管理、退货处理、盘点处理、库存管理。

（7）商品管理：商品质量管理、商品信息查询、商品库存控制。

（8）销售管理：销售日报编制、销售统计分析、销售信息查询。

（9）商品账管理：凭单处理、商品进销存调日（月/年）报、企业进销存调日（月/年）报。

（10）财务管理：账务处理、应付账处理、应收账处理、银行对账、商品进销核算、工资管理、成本利润核算、资产管理、费用管理、财务分析、报表编制。

（11）顾客管理：会员卡管理、银行卡管理、顾客档案管理、顾客购物分析。

（12）统计分析：商品购进/销售/库存/出货/调拨统计分析、供应商统计分析、客户统计分析、门店业绩分析、商品价格统计分析。

（13）数据通信：发送基础数据、流转数据、调价数据、库存数据，接收销售数据、出货、退货数据。

2. 门店系统功能设计

门店系统一般设计以下功能。

（1）销售点信息系统（POS）：POS 系统管理、收款员班次管理、销售作业处理。

（2）销售后台管理：数据维护、业绩统计与查询、收款稽核与管理。

（3）系统管理：基础数据管理、操作权限管理、数据备份与恢复。

（4）进出货管理：综合信息查询、订货管理、收货管理、退货管理、调拨管理。

（5）事务管理：进销存统计、编制综合报表、主要商品管理、坏货管理、盘点处理、保质期管理、商品账查询。

（6）价格管理：商品改价管理、商品降价管理、商品价格统计分析。

▶ 8.3.3 连锁企业数据库设计

连锁企业各子系统之间共享数据是数据库设计的基础工作，是保证连锁企业信息系统整体性，指导系统数据库设计的依据。根据各子系统之间的数据关联分析，将一个数据文件被多个子系统所使用的，定义为共享数据文件；将一个数据文件仅为一个子系统生成、使用的，定义为专用数据文件。共享数据文件组成共享数据库或公用数据库。专用数据文件按其使用子系统组成专用数据库。系统设置如下两个数据库。

（1）企业总部和配送中心数据库包括：公用数据库（档案、系统权限等）；购进管理专用数据库；出货管理专用数据库；调拨管理专用数据库；库存管理专用数据库；商品及商品账管理专用数据库；价格管理专用数据库；退货及坏货管理专用数据库；顾客管理专用数据库；人事管理专用数据库；财务专用数据库；综合统计分析专用数据库等。

（2）门店数据库包括：公用数据库（档案、系统权限等）；POS 系统数据库；零售后台管理专用数据库；购进、调拨与收货管理专用数据库；价格管理专用数据库；退货及坏货管理专用数据库；商品账管理专用数据库等。

▶ 8.3.4 连锁企业信息系统安全设计

信息系统安全问题日益引起人们的关注。如果连锁企业的信息系统因系统软硬件故障、黑客恶意攻击、网络病毒感染、文件非法拷贝而出现问题或者瘫痪，将直接影响连锁企业的正常运行，并给连锁企业带来巨大的经济损失。因此，在开发连锁企业信息系统时，对信息系统安全的设计一定要充分考虑，必须构建一个完整的企业信息安全体系。连锁企业信息安全体系主要由网络安全、数据安全和系统安全组成。

1. 网络安全方面

由于互联网络的开放性和黑客技术使得网络受到攻击的威胁越来越大。网络应用环境不断变化，管理不当就不能有效的控制网络的安全状况。因此，需要从接入安全、防火墙策略、防黑客系统和 WEB 服务安全 4 个方面来考虑网络的安全性。

2. 数据安全方面

重点放在数据备份恢复和文件安全系统上。因为数据是信息的基础，要做好数据的常规备份和历史保存。首先，要考虑硬件冗余来防止硬件故障，对软件故障或人为误操作造成数据的损坏，则使用存储备份系统和硬件容错相结合的方式处理。这种结合方式构成了对系统的多级防护，能够有效地防止物理损坏和逻辑损坏。

3. 系统安全方面

内部系统网络安全要考虑的主要有以下几点。

（1）网段划分。由于局域网采用以交换机为中心、路由器为边界的网络格局，又基于中心交换机的访问控制功能和 3 层交换功能，所以综合应用物理分段与逻辑分段这两种网段划分方法，来实现对局域网的安全控制。其目的是将非法用户与敏感的网络资源相互隔离。

（2）身份鉴别。使用用户名和密码方式进行用户身份鉴别。对于高密级的身份鉴别，使用动态密码验证。

（3）访问控制。根据身份鉴别进行授权，对信息系统资源访问进行限制。

▶ 8.3.5　连锁企业信息系统性能设计

要使连锁企业信息系统开发和应用成功，保证系统的实用性和先进性，实现连锁企业信息系统建设的预期目标，必须具有下述性能特点。

（1）具有完整的编码体系。采用的代码体系能准确描述连锁企业的商流、物流、信息流等各方面属性。

（2）具有良好的适应性。采用完整的参数技术，使程序与数据分离，可通过重新设置系统数据适用新环境，使系统具有广泛的适应能力。

（3）具有系统重组和扩充的灵活性。采用模块化技术，根据连锁企业的管理内容划分模块，模块具有自身界定，可按不同需要进行组合集成。局部发生变化时，不会影响全局；增加功能时，只需增加相应模块，重新组合，就能满足新的使用要求，适应新的变化。

（4）具有良好的安全性。系统的安全保障由登录管理、权限管理、痕迹管理和操作日志共同完成。这些安全保障有些由数据库管理系统提供，有些由应用软件系统设计提供。它可以有效地防止非法用户的入侵，使操作者无法越权操作系统。

（5）具有友好的用户界面和易操作性。采用丰富的、直观的联机帮助功能，提示用户选择，减少信息录入的编码记忆和操作工作量；用户界面简洁直观，好学易用。

（6）具有良好的实时性。商品进销存调的流转信息能得到迅速及时的处理，能实时地或及时地反映门店经营动态。

（7）具有良好的响应性能。优化系统设计方案，优化编程技术，使系统即使在数据处理高峰期也能保证正确、可靠、畅通的运行，满足预期的时间响应性。

（8）具有良好的容错性能。系统具有数据校验功能，能阻止不正当的数据录入和侵扰，能对运行结果进行校验，发现错误后能进行纠错处理。

8.4 连锁企业信息系统开发的文档管理

信息系统的文档是系统开发过程的“痕迹”，是系统维护人员的指南，是开发人员与用户交流的工具。如果缺乏规范的文档管理，原来的系统开发人员流动后，系统将不可以维护、不可以升级，变成一个没有扩展性、没有生命力的系统。所以，为了建立一个良好的连锁企业信息系统，不仅要充分利用各种现代化信息技术和正确的系统开发方法，同时还要做好连锁企业信息系统开发的文档管理工作。在连锁企业信息系统开发与设计的过程中产生的文档主要包括以下 6 种。

1. 可行性研究报告

可行性研究阶段的文档是可行性研究报告。在可行性研究报告中要说明待开发项目在技术上、经济上和社会因素上的可行性，评述为了合理地达到开发目标可供选择的各种可能实施的方案，说明并论证所选定的实施方案的理由。可行性研究报告主要包括以下内容。

（1）项目概况。要叙述清楚项目名称、项目承担单位及负责人、项目起止日期、项目主管部门、项目简要内容及实施目标（以前是否申请、验收过）。

（2）项目开发的必要性。包含项目提出的背景和依据，国内外同类项目的应用情况，该项目开发前与投入使用后，企业在生产、经营、质量、技术与管理等方面有哪些变化及显著效果。

（3）协作单位的选定理由。如果不是依靠自己单位的力量进行开发，就要挑选有实力的开发协作单位。要对协作单位进行优势分析比较（含协作单位资质、人员情况、技术特长及开发同类项目的经验等），与国内外同类系统或产品在性能、价格、服务等方面进行比较。

（4）项目的内容及目标。简述项目主要内容，管理信息系统的系统结构示意图，主要子系统等，结合国内外同类项目的技术水平和发展趋势及本单位的实际情况，明确项目的目标与预期达到的技术水平（有可操作的量化指标）。

（5）项目的技术可行性。可供选择的几种方案的简单比较，最佳方案及论证（总体概述、设计思想、设计依据、系统配置、控制策略、系统的技术指标及特点）。

（6）设备选型及系统报价。包含硬、软件明细表及设备报价。

（7）项目实施计划。包括项目实施计划时间表、项目实施的保证措施、人员保证、条件保证和协作单位。

（8）总投资估算和资金筹措。总投资估算包括工程费用、建设期贷款利息、各种税收、不可预见费、其他费用；资金筹措包括资金来源组成和资金运用计划。

（9）经济和社会效益分析。包含财务成本分析和社会效益分析。

（10）可行性研究结论及建议。

2. 项目开发计划

可行性报告被批准后及在系统开发之前，需要拟订一份较为详细的系统开发计划，以保证系统开发工作按计划保质保量按时完成。在开发计划书中，应该说明各任务的负责人员、开发的进度、开发经费的预算、所需的硬件及软件资源等。开发计划书应提供给项目管理人员，作为开发阶段评审的参考。对于项目计划的管理，可以采用 Microsoft Project 等项目管理软件进行辅助管理。系统开发计划书的主要内容如下。

（1）概述。主要包括系统开发的主要目标、基本方针、参加人员、工作阶段、内容等。

（2）开发计划。系统开发各工作阶段或子项目的任务、分工、负责人、计划时间（开始及结束时间）、人力与资金及设备消耗、实际执行情况等。可用工作进度表、甘特图、网络图及关键路径法等工具辅助管理。

（3）验收标准。每项工作完成后验收的标准（时间、资金、质量等）。

（4）协调方法。信息系统开发中各个单位、阶段之间的衔接、协调方法、负责人、权限等。

3. 系统分析说明书

当信息系统的开发采用委托方式进行开发时，系统分析说明书（或叫用户需求报告）就成为了开发单位与用户交流的桥梁，同时也是系统设计的基础和依据。当采用独立开发或合作开发时，系统分析就是系统开发中最重要的工作，其工作成果就是系统分析说明书（或叫系统分析报告）。系统分析工作的好坏决定了新系统的成败。系统分析说明书的主要内容一般包括以下几点。

（1）概述。描述现行系统的主要业务、组织机构、存在的问题和薄弱环节以及用户提出开发新系统请求的主要原因等。

（2）系统需求。描述信息系统开发企业对新系统的各项需求。

（3）系统目标与系统的功能。描述新系统的开发战略和开发方法，人力、资金以及计划进度安排，新系统的功能模块，每一模块所能达到的功能预期。

（4）系统的逻辑模型。确定合理的业务操作流程，关键业务的管理模型，描述数据流程及数据库逻辑模型等。

（5）系统的运行环境。包括系统硬件的总体方案、计算机的配置、网络配置、系统软件配置和工具软件的选择。

（6）系统的验收标准与培训计划。

4. 系统设计说明书

系统设计说明书是将系统设计的各项成果编辑成册，并且将系统设计的全过程规范化或标准化的文件。它是下一步系统实施的基础，也是今后系统维护和扩充的重要依据。主要包括以下几个方面。

（1）系统设计标准化工作。它包括系统设计中基本名词和概念的统一，各种流程图中的图形、符号、记号的标准化，各数据编码的规范统一，各种系统文件命名的统一。

（2）系统总体结构图。它含有系统模块结构图、计算机处理流程图和程序流程图设计。

（3）系统网络和设备配置图。包括计算机网络拓扑结构图、网络设备配置图、计算机设备资源配置图、传输控制规程、线路的种类和数量以及经费的预算。

（4）系统的编码结构和内容。要说明系统编码采用什么样的结构，哪些数据进行了编码以及编码的内容。

（5）数据库结构图。要说明数据库与数据库的结构（包括内部结构）、数据项、域、字段、最终数据字典等。

5. 系统使用手册

系统使用手册是为用户准备的文档。系统使用手册的主要内容如下。

（1）概述。主要包括系统功能、系统运行环境（软、硬件）、系统安装等内容。

（2）使用说明。较为详细地说明了操作的目的、过程、方式、输入输出的数据等。最好将系统的操作界面图写入说明书，便于使用者学习与操作。

（3）问题解释。解释系统使用中可能出现的问题及解决办法，例如，非常规操作命令、系统恢复过程及意外情况与开发单位的联系方式等。信息系统运行过程中，用户还需要记录运行日志。在发现需要对系统修正、更改的问题时，应将存在的问题、修改的考虑以及修改的允许估计作详细的描述，写成维护修改建议书（或叫维护修改申请书），提交审批。维护修改建议书也是系统运行维护期间的重要文档。

6. 系统测试计划与测试报告

为做好组装测试和确认测试，需要为组织测试制订实施计划。测试计划应包括测试的内容、进度、条件、人员、测试用例的选取原则、测试结果允许的偏差范围等。测试工作完成以后，应提交测试计划执行情况的说明。对测试结果加以分析，并提出测试的结论意见。系统测试是系统实施阶段的重要工作。系统测试报告的主要内容如下。

（1）概述。说明系统测试的目的。

（2）测试环境。有关软硬件、通信、数据库、人员等情况。

（3）测试内容。系统、子系统、模块的名称，性能技术指标等。

（4）测试方案。测试的方法，测试数据，步骤，测试中的故障解决方法等。

（5）测试结果。测试的实际情况，结果等。

（6）结论。系统功能评价，性能技术指标评价、结论。

8.5 小　结

1 **掌握连锁企业信息系统开发的主要环节。**连锁企业信息系统的开发过程一般包括系统分析、系统设计、系统编程、系统测试、系统转换和系统使用和维护等环节。

- 简述连锁企业信息系统的开发过程包括哪些环节？

2 **掌握生命周期法和原型法的开发原理。**连锁企业信息系统开发的常用方法有生命周期法、原型法、商品化软件包等。生命周期法包含项目定义阶段、准备和调查阶段、问题分析阶段、需求分析阶段、决策分析阶段、设计阶段、系统构造阶段、实现阶段和运行维护阶段。在原型法中，包含 4 个基本的阶段，即设计阶段、构造原型系统阶段、实现原型系统阶段和分析原型系统阶段，它们构成了循环阶段。

- 比较分析生命周期法和原型法的利弊。

3 **理解信息系统外包的利与弊。**依靠外包所提供的“经济规模效益”，可以使连锁企业大大节约在信息系统方面的投资。但采用信息系统外包方式，也存在相应的风险，如机密资料暴露、外包商的变动、外包商没有充分利用新型技术挖掘信息系统、服务质量差等。

- 试分析连锁企业在建设信息系统时，采用信息系统外包方法所带来的利和弊。

4 **理解连锁企业信息系统设计的主要内容。**连锁企业信息系统设计包括：系统结构、功能、安全等设计。

- 简述连锁企业总部与配送中心的功能设计。

5 **认识连锁企业信息系统的安全设计的重要性。**连锁企业信息系统安全设计主要由网络安全、数据安全和系统安全组成。

- 分析说明系统安全设计在连锁信息系统开发中的重要性。

6 **理解连锁企业信息系统开发的文档管理。**连锁企业信息系统开发的文档管理包括：可行性研究报告、项目开发计划、系统分析说明书、系统设计说明书、系统使用手册、系统测试计划与测试报告。

- 连锁企业信息系统开发的过程中有哪些文档？对这些文档的管理为什么重要？

药店连锁经营信息系统的开发

药店连锁经营信息系统的开发目标是：及时采集与企业经营管理和相关的各种信息，科学地处理和分析这些信息，合理地调度企业的资源，提高劳动效率，加快资金周转，降低经营成本，科学地减少库存，减少资金占压，增加经济效益，增强企业的市场竞争力。

一、在药店连锁经营信息系统的开发上，要遵循以下原则：

1．系统的实用性好；

2．系统的可靠性高；

3．系统有操作便利性；

4．系统的整体性强；

5．系统具有先进性；

6．系统的适应性强；

7．系统的灵活性较高；

8．系统的性能/价格比高。

二、药店连锁经营计算机信息系统开发方案

根据调研与工作经验，确定药店连锁经营系统的各个系统主要业务的数据及其联系，其业务流程示意图如图 8.6 所示。

药店连锁经营系统的主要业务流程是：由采购管理系统采购药品入库，批发管理和配送管理系统根据销售从仓库提取药品，零售管理系统接受配送中心的药品配送进行销售。会计核算系统进行资金核算和管理资金。图中重要系统的数据及其关系简要说明如下。

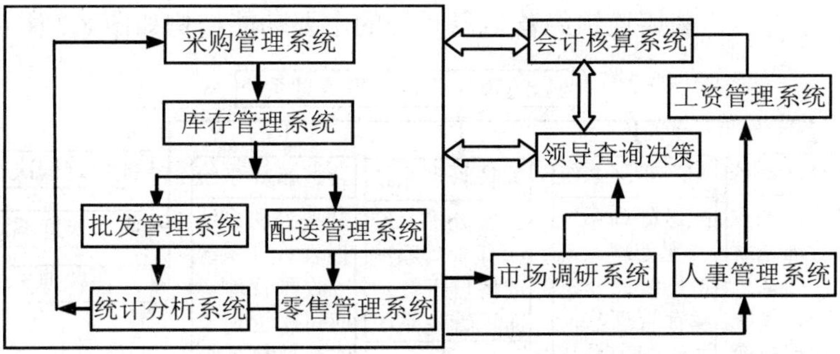

图 8.6　业务流程示意图

1．统计分析系统

依据市场的调研，批发销售、零售销售和库存药品的品种和数量情况，决定采购药品的品种和数量。

2．配送管理系统

依据各个连锁零售店的销售和库存情况，决定配送药品的品种和数量。在配送方案的决策上，可以采取以下方法。

（1）连锁店配送方式。即各个连锁店根据自己的销售情况，向配送中心申请药品配送的品种和数量。配送中心根据总库存和零售店库存的情况进行配送。

（2）配送中心计划配送方式。即配送中心根据市场预测情况或者根据连锁店的销售情况，安排配送药品计划，进行药品的配送。

配送药品的数量与连锁财务核算管理方法有着重要的关系。如果各个连锁店单独核算，容易产生难以做到前面所说的经营管理的统一，以及分散各个连锁店店长专注于市场营销精力的问题。为了强化市场销售，在进行统一财务核算的时候，连锁店有不管销售情况，扩大库存的倾向。这可能致使库存增大，所以应当进行适当控制。

3．市场调研系统

统计调查本连锁店系统内、外市场上销售的药品品种、销售数量、网点布局等情况，供领导经营决策。

4．人事管理系统

根据经营业绩，确定工作人员的奖惩。这里值得注意的是，经营业绩的确定不应该单纯是销售额，还应该考察业务量、服务质量等情况。

5．会计核算系统

接受各个环节的数据，进行会计核算。

6．领导查询决策系统

可以查询各个环节的信息，进行经营管理决策。

根据上述内容，药店连锁经营信息系统的主要功能结构如图 8.7 所示。

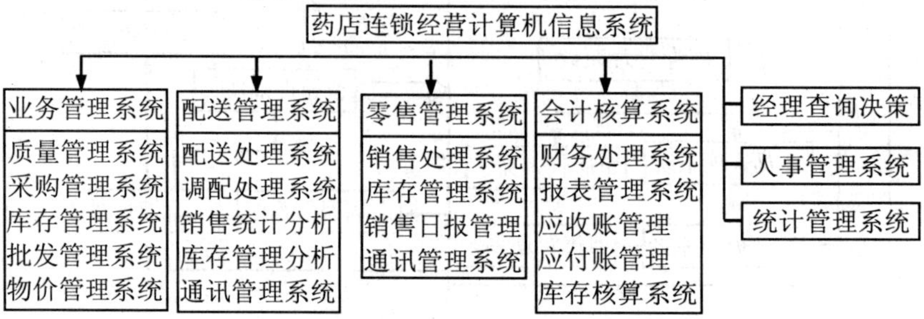

图 8.7　药店连锁经营信息系统的主要功能结构

该药店连锁经营的网络构成是由计算机局域网和远程网组成，应用了连锁药店信息系统后，连锁药店的效率和效益都得到了很大的提高。

资料来源：王文莲. 药店连锁经营信息系统的开发[J] . 商业研究，2002(8):143-145.

第9章 连锁企业信息技术（IT）部门

【学习目标】

1.认识连锁经营IT部门的组织模式

2.了解连锁企业IT部门的业务变化

3.理解IT部门的定位

4.理解IT部门与其他部门的关系

5.什么是连锁企业中IT部门的成本分析

6.连锁企业中IT部门的成本分析的目标是什么

案例导读

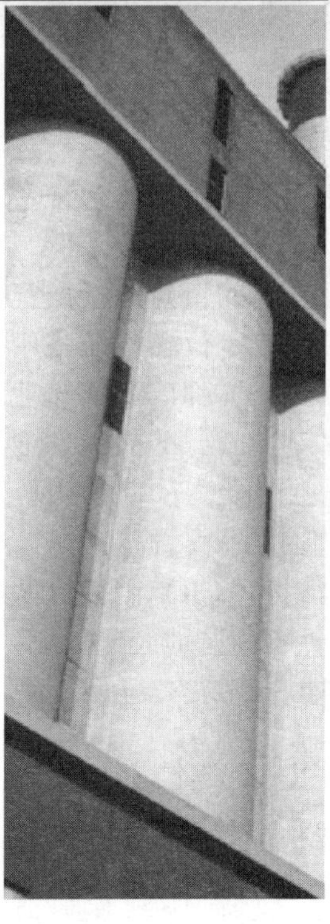

CIO：企业IT部门究竟如何从花钱变成挣钱？

企业IT系统与业务之间的关系转化，将要求CIO及他们的IT部门更好地对IT系统进行高效的管理，以适应并引导业务的发展需求，亦即如何主动去控制IT，从而从“救火队员”的角色中进化出来。

北京一家大型商场的CIO就曾经有过类似“救火队队长”的工作经历。他以前经常带着他的IT部门在公司各系统之间四处奔走，而他们当时的工作仅仅是在技术上满足业务部门所提出的各种需求。他的IT部门只被看成是个不断投钱却没有丝毫产出的部门。

然而当他了解到HP在企业IT规划和服务管理领域的成功经验之后，他在实际中应用了一系列的量化管理方法论。利用业务部门进行费用统计的机会，他将IT部门的成本一起进行了量化计算，让大家都明白IT的成本也是成本，这个成本也将关系到企业的利润率，IT的运营不仅是IT部门自己的事，也与整个企业相关。达成这样的共识后，IT部门与业务部门一起寻求业务拓展的突破点。通过不到半年的努力，这位 CIO 使 IT 部门成功完成了职能的转变，使之成为为业务部门提供发展策略并有效实现的重要支柱。

这虽是个案，但现在大家都看到了 IT 技术的应用带来的业务拓展的可能性。

那么，CIO 们怎样才能使企业的 IT 部门从花钱变成挣钱呢？

我认为首先要过观念关。就目前绝大多数企业而言，IT 部门的定位仍然是一个以 IT 技术为主的知识中心，这一定位必然造成其只能是个成本中心。实际上，IT 部门应该是企业的服务中心。它不仅支撑信息系统的正常运营，更应该为整个企业的发展提供服务。转变自身定位，成为服务中心，这是 IT 部门成为企业未来发展核心动力的关键一步。

其次，IT 部门职能的转变需要适用先进的方法论，否则一切都将变为空谈。由于每个行业都有不同的业务流程，相应的 IT 系统设计就必须要考虑配合这一相应的流程，否则整个业务就会陷入混乱。如果只满足了某一环节的需要而没有通盘规划整个系统，那么 IT 系统充其量只是改变了手工操作而已，根本无法提高整体效率。其中的关键就是要把 IT 和业务、战略优先的项目结合在一起，也就是 IT 部门的技术必须同企业的战略、内容结合在一起，这样才能促使企业优先项目实现。可以看出，必须从整体上来进行规划服务于整个组织/企业的 IT 部门对系统的设计。

现在企业中的 IT 部门与业务部门之间的盲点与矛盾已成为企业一个很大的发展障碍，IT 部门的定位转向服务中心之后，服务设计将变得至关重要。那么 IT 部门如何与业务部门更好的沟通？IT 部门该为企业提供怎样的服务？业务发展对 IT 服务的需求与 IT 服务提供的能力如何平衡？这一系列问题的解决，都必须依赖量化的流程管理。

利用先进的理念、实用高效的方法论，CIO 们把这些结合在一起后，企业的业务和系统将会被和谐地统一。

http://industry.ccidnet.com/art/356/20040322/97341_1.html

连锁经营是当前商业企业发展的一大趋势。进入 2006 年以来，连锁卖场越来越多。随着企业分店铺越来越多，覆盖范围越来越大，必然对各分店之间信息的高效传递、分析和处理能力提出了更高的要求。很多连锁商业企业的经验表明，要实现统一的连锁化经营与一体化管理，必须依托实时信息技术。面对激烈的市场竞争，IT 部门在商业运作中信息的采集、存储和传输方面发挥了不可替代的作用，但是 IT 部门在信息处理这个环节上，发挥眼睛（观察）甚至大脑（分析整理）的作用。即“专家系统”的作用还不够。国际零售业领头羊沃尔玛所首倡的相关商品销售策略，就是通过 IT 部门的专家系统对消费者的消费信息加以搜集整理、深度分析并进行数据挖掘。

国内连锁商业企业信息化解决方案的主体还是销售点系统、SOS 系统（门店管理系统）以及 BMS 系统（业务管理系统）这 3 个方面，而国外大企业已经进入了供应链、客户关系管理、电子商务平台的建设以及用商业智能技术来分析企业数据的阶段。目前国内连锁商业企业信息化的重点还是进销存管理、门店管理等，只有少数连锁商业企业把信息化建设的重点从企业内部 IT 系统转向了供应链管理。

9.1　连锁企业 IT 部门的组织结构

▶ 9.1.1　IT 部门组织模式

IT 部门在连锁企业的发展一般经历了一个从无到有，从小到大的过程，而且其发展过程也具备一定的规律性。按照 IT 部门组织结构的差异，大致可分为 3 种模式。

（1）从属模式。在我国 20 世纪 70 年代主要是按照这种模式进行的。此阶段，IT 部门为企业中其他部门提供技术支持，对于购买的信息系统及计算机硬件所作的仅仅是技术维护工作，在企业中的地位比其他业务部门低；组织结构上是在信息系统的部门下面安排一些人员进行数据、系统处理；应用目的大多是代替以前烦琐的手工劳动，且目标单一；IT 人员方面，由于计算机属于一种新生事物，还没有专门学习计算机的人员。

（2）平行模式。随着信息系统在各个部门中的应用越来越多，IT 部门的技术维护工作量也是与日俱增。为避免人力资源的浪费，可以将所有进行技术维护工作的人员都统一集中到一起，成立一个单独的 IT 部门，不附属于任何其他部门。IT 部门已经成为企业中一个完整的职能部门，包含管理层工作和基层执行工作；其职能也不仅仅再局限于代替烦琐的手工劳动，而是集规划、开发、维护等多种职能于一身。IT 部门中的专业人才逐渐成为企业人员中比例中最大的一部分，部门实力得到极大地增强，可以进行信息系统的全过程开发工作、信息系统运行维护工作、未来企业信息系统建设的规划管理工作，使系统能和企业的业务流程更好的结合在一起。

（3）中心模式。各部门收集、存储的数据越来越多，这就需要加强 IT 部门和各业务部门的有效沟通，使企业各部门可以共享所有的信息资源。为此，可以成立一个由 IT 部门的主管负责的“信息化监管委员会”。IT 部门独立在其他业务部门体系之外，肩负起企业信息化的管理规划工作。IT 部门的人员中也出现了许多管理信息系统的专业人员，其主要工作是主导企业进行流程变革、依靠信息技术的应用来为企业取得战略竞争优势，而把信息化的硬件设施和软件的维护工作外包出去。

IT 部门的组织是连锁企业信息化建设的重要步骤，是连锁企业信息化的关键。连锁企业的 IT 部门既有各种技术方面的掌握和应用问题，也有由于与其他部门打交道而带来的组织协调工作和普及、培训工作，以及企业管理制度不规范、不完善、不标准而造成的困难和麻烦。结合国外先进的 IT 部门的构成和我国连锁企业现状，目前有两种 IT 部门组织结构较为适合实际需要。

（1）单独成立一个企业信息化的领导小组，由企业最高信息主管负责，其他部门负责人均为此小组成员。下设 IT 部门，具体负责企业信息化建设工作，IT 部门与其他部门平级。

（2）在连锁企业中建立企业信息中心，凌驾于其他业务部门之上，并在各部门之间设立一名特派 CIO，特派 CIO 通过企业内部网直接将各部门的信息反馈到企业信息中心。信息中心综合各种信息协调企业各部门之间的业务关系。

▶ 9.1.2 IT 部门和其他部门的沟通

企业的 IT 部门只有与业务部门配合才能真正发挥信息化的作用，提高效率并产生利益。这表现在两个方面，一是 IT 部门对企业建设的贡献，二是部门自身的建设。

一般来说，如果 IT 部门比较熟悉企业的业务目标，会大大提高将信息技术转化为真正的应用效率。熟悉企业目标必须有业务部门的帮助。如果 IT 部门不主动沟通，其他部门就会抱怨 IT 部门的态度消极，而由于业务部门不十分了解 IT 部门的特点，提出的任务要求可能会在时间、地点等条件上无法实现。

IT 部门对业务的熟悉程度对其自身建设也至关重要。有人仅从技术性能的角度来衡量基础设施的可靠性。IT 部门基础设施的建设同样需要业务部门的投入，当业务部门的具体策略确定以后，IT 部门应该迅速参与这个过程。只有充分了解企业的需要，才能建设好相应的基础设施，IT 部门主管必须正确认识到 IT 部门和业务部门之间的关系。

调查显示，IT 技术人员与业务人员之间的沟通是多方面，多渠道的，并且大多数的配合是比较有效的，但也有一部分没有很好的配合，造成各自为政，互相抱怨。目前大部分沟通是针对项目与业务部门人员沟通：在 IT 人员主动调研，业务部门直接向 IT 部门反映问题方面配合较好；而在业务部门能否直接向上反映需求还是由 IT 部门直接调整，IT 部门在基础技术方面给予其他部门人员指导和培训，多渠道结合使用等方面沟通较差。

▶ 9.1.3　IT 部门的业务变化

随着技术的发展与企业间竞争的不断加剧，企业必须将有限的资源用在核心业务上，发展核心竞争能力。对于一些非核心的、次要的或辅助性的功能或业务，企业可以将他们外包给企业外部的高效率的专业服务提供商。对连锁企业来说，IT 部门外包是符合这一原理的。连锁企业 IT 部门相关企业变化有以下几个趋势。

（1）IT 部门业务发生变化。随着需求的增多，IT 部门的功能已经从单纯的维护发展到采集信息、分析信息等。为了让 IT 部门不再只是“维护部”，一些连锁企业陆续将硬件维护等业务外包；一些理念较先进的企业开始尝试应用的外包。为了监督外包公司的工作，有些连锁企业的 IT 部门甚至建立了一套监督供应商以及外包公司的系统。

（2）连锁企业的需求促使服务提供商发展，连锁企业的项目需要中定制化开发的成分居多。随着市场的逐步成熟，一些厂商加强了自己在服务方面的能力，以争取更多的外包业务。

（3）连锁企业不断提出更高一级的信息处理服务要求，如供应链管理、电子商务以及商业智能解决方案的需求将继续保持高速增长。

9.2　IT 部门与企业的关系

▶ 9.2.1　IT 部门在企业中的定位

当今，几乎所有的连锁企业决策者都会重视 IT 部门在企业运作中的作用，IT 部门对企业的贡献也不需要 IT 主管向其上司反复解释。企业 IT 部门的定位取决于 IT 人员的定位。

首先，企业的 IT 人员不要将自己仅仅看成是软件工程师，更不是维修工程师。如前所述，企业的维修业务可以外包给专业维修公司；同样，对于一些重复劳动，如编制企业运作等应用程序属于低级重复劳动，可以作为一种软件产品零件外包给软件公司。企业 IT 人员只需做更进一步的数据分析工作，为企业提供决策依据。

其次，IT 人员要主动了解最新的管理概念，只有这样才能清楚实施一项 IT 技术要达到的预期目标；为使 IT 项目顺利实施，还需要善于和其他部门沟通与协调；IT 人员还要善于将 IT 概念、IT 技术逐渐演变为企业日常工作的必需品。经过这些过程，IT 部门会逐渐成为企业的一个传统部门。

接着，企业 IT 人员在思想上要作一个突破性飞跃，将先进的管理思想和技术融入 IT 技术，打破原有的运作流程，减少中间过程，找出并改进公司赢利环节，在大量数据中为企业决策层提供有效的信息资源，成为企业真正的信息灵魂。

▶ 9.2.2 如何加强连锁企业中 IT 部门的作用

加强连锁企业中 IT 部门的作用可以通过以下几个途径来实现。

1. 明确企业管理的目标

IT 部门建设属于企业信息化的一部分，应该服务于企业管理目标。IT 部门建设既要考虑本企业的当前情况，又要满足企业发展并适应业务变化的要求。IT 部门规划的运作一般分为 4 个步骤，即 IT 部门发展战略、能力分析、解决方案和实施方案。

2. 明确 IT 部门的职能

早些时候，IT 部门作为企业的一个技术部门，常以“计算中心”等形式出现。IT 部门往往是根据业务部门的需要而建设的，完成相应的技术服务工作。虽然也可能是一个独立部门，但由于没有被赋予必要的决策职能，其地位和作用远不如业务部门。

随着发展，企业的决策越来越依赖对企业内外信息进行深层次加工处理。而完成这一任务必须要掌握海量的信息，除 IT 部门外，任何一个部门都不具备该实力。此时的 IT 部门通过拥有企业的大量的信息资源，能够主动分析加工，促进信息分析与商品营销同步，IT 部门的职能转变成企业的“决策中心”。这一智能表现在如下 3 方面：

（1）根据信息化系统要求制定企业管理规范；

（2）建立知识管理中心，利用企业信息资源，服务于企业发展；

（3）分析信息数据，为企业提供决策依据。

3. 提高人才的综合素质

连锁企业 IT 部门职能的转变对 IT 人员的综合素质有了更高的要求。企业对 IT 人员素质的要求已由原先的专业单一型向素质复合型转变。IT 人员不仅要懂技术，还要懂经营管理。随着 IT 项目的复杂性越来越强，企业对 IT 人员的需求标准正在发生变化。目前，仅仅停留在软件开发技术层面的人才已渐渐落伍，技术的实用性、应用性、时代性、可持续性、文化多元性等特性已经渐渐受到企业关注。在这种趋势之下，那些只掌握单一 IT 技术的人，发展空间将越来越小。

对 IT 人员来说，除了参加 IT 专业培训外，还需要补充所从事行业的专业知识。专业知识的获取可以通过各级各类培训进行，最好是能够通过企业自己进行。例如，沃尔玛在信息化工作中，IT 人员在进行系统规范制定、设计和分析之前，要先参与具体职能工作。沃尔玛的 IT 人员实实在在地在工作业务中担任角色，从而在本质上增加了对商业业务的理解。

4. 建立标准化体系

行业标准化工作涉及的领域越来越广泛，在经济全球化步伐加快的时代，它是连锁企业能否拓展业务范围的重要手段。与连锁企业相关的标准可以分为国家标准、行业标准和强势标准 3 种。

目前，我国连锁企业相关的国家标准化体系的建设还很不完善，主要有《商品条码》和《储运单元条码》。在连锁企业间信息交换流程标准、物流信息平台应用开发、数据传输、通用接口、用户管理等方面的标准规范还十分欠缺。同时在应用推广上，普及程度也相当低，以《储运单元条码》为例，应用正确率不足 15%。

5. 加强信息基础设施建设

连锁企业 IT 部门的建设还需要加强信息基础设施建设。这些设施包括 IT 硬件设施和软件设施，其中硬件设施可以购买，在日常工作中可以维护，而软件设施还有更新换代的问题。常见的软件系统有销售点系统、电子订货系统等。

▶ 9.2.3 IT 部门与其他部门

IT 部门与业务部门之间的矛盾已经是一个非常普遍的问题，不管是在连锁企业，还是大型企业、政府机关，类似的问题总是出现。总结下来，这些矛盾可以概括为 3 个方面。一是 IT 部门建设过程中投资大，而 IT 部门的实效是通过对其他部门的业务的促进表现出来的，一般不会有直接的实效。所以企业会感觉 IT 部门不断要钱而没有得到预想的结果。二是其他部门的员工对 IT 部门不理解。IT 部门必须在充分了解业务后才能够较大改善业务部门的操作。其他部门的人员会觉得企业为 IT 部门投入多却看不到 IT 部门带来的收益。三是 IT 部门自身的感受。IT 部门人员整天忙碌，有时昼夜加班，工作却得不到认可。不仅换不来其他部门的一句赞扬或感谢，相反还要备受指责，同时其他部门提出的信息需求经常不切实际，令他们左右为难。

如果这些问题不能得到及时解决的话，在信息化的过程中，不和谐的声音将会随着新的 IT 投资的不断增加而升高。面对这些矛盾，IT 部门应从自身入手，调整自己与其他部门之间的关系，实现自己的功能。AMT 集团运营总裁、专家顾问、资深培训师王玉荣根据对实际工作的调查，获得了一些解决方案。即明确部门定位、重组组织结构、调整业务流程①。

1. 明确部门定位

IT 部门作为机构的一个职能部门，和其他部门一样，首先需要清楚地了解自己的角色定位，由此才能明白自己拥有的权利和担负的职责，进而有效地执行任务。它的职责一是为其他部门提供支持和服务，二是创造价值，而不应该将大部分时间用在琐碎事务上。

首先，IT 部门本身并不直接创造价值，是依托其他部门的管理及业务需要而存在的。因此，为其他部门提供与信息化相关的支持和服务是 IT 部门的职责所在；同时，虽然 IT 部门并不产生直接利润或者收益，但通过信息化的手段提高其他部门的效益，降低运行成本，同样为组织创造了价值，也体现了自身的价值所在。

2. 重组组织结构

在明确定位之后，IT 部门还需要对自身的组织和职能进行优化，有效整合部门的有限资源，这样才能更好地为其他部门提供支持和服务。

从业务职能上讲，IT 部门的主要职能包括管理职能和服务职能两个层面。其中，管理职能包括规划、信息标准制定、项目审批和管理、采购审批、业务数据管理等；服务职能包括软件系统维护、系统开发、硬件维护、网络及安全管理、采购执行等。

如果在组织设置上我们能够将管理职能和服务职能分离，让一部分 IT 人员从日常繁杂的技术维护工作中解脱出来，把更多的时间和精力放在更多的思考和规划 IT 投资规划和项目管理等事务上，而让另一部分人专门从事 IT 日常运维工作，这样就可以较好地解决部门之间的问题。

IT 部门的日常服务职能一般包括系统维护、网络维护、硬件维护等，这些职能往往由不同的技术人员负责。IT 部门可以考虑设立统一的运维中心，或提供统一的服务电话，向业务部门提供单点服务，这样能有效减少 IT 部门内部以及与其他部门之间的推脱现象。

另外，考虑到 IT 部门的技术力量、维护成本以及服务质量，也可以外包服务职能。外部公司提供专业的日常维护服务，IT 部门只需较少的人员从事管理职能，包括对外包公司的管理。这样一方面可以借助很少的 IT 部门人员力量解决大量的

---

① 周祖军，王玉荣．IT 部门如何消除与其他部门的矛盾[C]．[2008-01-16]．http://www.amteam.org/k/BPM/2005-4/490675.html.

IT 事务，同时也可以借助外部公司提供专业的信息化服务水平，有效降低 IT 部门同其他部门之间的冲突。

3. 调整业务流程

IT 部门除了需要对自身组织和职能进行优化之外，还需要从流程规范和绩效体系上提高信息化建设和管理的效果。IT 流程一般可以分为不定期流程和持续性流程。不定期流程指的是 IT 投资项目流程，而持续性流程是指日常运维和管理流程。IT 部门的流程和相应绩效体系的建设可以从不定期流程和持续性流程这两个方面来进行规范建设。

对于不定期流程，IT 部门需要在 IT 投资项目的 4 个阶段建立 8 个子流程。

调研阶段：建立需求管理流程，统一处理来自上下级和各个业务部门的需求。

规划阶段：建立 IT 预算审批流程，提高 IT 的投资回报率；建立系统的规划流程，并与上级充分沟通，降低规划的随意性，提高科学性、预见性和可实施性。

开发阶段：建立项目管理流程，提高信息化建设的成功概率；建立外包管理机制，清晰确定外包时双方的责任，解决管理外包方和验收的问题；建立系统的变更管理流程，对变更进行分类处理。

交付阶段：建立严格的系统上线管理流程，确保上线的系统保持一致和稳定；建立项目推广管理流程，确保新系统的运行能够平稳进行并且能够为业务人员所掌握，充分发挥其功能。

持续性流程主要包括两个方面，即日常运维流程和日常管理流程，即制定系统运维流程，建立帮助台来处理日常的维护和用户支持工作；规范 IT 日常管理流程，实现对 IT 人员和资源的有效管理；针对不定期的投资项目流程和持续性运维管理流程，IT 部门还要制定相应的考核机制，从而定义 IT 部门的整体考核指标，用以确保流程的执行效果。

名词解释

场所成本

IT 部门建立和运行所需要的成本，包括计算机房、办公室及其他设备用房，例如，测试室、培训室、空调等。

外包服务成本

即从外部组织购买服务的成本，它可以是购买应用系统开发服务也可以是数据中心的建设。

9.3 IT 部门成本

成本构成分析是成本管理的基础，只有在分析 IT 部门成本构成和成本管理目标的基础上，才可以提出连锁企业 IT 部门成本管理的模式。国内一些专家学者纷纷探讨，给出了一些 IT 部门有效的成本管理研究成果，主要内容有企业 IT 部门成本构成分析和 IT 部门的成本管理目标与模式①。

▶ 9.3.1 企业 IT 部门成本构成分析

IT 部门发生的成本主要包括硬件成本、软件成本、人力资源成本、场所成本、外包服务成本和转移成本。我们可以根据成本管理的不同需要，按不同的标准将这些成本分成不同种类。

（1）根据成本的可追溯性可划分为直接成本与间接成本。

直接成本是指可以追溯到个别产品、服务或部门的成本。例如，IT 部门为其他部门或企业外的客户提供某项 IT 服务而直接耗费的资源，这一资源的耗费若只与该项服务有关，则这些耗费就是直接成本。间接成本是指由几项服务或部门共同引起的成本。例如，IT 部门的管理费用，因为它不是专为某项服务或部门而发生的，所以可以算作 IT 部门的间接成本。

（2）根据成本性态可划分为固定成本与可变成本。

成本性态是指成本总额对业务量的依存关系。业务量是指组织的生产经营活动水平的标志量。它可以是产出量也可以是投入量；它可以使用实物量、时间度量，也可以使用货币度量。当业务量发生变化以后，各项成本就会有不同的性态，大体可以分为固定成本和变动成本。

固定成本是指不受业务量影响的成本。它包括硬件、软件及建筑物的投资，但这不是指硬件、软件及建筑物的购置价格，而是其每月或每年的折旧。这些折旧无论业务量增加还是降低，一直都保持稳定，这就是 IT 服务部门的固定成本。变动成本是指随着业务量增长而正比例增长的成本。

（3）根据成本的性质可划分为资本成本和营业成本。

为购置长期使用的资产而发生的成本叫做资本成本。这些成本一般以一定年限内的折旧体现在会计科目中。所以资本成本一般指折旧而不是购置资产的价格。营业成本是指日常发生的与形成有形资产无关的成本。例如，硬件和软件的维护费用、保险费、许可证费用等。

此外根据管理人员对成本项目的可控性可划分为可控成本与不可控成本。

① 孟秀转．IT 部门的成本管理之道[J]．软件工程师，2004(1)：92-93．

如果管理人员可以控制成本或对成本水平有重大影响，这种成本就叫做可控成本。管理人员不能对其发生重大影响的成本叫做不可控成本。许多成本不能由人完全控制。在区分可控成本与不可控成本时，要特别注意管理人员是否有能力影响成本。

▶ 9.3.2　IT 部门的成本管理目标与模式

连锁企业由若干部门共同构成，每个部门都有自己的目标。企业对 IT 部门的成本管理，并不是单纯追求成本最低，利润最大化。它不能以牺牲其他部门的利益为代价而使 IT 部门获取超额利润。IT 部门的成本管理应以企业为中心，站在企业的角度进行分析。IT 部门成本管理的目标是以追求企业价值最大为前提的 IT 服务的成本优势。

IT 部门成本管理模式包括：预算、IT 会计记录、企业内部核算以及成本分析与考核。

预算是指组织按照一定的业务量水平及质量水平，估计各项成本，计算预算成本，并以预算成本为控制经济活动的依据，衡量其合理性。编制预算是以预算项目的成本预测及 IT 服务工作量的预测为基础的。预算项目一般按照成本项目划分，一旦确定一般要保持稳定。IT 工作量是成本变化的一个主要原因之一，因此，在编制预算的时候，要预测未来 IT 工作量。

IT 会计记录是跟踪监测 IT 部门或组织的费用如何形成的书面记录。它是人们认识、识别与 IT 部门有关的成本，了解费用的去向的工具。IT 会计最主要的工作是定义成本要素。会计记录的意义是帮助企业计算向企业内部及外部客户提供每一项服务的成本，指出在提供服务过程中资金的去向，提供 IT 成本效益分析或投资回报分析数据，描述成本的变化趋势。

企业内部核算是指向接受 IT 部门服务的客户收取费用，进行成本效益核算的过程。它包括收费对象的确定和计算收费额方法的选择。良好的内部核算体系是以存在有效的会计系统和完善的会计记录为前提的。进行内部核算的目的有两个：一是防止由于成本转移带来的部门间责任转嫁，使每个责任中心都能作为单独的组织单位进行业绩评价；另一个是作为一种杠杆，引导下级部门采取明智的决策，IT 部门据此确定提供产品或服务的数量，IT 服务需求部门据此确定所需要的产品或服务的数量。

成本分析与考核是指 IT 会计人员将每月成本、每年成本、收益、工作量、服务水平等的实际数据与相应的预算、计划数据相比较，确定其差额，发现有无例外情况。对存在的例外情况，要进行差异分析。

▶ 9.3.3 IT 部门的成本管理问题

高层管理人员对 IT 服务的成本管理缺乏认识，就会导致各部门之间不能有效地协调，管理部门难以获得成本管理的相关信息，成本管理过程不能严肃认真的执行。IT 部门的成本监测、计算、补偿等都需要企业其他部门的相关计划信息。没有企业高层的协调，这些计划的详细信息通常不容易获得，成本管理也就流于形式。

由于缺少既懂 IT 又熟悉会计知识的人员，致使 IT 部门成本管理模式有待完善。成本管理活动对于 IT 人员和会计人员而言都是一个新事物，往往由于会计人员对 IT 业务不熟悉或 IT 人员对成本模型、收费机制等缺乏充分认识，致使成本管理模式设计不完善，造成成本管理系统无效。

IT 成本管理本身存在着成本效益问题。对 IT 部门实行成本管理本身也是存在成本和风险的，因此实施成本管理要考虑实行成本管理而产生的效益是否高于为之付出的代价。如果否，则实行成本管理是无效的。

9.4 IT 部门项目管理

1. 项目与项目管理

要讨论项目管理，就必须首先理解项目这个概念。项目是为实现一个独特的目的而进行的临时性任务，是为完成某一独特的产品、服务所做的一次性努力。因此，项目具有目标明确、一次性及消耗性等特点。项目一般要涉及一些人员，由这些人员完成一些相互关联的活动。IT 项目具备这些特点，也存在项目管理问题。

项目管理是指在项目活动中运用专门的知识、技能、工具和技术，使项目能够实现或超过利益相关者的需要和期望。即把各种系统、资源和人员有效地结合在一起，采用规范化的管理流程，在规定的时间、成本和质量的目标范围内完成项目。它不仅仅强调使用专门的知识和技能，还强调项目管理中各参与者的重要性。

项目管理的过程可被分成多个过程组，每个过程组有 1 个或多个管理过程，涉及 9 个领域的知识：范围管理、时间管理、成本管理、质量管理、风险管理、人力资源管理、沟通管理、采购管理及系统管理的方法与工具。

2. 项目管理的约束与特点

项目管理约束是指项目会在范围、时间及成本 3 个方面受到约束。项目的范围约束规定项目的任务；项目的时间约束指的是完成项目所需要的时间；项目的成本约束是完成项目需要的资金。

为此项目经理首先必须搞清楚项目的目的，项目发起人希望通过项目获得什么样的产品或服务；其次，围绕目标确定项目进度，合理安排项目各活动在时间上的先后顺序，综合考虑活动在时间上的各个要素；对项目成本的计量，一般用花费多少资金来衡量，但也可以根据项目的特点，采用特定的计量单位来表示。关键是通过成本核算，能让项目干系人，了解在当前成本约束之下，所能完成的项目范围及时间要求。

信息技术的特点决定了 IT 项目管理与一般项目管理的明显差别。与其他项目相比，IT 项目管理具有以下特征。

广泛性。IT 项目的需求来源广泛，涉及国民经济的各个领域，几乎所有领域都能够和信息技术相结合而构成信息化项目，因此很难形成有针对性的规范和标准，增加了项目管理的难度。

不确定性。主要表现为 IT 项目不可能完全在规定的时间内、按规定的预算由规定的人员完成。形成不确定性的原因是项目计划本质上是一种预测，执行过程与实际情况产生的差异使得项目不能按原有的预测来运行。降低不确定性的有效方法是在项目管理中注意制订切实可行的计划。

差异性。IT 项目随客户的不同，其项目内容差异非常大。这在 IT 服务领域表现得更突出。厂商不仅向客户提供产品，更重要的是即使是同样的要求也要采用不同的解决方案。一般没有现成的解决方案，因此可以说每个项目都有区别。

周期短。随着信息技术的飞速发展，新的技术层出不穷，技术更新非常迅速，IT 项目的生命周期越来越短。项目时间甚至是决定性因素，因为市场时机稍纵即逝，如果项目的实施阶段耗时过长，市场份额就会被竞争对手抢走。

融合性。信息技术的应用主体在管理领域，管理信息系统包含了特定的管理理念，将这些管理理念同企业的发展战略与业务逻辑进行整合是信息系统实施的关键任务。

3. 项目生命周期

项目生命周期描述了项目从开始到结束所经历的各个阶段，常见的划分包括项目启动、项目计划、项目实施、项目控制、项目收尾等；作为 IT 项目也可以按照软件工程划分软件生命周期的方法分为 6 个阶段，即计划、需求分析、系统设计、系统开发、系统测试和运行维护；最一般的划分是将项目分为“识别需求、提出解决方案、执行项目和结束项目”4 个阶段。在具体应用问题中有更多的划分方法。

识别需求阶段是涉及需求的确认，形成一个新的项目识别与开始，决定是否投资，以及投资什么项目的关键阶段，此时的决策失误可能造成巨大的损失。重视项目启动过程，是保证项目成功的首要步骤。

在提出解决方案阶段提出解决需求或问题的方案。通常会制订关于项目的范围、任务分解、资源分析等的科学方案。如果公司自己内部的项目团队无法提出一份需求的解决方案，项目将由公司外部承约商执行。

执行项目阶段是执行解决方案，一般指项目的主体内容执行过程。重要的内容就是项目信息的沟通，即及时提交项目进展信息，以项目报告的方式定期通过项目进度，有利于开展项目控制，为质量保证提供了手段。

在结束项目阶段，当项目结束时，某些后续的活动仍需执行。这主要包括对最终产品进行验收，形成项目档案，吸取的教训等。这一阶段的一个重要任务就是评估项目绩效，涉及获取客户满意度、项目是否达到期望等信息。项目结束形式可以根据项目的大小自由决定。

项目生命周期中有 3 个与时间相关的重要概念：检查点、里程碑和基线。检查点是指在规定的时间间隔内对项目进行检查，比较实际与计划之间的差异，并根据差异进行调整；里程碑是指完成阶段性工作的标志，每个阶段结束时，都要进行评价，这些工作非常重要，可以决定项目是否继续；基线是指 1 个（或 1 组）配置项在项目生命周期的不同时间点上通过正式评审而进入正式受控的一种状态。在软件项目中，需求基线、配置基线等都是一些重要的项目阶段里程碑，相关交付物要通过正式评审并作为后续工作的基准和出发点。基线一旦建立，变化就会受控制。

本章英文缩写对照表

英文缩写词汇	英　　文	中文翻译
CIO	Chief Information Officer	首席信息官
BMS	Business Management System	业务管理系统
SOS	Sales Office System	门店管理系统

9.5 小　　结

1. 连锁企业 IT 部门的组织模式。按照 IT 部门在连锁企业组织结构的差异，大致可分为 3 种模式：从属模式、平行模式、中心模式。结合国外先进的 IT 部门的构成和我国连锁企业现状，目前有两种 IT 部门组织结构较为适合实际需要：一是单独成立一个企业信息化的领导小组；二是在连锁企业中建立企业信息中心。

- 连锁企业 IT 部门的组织模式是怎样构成的？

2 连锁企业 IT 部门的业务变化。连锁企业 IT 部门已经进入整合重组的阶段，同时项目需要中定制化开发的成分仍然居多。IT 部门的角色也在逐步进行调整，IT 部门的职责从单纯的维护拓展到采集信息、分析信息等。连锁企业对供应链管理、电子商务以及商业智能解决方案的需求将继续保持高速增长。

- 目前连锁企业 IT 部门的业务有哪些变化？

3 IT 部门的定位。IT 部门为企业决策层提供有效的信息资源，成为企业真正的信息灵魂。企业 IT 人员需根据自己企业的特定运作流程把自己从低级的软件维护劳动中解放出来。IT 人员要非常了解企业的流程和管理。IT 人员不仅要懂 IT 技术而且要对企业的运作、管理、财务等有一定的了解，善于和其他部门沟通和协调。IT 部门是企业的一个传统部门。

- IT 部门在连锁企业中应该如何定位？

4 连锁企业中 IT 部门的成本构成分析。成本构成分析是连锁企业 IT 部门成本管理的基础。IT 部门发生的成本主要包括硬件成本、软件成本、人力资源成本、场所成本、外包服务成本和转移成本。

- 什么是连锁企业中 IT 部门的成本构成分析？

5 连锁企业中 IT 部门的成本分析的目标。连锁企业由若干部门共同构成，每个部门都有自己的目标。IT 部门成本管理应以企业为中心，站在企业的角度进行分析。IT 部门成本管理的目标是以追求企业价值最大为前提的 IT 服务的成本优势。企业对 IT 部门的成本管理，并不是单纯追求成本最低，利润最大化，也不能以牺牲其他部门的利益为代价而使 IT 部门获取超额利润。

- 连锁企业中 IT 部门的成本分析的目标是什么？

延伸阅读

企业 IT 部门面临竞争　未来 5 年员工将减少 15%

市场调研机构 Gartner 公司称，由于企业外部 IT 公司之间的激烈竞争，未来 5 年内企业将发现它们的 IT 部门的规模将逐渐缩小。

当地时间本周 3，Gartner 公司在一次会议上向信息系统部门的领导发出警告称，企业的 IT 部门可能将面临企业外部提供 IT 服务的厂商的压力。

Gartner 公司 IT 服务和管理团队的全球业务负责人马霍尼（John Mahoney）表示，企业的 IT 部门需要进行重新整顿，它们应该重新创建业务过程和管理关系资源，或者致力于为企业提供 IT 服务。他说：“因为 IT 部门转型需要多年的时间才能完成，所以我们建议企业 IT 部门的管理层现在就应该立刻采取行动。因为当前企业面临着方方面面的激烈竞争，有时他们需要做出一些艰难的决定，重新安排部门的命运。”

Gartner 公司指出，专业的 IT 服务提供商为企业提供的 IT 服务的价格和业界标准是企业内部 IT 部门无法较量和胜任的。由于面临竞争的压力，企业内部的 IT 部门将逐渐走向转型。

Gartner 公司预测称，预计在未来 5 年内，企业 IT 部门的员工数量将减少 15%。到 2010 年，大企业的 IT 部门的规模将比 2000 年时缩小 1/3，60%的 IT 员工将转向与业务相关的新的职位。Gartner 公司的调研副总裁弗林特（David Flint）表示，“我们将看到企业内部的 IT 功能被其他部门取代，因此企业内部 IT 部门的员工和管理层需要在技术专家、技术经理和业务人员之间选择适合自己的岗位”。

资料来源：http://www.chinalabs.com/view/01000F3X.html

第10章 连锁企业信息系统评价

【学习目标】

1.了解连锁企业信息化评价的内容

2.为什么信息系统的评价是非常重要的

3.掌握信息系统评价的原则与方法

4.什么是信息系统综合评价

5.了解信息系统效益评价的意义

6.如何计量信息系统的效益

7.了解信息安全评估的意义

8.简述目前信息系统安全评估的标准

9.网络信息系统安全的新问题

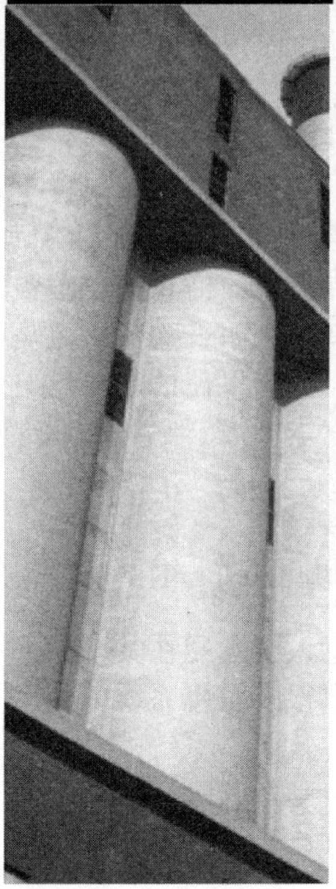

案例导读

企业信息化：如何界定成功和评估效果？

我不管是到企业还是参加论坛，还是跟从事信息化工作的朋友聊天，大家都会提到这个问题：关于企业信息化怎么定义成功？我原来跟朋友也做过这方面的交流，如果说把所有的公司为客户提供的建议书上的东西作为蓝本，最终又没有达到这样的内容，那么说成功为零还是有一定道理的。但实际上企业进行了信息化以后，在效率上、功能上和现代管理知识的传播上都有一些提高。这方面还可以算作部分的成功。所以这样就要看衡量的标准尺度了。如果用更高标准来衡量，比较成功的企业例如沃尔玛、戴尔电脑这样的公司，他们用企业信息化计算机系统创新了管理模式和经营模式，把这样的系统变成了企业的竞争优势。这样的系统是企业信息化成功的最高境界。非常遗憾，中国目前这样的企业还比较少见，这也是大家对企业信息化成功不抱希望的根本原因。但是随着企业人才、管理咨询顾问和咨询公司的成熟，企业本身对企业信息化有更切合实际的要求。这不是政绩工程，而是站在企业本身的利益来做。我认为要成功还是有机会的。

对于信息化给企业带来的效益和效果，这是一个比较难回答的问题。这个问题和前面的问题是相关联的。从 ERP 来看，MRPII 诞生从物流需求计划到制造业资源计划，到企业资源计划，现在 CRM 或者 SCM 等，都是随着竞争环境的变化而诞生的一些新的管理理念和方法。这些理念和方法实实在在地体现在企业经营和竞争中。如果不用这样的系统，单靠手工的方式，关键得看怎么运用这样的系统，把这些系统实实在在地体现在企业经营和运作过程中，这才是根本。

如果说评价标准的话，我们和供应商签订合同或者客户选择咨询公司的时候首先要有一个基本的测试。就是在信息化之前，我们的生产水平怎么样？按期交货率、成本、库存周转等指标基准是多少？当企业信息化实施半年或者 1 年以后，再通过 1 年的调整、优化，固化这些程序后再做一个公正的评价，然后做对比，我相信这些指标都有或多或少的改进。关键是要有一个基础的评价，哪些是因为信息化而提高了？哪些是因为流程的优化而提高的？信息化只是工具和手段，关键还在于企业的执行力。执行是最重要的。再好的理念和概念如果不能贯穿执行下去，我相信这样的企业再好的系统也帮不了忙，甚至可能还会出现更多的不好的现象。我们有一句玩笑话，叫“垃圾进去，垃圾出来”。如果各部门把信息化或者错误的信息当作政策执行的话，出了问题大家就都有借口。例如采购多了，是计算机的问题，包括各个部门，各个环节。在信息化里更重要的原则就是要做到整体优化，整体最优一定大于局部最优。

资料来源：中国物流设备网

http://china.56en.com/Info/137844/Index.shtml

信息系统已经成为发展生产力的有力因素。但由于信息系统发展在其研制上往往着眼于它的功能实现，忽视了它的应用质量，因而导致很多信息系统的使用效率低下问题。在信息系统开发建成之后，要了解它的运行效果、系统的性能以及设计是否达到了预期目标，必须对它进行评价。综合评价是对其进行全面的估计、检查、测试、分析和评审，用实际指标与计划指标进行比较，来确定其目标的实现程度，同时对系统建成后产生的效果进行全面评价。信息系统评价是企业信息化评价的一部分，我们首先介绍企业信息化的评价。

10.1 连锁企业信息化评价

企业信息化建设是一场革命，在提高企业管理水平，促进管理现代化，转换经营机制，建立现代企业制度，有效降低成本，加快技术进步，增强市场竞争力，提高经济效益等方面都有着现实和深远的意义，是带动企业各项工作创新和升级的突破口，也是解决当前连锁企业管理中突出问题的有效措施。

▶ 10.1.1 连锁企业信息化评价的意义

目前为止，信息化评价指标体系仍然是一个难题。很难制定出一个具体的指标，对不同连锁企业信息化的结果都进行评价。即使对一个连锁企业，也很难确定出一套科学的指标体系。连锁企业信息化水平评价是连锁企业信息化建设中的重要环节。连锁企业信息化的目标实现与否，不能靠意愿来定，要靠真实的评价。在信息化建设方面，“重建设，轻评价”已经成为有些连锁企业的通病。

连锁企业信息化是企业不断应用信息技术、深入开发和应用信息资源的过程。或者更确切地说，企业信息化是信息技术应用和信息资源开发由局部到全局、由内部到外部、由战术层次到战略层次不断深化的过程，其建设过程应该包括计划、实施、评价和改进 4 个环节。

对连锁企业信息化建设的评价，要从连锁企业引进信息技术的目的和战略出发，考察信息技术应用给连锁企业经营和管理带来的影响。一方面对其全过程进行全面的评价，彻底检查连锁企业信息化的现状，确定信息化建设的阶段，并与连锁企业的既定目标对比，发现实施信息化过程中存在的问题，找出差距；另一方面，总结连锁企业信息化实施过程中的经验和教训，并结合新的现实，根据连锁企业所面临的新环境和新业务，重新定义连锁企业信息系统，制订新的信息化方案。

▶ 10.1.2 连锁企业信息化评价的内容

连锁企业信息化评价要设置全面的评价指标，概括起来有 6 个，即信息技术应用的广度和深度、信息资源的开发和利用、信息安全评价、信息化人才开发、信息化的组织和控制和连锁企业信息化的经济效益。

（1）信息技术应用的广度和深度。通过信息技术应用的广度和深度评价，可以了解管理系统的功能在多大范围上得到信息技术的支持；从性能上可以了解技术的先进性、可靠性、易维护性、用户界面等。

（2）信息资源的开发和利用。信息系统的运行要靠信息资源的开发和利用来支持。如果把信息系统比作人体骨骼的话，信息资源就是肌肉和血液。从信息资源开发利用的角度，可以评价信息系统的利用程度和连锁企业的知识管理水平。这可以从挖潜能力以及信息的收集、加工和共享方面进行评价。

（3）信息安全评价。随着信息技术的发展，各行各业相继建立了不同类型的信息系统。例如各类具有信息采集、信息传递、信息存储、信息处理等功能的子系统和分系统。但同时，利用相应的信息系统，既可以窃取信息系统中的信息内容，也可以扰乱信息系统中的信息内容。随着社会信息化程度的提高，信息安全问题也逐步演变为严重限制和制约经济发展的重大问题。因此，对于连锁企业信息化安全的评价应引起足够的重视。

（4）信息化人力开发。人力资源是连锁企业信息化的重要组成部分，也是信息化的参与者，即信息化的主体。在这里，人力资源包括信息技术人员和连锁企业的其他员工。对于前者的评价主要考察其计算机应用能力、软件设计开发能力以及理论和实践相结合的能力；而对于后者，由于连锁企业信息化的深入，员工积累了丰富的经验和教训，这是推动连锁企业信息化的基础。因此，对其评价侧重于员工素质的提高和员工参与信息化的程度。

（5）信息化的组织和控制。连锁企业信息化组织和控制的评价基于信息化的深入。连锁企业逐渐形成比较完善的信息化规划、组织和控制机制，同时，也必然伴随着有关信息化方面的政策、制度和标准的制定过程。随着信息化的深入，连锁企业管理日趋规范，信息化规划、组织与控制机制与连锁企业日常管理逐渐融合在一起，形成上下一体的协调运转的信息化管理体制。

（6）连锁企业信息化的经济效益的评价。连锁企业信息化为连锁企业带来的收益可以分为有形收益和无形收益，可以分别从定量和定性角度来确定。在评价连锁企业信息化经济效益时要注意平时数据和资料的积累，还要关注信息技术带来的机会和潜力。连锁企业信息化的经济效益具有广泛性、间接性和时滞性的特点，在评价时可以从以下几方面入手：减少人工信息处理的工作量，从而节约人工费用和办公的开支；缩短产品生产、采购周期，降低库存，加速资金周转、准时交货；加快信息收集、传递、处理速度，提高连锁企业的反应速度；改善服务水平、提高连锁企业的市场竞争能力；改善员工工作满意度；改善连锁企业的战略思考。其中前三方面是连锁企业信息化的有形收益，可以用定量的指标来描述，后三方面是无形收益。除此之外，还必须考虑实施连锁企业信息化的成本，包括系统分析设计费用和实施费用、员工培训费用、系统运行成本诸如集成和测试费用、运行费用、管理费用、数据分析成本、数据转换成本、维护费用等。

▶ 10.1.3　中国企业信息化指标体系

2002 年 10 月 9 日，国家信息化测评中心正式推出了中国第一个面向效益的信息化指标体系——中国企业信息化指标体系，以全面评价中国境内各企业的信息化发展和应用水平。中国企业信息化指标体系由基本指标、效能指标和评议指标 3 部分组成。该指标第一次将“建设有效益的信息化”要求以评价指标的形式落到实处，并第一次提出从效能角度、适宜度、灵敏度等多个方面，全面评价企业信息化水平。

国家测评中心在有关文件中指出：企业信息化是一项系统工程，涉及企业的方方面面。制定企业信息化指标体系的目的，是在宏观战略和具体操作上指导企业的信息化进程，帮助我国企业在信息化建设过程中少走弯路，提高效益。对企业而言，企业信息化指标体系的建立，将有助于企业明确信息化的战略和目的；有助于企业深化改革，提高管理水平，完善经营机制，提高效率，提高可持续发展能力，合理计算并提高信息化的投入产出比，改善竞争表现，并在全球经济竞争中扮演更加重要的角色。国家应该不失时机地抓住和利用信息化所带来的技术成果和发展机遇，大力推进企业信息化建设，努力提高企业的整体素质，切实增强企业的国际竞争力。

关于中国企业信息化指标体系的详细内容，可以参见中国企业信息管理师网站（www.cio.gov.cn）有关栏目的内容。

10.2　信息系统评价

▶ 10.2.1　信息系统评价原则

信息系统的评价是一项复杂的系统工程，要正确、客观地揭示信息系统的“投入-产出”关系及其约束条件，需要遵循以下原则才能保证评价的科学性和可靠性。

（1）整体性原则。任何信息系统都是由若干个子系统构成的，系统的各组成部分需要协同运行才能发挥最佳作用，产生最佳效果。因此，评价信息系统效益时不能片面强调某一子系统的效益而忽视其他子系统的效益，必须对整个信息系统的效益进行全面考虑。

（2）阶段目标原则。信息系统的建设是一项投资大、周期长的系统工作。鉴于连锁企业或组织机构的财力等原因，信息系统的建设一般是分阶段逐步实施的。因此，其效益也是逐步体现出来的，而且往往系统越发展和完善，其效益也就越显著。因此，对信息系统效益的评价，应区别系统建设所处的阶段，采用不同的目标进行评价。

（3）静态评价与动态评价相结合原则。对信息系统的效益进行评价，不仅要对影响系统效益的各种因素进行静态的考察和分析，还要动态地考察这些因素对系统效益的影响。例如，管理人员的素质和外部环境因素对信息系统效益的影响很大，目前效益不太好的系统，随着管理人员素质的提高以及外部环境的改善，将来的效益可能会好起来。

（4）定性评价与定量评价相结合原则。影响信息系统效益的因素很多，有些因素可以直接计量，例如某些费用、效益指标，对这些可以直接计量的因素应进行定量分析；有些因素无法直接计量，例如管理者水平等，因此无法进行定量分析，只能进行定性分析。

▶ 10.2.2 信息系统评价角度

对于连锁企业的信息系统来说，可以从技术和经济两方面综合评价信息系统的运作效果。基本做法是将运行着的系统与预期目标进行比较，考察是否达到了系统设计时所预定的效果，主要对下列各项进行考察。

1. 技术方面

（1）系统效率。信息系统的各种职能指标、技术指标和经济指标是系统效率的反映。例如，系统能否及时地向用户提供有用信息，系统操作是否方便，系统出错如何，以及资源的使用效率如何等。

（2）系统可靠性。系统可靠性是指系统在运行时的稳定性，要求很少发生事故，即使发生事故也能很快修复。可靠性还包括与系统有关的数据文件和程序是否被妥善保存，以及系统是否有后备体系等。

（3）可扩展性。任何系统的开发都是从简单到复杂的不断求精和完善的过程。因此，一个系统建成后，不必对现行系统做大改动或影响整个系统结构，就可增加功能模块，这便要求在系统设计时留有接口，否则，当数据量增加或功能增加时，系统就要推倒重来，这只是一个没有生命力的系统。

（4）可移植性。可移植性是评价信息系统的一项重要指标。一个有价值的信息系统，不仅在于它自身结构的合理，而且在于它对环境的适应能力，即它们不仅能在一台机器上使用，而且能在其他型号设备上使用。要做到这一点，系统必须按国家规范标准设计，包括数据表示、专业分类、编码标准、记录格式等，都要按照统一的规定，以保证软件和数据的匹配、交换和共享。

2. 经济方面

主要是评价信息系统产生的经济效益。按评价方法所涉及的学科领域，可以把目前常用的经济评价方法分为专家评价法、经济模型评价法、其他数学评价法以及组合模型评价法等几大类，每一大类中又可细分出多种方法。

▶ 10.2.3　信息系统评价方法

（1）专家评价法。这是以领域专家的主观判断为基础的一类评价方法，主要包括评分法、类比法、相关系数法等具体方法。其中评分法就是通常所说的 Delphi 法，即由多名专家根据预先拟定的评分标准及专家的经验和主观认识各自对评价对象进行打分，然后用一定的方法对分数进行综合。类比法是将待评价项目与相似的已评项目进行类比而得出评价结果。相关系数法通过专家评分或者类比来确定信息系统对连锁企业总经济效益的贡献度，如果更精确些，还可以具体给出对每一类经济效益的贡献程度，然后运用公式计算出信息系统带来的经济效益。

专家评价法具有操作简单、直观性强的特点，可以用于信息系统定性或定量经济效益指标的评价，一般采用多位专家评价等措施来克服主观性强及准确度不高的缺点。

（2）经济模型评价法。这是定量的评价方法，具有客观性强、实用程度高的特点，适合于信息系统直接经济效益的评价。该类评价方法主要包括生产函数法、指标公式法和“费用-效益”分析法等，其中投入-产出分析法具有较多的优点。

投入-产出分析，是通过投入产出模型或投入产出表格来研究经济系统各个部分（作为生产或消费单位的产业部门、行业、产品等）之间表现为投入与产出的相互依存关系的经济数量分析方法。因为在投入产出的价值表中，既有反映各种劳动消耗（投入）的指标，又有反映生产成果（产出）的指标，所以可以通过它计算各种经济效益参数，并用来分析、评价经济效益。具体地说，将不同年份反映各种消耗的参数，例如，劳动或产品的直接消耗系数等进行对比，可以评价各个部门由于使用信息系统而来的各种消耗的节约；将不同年份完全消耗系数进行对比，可以看出由信息系统造成的完全劳动消耗的节约。

（3）其他数学评价法。在对某一事物进行评价的实际工作中，往往需要同时用几个标准作为评价的依据。这时可以采用数学中的多目标决策、数据包络分析（DEA）、层次分析（AHP）、模糊评判、多元统计分析中的主成分分析（PCA）、因子分析、聚类分析等有效的工具和方法进行评论。上述各种方法具有完备的理论基础，适合于对多因素的变化进行定量动态分析和评价，尤其是对那些含不确定性的、模糊因素的评价能够获得较好的评价结果。主要缺点是由于因素多而产生的工作量大、处理困难等问题。

（4）组合模型评价法。指前述专家评价法、经济模型法和其他数学评价法中的具体模型或方法的有机组合应用、扬长避短的一种评价方法。其中，APF 法[①]是一种十分典型的组合评价法，它把层次分析（AHP），多元统计中的主成分分析

---

① ADF 法是一种综合了层次分析（A）、主成分分析（P）和模糊评断（F）的组合方法，简称 ADF 法。

（PCA）和模糊评判（Fuzzy）等方法相组合，综合利用各种方法的不同特性对评价对象做出较全面的评价。

APF 组合评价首先以层次分析法（AHP）为主体，建立起分层指标体系；然后采用主成分法（PCA）对指标进行简化，消除了原指标之间可能存在的相关关系；再用 AHP 法的两种比较原则确定各指标的权值，以消除专家评价中主观偏差的影响；在分层指标体系中，分别运用专家评价、费用/效益分析和指标公式等评价方法，来确定各定性、定量指标的具体数值。为使定性指标数量化，可用 Fuzzy 评判方法进行处理；最后将所有指标值作无量纲化处理。按一定的综合法则进行加权合成，即得到评价的结果。

名词解释

信息系统多指标综合评价

指对信息系统进行的一种全方位的考核或者判断，它具备以下特征：它的评价包含了多个独立指标，这些指标分别体现着信息系统的不同方面，通常具有不同的量纲。

信息系统综合评价体系

指一套能够反映所评价信息系统的总体目标和特征，并且具有内在联系、起互补作用的指标群体，它是信息系统整体状况的客观反映。一个合理、完善的指标体系，是对信息系统进行全面评价和分析的先决条件。

▶ 10.2.4 信息系统综合评价

1. 综合评价的基本概念

我们所面对的信息系统是一个复杂的系统。它所追求的不仅仅是单一的经济性目标。除了费用、经济效益和财务方面的考虑外，它还涉及技术先进性、可靠性、适用性、易维护性、用户界面友善性等技术性能方面的要求，以及改善员工劳动强度和连锁企业经营环境，增强市场竞争力等间接效益或连锁企业文化方面的目标。上述目标的多重性产生了对信息系统进行多指标综合评价的必要性。多指标综合评价的理论和方法研究是一个正在发展的领域，有关它在信息系统评价中的应用研究则更有待人们的努力。

综合评价的目的是对信息系统做出一个整体性的判断，并用一个总评价值来反映信息系统的一般水平。一般来说，信息系统多指标综合评价工作主要包括 3 方面的内容：综合评价指标体系及其评价标准的建立，这是整个评价工作的前提；用定性或定量的方法确定各指标的具体数值，即指标评价值；各评价值的综合，包括综合算法和权重的确定、总评价值的计算等。

2. 综合评价的步骤

（1）明确信息系统的需求目标。有时候在系统刚被建立的时候，它的目标已经很明确。但是有时候，系统的目标本身就很模糊或者是很难正确定义，在信息系统中不同的使用者也会有不同的要求。因此，整理出使用该系统群体的目标，加以分析才能明确系统到底应该达到什么样的目标。

（2）建立评价指标体系及其评价标准，这是整个评价工作的前提。

（3）选择定性或者定量的方法确定各指标的具体数值。在建立了评价指标体系后，由多名专家使用定性或者定量的方法确定待评价信息系统的各项指标评价值。

（4）综合各评价值，确定综合算法和权重，计算总评价值，对待评价的信息系统得出最终的评价结论。

各指标之间应尽可能避免显见的包容关系。对隐含的相关关系，要设法以适当的方法消除。信息系统评价指标体系如表 10.1 所示。根据信息系统的特点和综合评价指标体系的构成原则，表 10.1 试图给出一个较为完善的信息系统综合评价指标体系的框架，无论是哪个层次的信息系统，都能从该框架中找到相应的指标集并将其具体化。

表 10.1 信息系统评价指标体系

一级指标	二级指标
系统质量	准确性、速度、存储量
	安全性、可靠性、文档齐全
	数据共享、易维护性、容错性
技术水平	技术先进性
	技术首创性
	开发效率
运行质量	直接应用人员的结构、素质
	系统运行率
	系统维护率
用户需求	领导重视程度
	功能需求满足程度
	人-机交互的友善程度
	系统价格可接受程度
系统成本	开发成本
	软件成本

（续表）

一级指标	二级指标
系统成本	硬件成本
	运行成本
	管理成本
	维护成本
系统效益	经济效益
	社会效益
财务指标	投资指标
	收益指标

表 10.1 是从以下 3 个方面出发，进行综合考虑而建立起指标体系的。

（1）从信息系统的组成部分出发，信息系统是由人-机共同组成的系统，故可按人——运行质量、用户需求；机——系统质量、技术水平这两条线索构造指标。

（2）从信息系统的评价对象出发，对于开发商来说，他们所关心的是系统质量和技术；对于用户而言，他们则关心用户需求和运行质量；系统外部环境则主要通过社会效益指标来反映。

（3）从经济学角度出发，分别按系统成本、系统效益和财务指标这 3 条线索建立指标。

10.3 连锁企业信息系统投资的效益评价

信息系统的投资已经成为当今连锁企业战略管理的一个严峻问题。一方面，连锁企业信息系统规模的增大促使其逐渐成为提高连锁企业价值和发展潜力、提高连锁企业核心竞争能力的有效手段和途径。另一方面，在信息系统方面投入的巨额资金也为管理层施加了压力，即如何在战略计划的制订与实施过程中对信息系统进行定位，如何度量信息系统投资与业务绩效之间的关系，如何正确认识信息系统的绩效，从而了解信息系统对连锁企业目标的贡献程度，更好地利用和改良连锁企业信息系统，这些已经成为连锁企业日益关注的核心问题。

从 20 世纪 60 年代开始，人们就非常关心信息系统的效益。无论是在学术界或者在实践中，人们都觉得信息系统的效益问题很神秘，好像不太容易搞得清楚，特别当信息系统发展以后，当时大家对信息化真正实际的效益也不太关心。当信息化碰到了低潮、碰到了问题以后，大家就对 IT 的效益产生了怀疑。

现有的信息系统效益评价的方法，比较知名的大概有四五十种。信息系统效益应当分成两种。一种是有形的，可见的，清楚的和显性的效益。引进了信息系统，减少了用人，为连锁企业节省了处理信息的时间，这些都可以用准确的数字表现出来。另一种是没有办法直接把它表示出来的。很多东西是隐性的，或者是无形的，或者是间接的，意思可能不完全一样，都没有办法把这些效益直接表示出来。根据学术界的研究结果，认为隐性的效益占连锁企业信息化效果的大多数。

▶ 10.3.1　信息系统效益评价的必要性

信息技术的不断变化与发展使得信息系统所处的环境不断变化，导致系统项目开发的技术风险增大；与此同时，信息系统的内部价值呈现多样性和多视角性，无形价值和战略价值增加，且难以量化。这些因素都使连锁企业信息系统的评价呈现出复杂性，也是信息系统绩效评价中迫切需要解决的问题。

此外，尽管受到外部因素的影响和信息系统本身发展的促动，信息系统对于连锁企业生存发展的战略意义和重要性与日俱增，连锁企业对信息系统的价值寄予很高的期望。然而在实际应用中却存在巨大落差，这也促使人们不得不重新审视和评价信息系统的绩效。从目前信息系统应用的角度分析，可以发现以下问题。

（1）信息系统绩效评价方法不够科学。近几年来诸多连锁企业投入成百上千的资金用于信息系统建设，但是多数连锁企业的经营者深深感到投资前与投资后对信息建设的期望值落差太大。与传统投资相比，信息技术投资往往具有较高的技术含量和风险，在技术和市场开拓的各个环节随时都可能存在失败的风险。传统的财务会计评测指标，例如每股收益（EPS）和投资报酬率（ROI）在很大程度上已经无法满足现代连锁企业经营管理的需要。这种评价体系通常促使经理层为了追求短期效益而削弱了长期的投入，忽视持续的提高和创新，从而使得连锁企业缺乏长期发展的实力。

（2）信息系统项目决策缺乏可靠依据。系统规模越大、与管理联系越密切、集成度越高的系统，风险越大，失败概率越高，其中最明显的例子就是 ERP。信息系统项目的高风险和高失败率要求连锁企业在进行信息系统投资决策之前，要进行合理的战略定位，即综合论证项目技术上的先进性和可行性，财务上的实施可能性，应用方面的合理性和有效性。这也需要建立一套合理的绩效评价体系，帮助连锁企业解决这些问题。

（3）信息系统项目绩效评价缺乏可具体参照的标准。尽管评价通常经过前期项目立项、可行性研究、预算审查、招投标、专家评议，到项目中期的规划会议、选型会议、技术方案研讨会，再到项目结束时的测试、验收、总结、评奖等阶段，然而在回答信息系统项目有多大价值，或者能对连锁企业绩效产生多大贡献的时候，通常只能用工作效率提高，业务处理速度改善，使用更加方便，资料更易于更新等模糊指标来回答。然而，就信息系统相对于连锁企业的战略地位而言，其价值并非简单地回答“要不要做”这样较为概括的问题，而是明确地回答“值不值”的问题。

（4）信息系统实施的保障机制不完善。尽管许多连锁企业的信息系统采购了先进的技术和设备，但在营运绩效方面却落后很多，缺少有效的过程控制，缺少量化模型的项目验收和绩效评价。项目的进程在一次性投资后往往缺乏有效监控，缺乏有效机制保障信息系统投资的实际投放和效益反馈。这也意味着需要对信息系统投资实施持续的过程管理和评价，并建立综合的绩效考核体系。

到目前为止，现有评价多侧重于在某一点的评价，例如只判断开始在哪里投资，而缺少在实施之后的操作生命周期中提高对管理收益的关注，尚未从绩效的角度来评价信息系统，没有将信息系统绩效与对组织绩效的影响联系在一起。因此，需要建立一种关注最大化收益的持续评价机制，形成一套完整的、能够被广泛接受的评价体系。

▶ 10.3.2 信息系统效益评价的目标与内涵

根据系统论的观点，连锁企业信息系统可以被看做连锁企业大系统中的一个子系统。随着信息系统在连锁企业中的重要性增强，信息系统绩效对连锁企业绩效的影响力逐渐增强。它对于连锁企业交付预期的产品和服务目标，支持连锁企业间信息传递，辅助财务管理，人力资源等起到良好的支撑作用。有必要建立起连锁企业目标与信息系统目标之间的关联，确保信息系统交付的价值符合并支持连锁企业的战略任务与目标，做到整体目标的统一，从而了解连锁企业绩效指标如何通过信息系统指标实现优化。

在了解连锁企业信息系统绩效之前，有必要了解连锁企业绩效和连锁企业目标。连锁企业绩效是连锁企业经营活动的结果或者表现。它是连锁企业经营活动在连锁企业目标上的反映，即反映的是连锁企业目标的实现程度。因此，要了解连锁企业绩效，必须了解连锁企业目标。连锁企业的终极目标可以看做是连锁企业在现在、将来获得最大的利润，即连锁企业价值最大化的目标。连锁企业绩效反映了连锁企业在现在和将来所获利润的多少，即连锁企业价值，反映了现在以及未来可能的状况。

就连锁企业信息系统而言，绩效评价是一个分析性的过程，通过该过程评价系统如何通过交付IT服务以实现连锁企业赋予它的使命。绩效评价应该包括结果（有效满足预期使命目标的结果）以及过程（为实现预期目标而进行的整个过程）等方面的成效。因此，连锁企业信息系统的绩效可以定义为连锁企业信息系统对连锁企业目标实现的贡献度，绩效是信息系统对连锁企业价值的综合表现。信息系统绩效评价应该作为连锁企业整体绩效评价的子集。为了优化连锁企业信息系统绩效，必须设立绩效指标，利用绩效指标来监控信息系统的行为，并监督和激励管理者，从而优化整个连锁企业的绩效。

▶ 10.3.3　信息系统效益计量

（1）首先从财务的角度和非财务的角度看，可以计量信息化带来的效益。

一般来说，如果我们搞信息化规划或者要提一个方案，最终都要考虑这个项目最终给连锁企业带来什么效益，而且必须要有一种方法计算，最常用的计算方法是回收期、投资回报率等，公式也很简单。这种方法虽然很简单，但是它仍然是有用的。为什么有用？例如回报率法，现有投资马上就可以算出来是多少，分母就是每年的汇报，但在投资的时候怎么会知道回报呢？只是一种预期而已。这种计算可能没有很多根据，但是毕竟给我们提供了一个衡量的简单的方法，而且必须要有这种方法。没有这种方法，就没法说明这个事情，所以财务的指标仍然是重要的。

财务的指标毕竟在很多方面是理想化的，在很多情况下我们看到的财务指标是一个结果。就像我们看一棵树，最终看到的财务指标只是看到这棵大树结的花和果。信息化往往是这棵大树的根源，财务信息化没有办法表述这种根源，也没有办法表示当前的情况，而且决定财务指标的很多因素不是单一的。如果市场的情况好，财务指标最终收益就会大大增长，很可能它并不是因为 IT 直接带来的。所有这些问题都使得我们感觉到单纯的财务指标没有办法把信息化投资的效益很完整地描述出来，所以必须要加上另一类非财务的指标。

关于非财务的指标，美国学者帕尔提出信息化的非财务指标可以用强化回报率。有些东西没法用财务指标计算出来，但是你可以把一些与财务指标相关的参数转换或财务指标。一个是价值的关联，通过信息化使很多事情加快了，例如，库存周转率缩短了，这些是通过信息化给连锁企业带来的价值；再如连锁企业的业务流程通过重组更加合理了，也可以加到信息化的价值中去。还有一个是创新。

（2）可以用定量的测度和定性的测度，尤其是量化的测度，可以变成财务指标，可以变成其他指数。还有一些是定性的。

例如，中国信息化评测中心的连锁企业信息化效能指标，这个指标的很多东西是定性的。例如，连锁企业对信息化的投资，投资和信息化战略的适宜度怎么样？IT 和连锁企业战略是不是适宜？投资和规模是不是适宜？还有一些方面可以用案例来说明。

（3）衡量连锁企业的 IT 究竟对连锁企业的业务产生了哪些好的影响。

也就是说 IT 的商业价值究竟在什么地方。连锁企业的价值有一些测度的指标可以进一步分解成为对成本的控制，在这方面给连锁企业带来了什么好处。开发了信息系统以后，这些信息系统能不能再销售出去，从而可以给连锁企业增加价值。信息系统这个项目本身带来的价值，通过这些指标可以把连锁企业 IT 所带来的价值准确地算出来。

不但要从内部的角度看，还要从外部的角度看。到外部找一个标杆，运用 IT 好的，例如零售业，现在对外国连锁企业进入的限制已经撤销了，可以把沃尔玛的指标拿过来调查一下。沃尔玛过去做了很多研究，1 平方公尺面积究竟产生了多少效益，这是一个指标；另外就是对 IT 投入多少，最终产生了多少效益，完全可以把这些指标拿过来，作为行业的指标，促使连锁企业衡量 IT 所带来的影响。

对 IT 投资价值的研究是信息系统研究里很重要的领域。作为连锁企业的 CIO，大家更多关注的是现有的成果。一些观点认为 IT 的效益是不可知的，无形的效应，很难加以衡量；尽管没有通用的方法，既适合零售业也适合制造业的 IT 效益评估，但是还有一些简单的方法可以用于 IT 的效益评估。IT 的效益最终并不是体现在 IT 技术的本身，投了多少钱买了多少 IT，关键在于买的 IT 和连锁企业的业务究竟整合到了什么样的高度。整合的越紧密，IT 的效益就越能够更好地发挥出来。

10.4 信息系统安全风险评价

随着信息技术和网络技术的飞速发展，国民经济、社会生活的各个方面对信息系统的依赖程度越来越高，安全问题也日益凸显。连锁企业的网络环境和应用系统愈来愈复杂，每个连锁企业都有这样的疑惑：自己的网络和应用系统有哪些安全漏洞？应该怎样解决？如何规划连锁企业的安全建设？关于这些问题，由于每个人的理解不同，可能有不同的答案。

信息安全风险评价作为衡量系统安全性的重要手段，为信息系统的建设和管理决策提供了重要依据。信息安全风险评价是风险评价理论在信息系统领域的延伸。风险评价理论产生于安全实践，广泛应用于经济、国防、化工等行业，主要目的是保证人类生命和财产的安全。

比较流行的一种看法是：信息安全评价是信息安全生命周期中的一个重要环节，是对连锁企业的网络拓扑结构、重要服务器的位置、带宽、协议、硬件、与 Internet 的接口、防火墙的配置、安全管理措施及应用流程等进行全面的安全分析，并提出安全风险分析报告和改进建议书。

10.4.1 信息安全评价的作用

信息安全评价具有如下作用。（1）明确连锁企业信息系统的安全现状。进行信息安全评价后，可以让连锁企业准确地了解自身的网络、各种应用系统以及管理制度规范的安全现状，从而明晰连锁企业的安全需求。（2）确定连锁企业信息系统的主要安全风险。在对网络和应用系统进行信息安全评价并进行风险分级后，可以确定连锁企业信息系统的主要安全风险，并让连锁企业选择避免、降低、接受等风险处置措施。（3）指导连锁企业信息系统安全技术体系与管理体系的建设。对连锁企业进行信息安全评价后，可以制定连锁企业网络和系统的安全策略及安全解决方案，从而指导连锁企业信息系统安全技术体系（如部署防火墙、入侵检测与漏洞扫描系统、防病毒系统、数据备份系统、建立公钥基础设施 PKI 等）与管理体系（安全组织保证、安全管理制度及安全培训机制等）的建设。

▶ 10.4.2　主要的信息安全评价标准

信息安全评价标准是信息安全评价的行动指南。可信的计算机系统安全评价标准（TCSEC，从橘皮书到彩虹系列）是由美国国防部于 1985 年公布的，它是计算机系统信息安全评价的第一个正式标准。它把计算机系统的安全分为 4 类、7 个级别，对用户登录、授权管理、访问控制、审计跟踪、隐蔽通道分析、可信通道建立、安全检测、生命周期保障、文档写作、用户指南等内容提出了规范性要求。

信息技术安全评价标准（ITSEC，欧洲白皮书）是由法、英、荷、德欧洲 4 国于 20 世纪 90 年代初联合发布的，它提出了信息安全的机密性、完整性和可用性的安全属性。机密性就是保证没有经过授权的用户、实体或进程无法窃取信息；完整性就是保证没有经过授权的用户不能改变或者删除信息，从而信息在传送的过程中不会被偶然或故意破坏，从而保持信息的完整、统一；可用性是指合法用户的正常请求能及时、正确、安全地得到服务或回应。ITSEC 把可信计算机的概念提高到可信信息技术的高度上来认识，对国际信息安全的研究、实施产生了深刻的影响。

信息技术安全评价的通用标准（CC）由 6 个国家（美、加、英、法、德、荷）于 1996 年联合提出，并逐渐形成国际标准 ISO15408。该标准定义了评价信息技术产品和系统安全性的基本准则，提出了目前国际上公认的表述信息技术安全性的结构，即把安全要求分为规范产品和系统安全行为的功能要求以及解决如何正确有效地实施这些功能的保证要求。CC 标准是第一个信息技术安全评价国际标准，它的发布对信息安全具有重要意义，是信息技术安全评价标准以及信息安全技术发展的一个重要里程碑。

ISO13335 标准首次给出了关于 IT 安全的保密性、完整性、可用性、审计性、认证性和可靠性 6 个方面含义，并提出了以风险为核心的安全模型。连锁企业的资产面临很多威胁（包括来自内部的威胁和来自外部的威胁），威胁利用信息系统存在的各种漏洞（例如物理环境、网络服务、主机系统、应用系统、相关人员、安全策略等）对信息系统进行渗透和攻击。如果渗透和攻击成功，将导致连锁企业资产的暴露。资产的暴露（例如系统高级管理人员由于不小心而导致重要机密信息的泄露）会对资产的价值产生影响（包括直接和间接的影响）。风险就是威胁利用漏洞使资产暴露而产生的影响的大小，这可以为资产的重要性和价值所决定。对连锁企业信息系统安全风险的分析，得出了系统的防护需求；根据防护需求的不同制定系统的安全解决方案，选择适当的防护措施，进而降低安全风险，并抗击威胁。该模型阐述了信息安全评价的思路，对连锁企业的信息安全评价工作具有指导意义。

BS7799 是根据英国的工业、政府和商业的共同需求而发展的一个标准，它分为两部分：第一部分为“信息安全管理事务准则”；第二部分为“信息安全管理系统的规范”。目前此标准已经被很多国家采用，并已成为国际标准 ISO17799。

BS7799 包含 10 个控制大项、36 个控制目标和 127 个控制措施。

BS7799/ISO17799 主要提供了有效地实施信息系统风险管理的建议，并介绍了风险管理的方法和过程。企业可以参照该标准制定出自己的安全策略和风险评价实施步骤。

AS/NZS360:1999 是澳大利亚和新西兰联合开发的风险管理标准，第一版于 1995 年发布。在 AS/NZS 4360：1999 中，风险管理分为建立环境、风险识别、风险分析、风险评价、风险处置、风险监控与回顾、通信和咨询 7 个步骤。

AS/NZS 4360:1999 是风险管理的通用指南，它给出了一整套风险管理的流程，对信息安全风险评价具有指导作用。目前该标准已广泛应用于新南威尔士洲、澳大利亚政府、英联邦卫生组织等机构。

OCTAVE 是可操作的关键威胁、资产和弱点评价方法和流程。OCTAVE 首先强调的是 O——可操作性，其次是 C——关键系统，也就是说，它最注重可操作性，其次关注关键性。OCTAVE 将信息安全风险评价过程分为 3 个阶段：阶段 1，建立基于资产的威胁配置文件；阶段 2，标识基础结构的弱点；阶段 3，确定安全策略和计划。

国内主要是等同采用国际标准。公安部主持制定、国家质量技术监督局发布的中华人民共和国国家标准 GB17895-1999《计算机信息系统安全保护等级划分准则》已正式颁布并实施。该准则将信息系统安全分为 5 个等级：自主保护级、系统审计保护级、安全标记保护级、结构化保护级和访问验证保护级。主要的安全考核指标有身份认证、自主访问控制、数据完整性、审计等，这些指标涵盖了不同级别的安全要求。GB18336 也是等同采用 ISO15408 标准。

▶ 10.4.3 现有信息安全评价标准的局限性

风险分析的方法有定性分析、半定量分析和定量分析。现有的信息安全评价标准主要采用定性分析法对风险进行分析，即通常采取安全事件发生的概率来计算风险。

然而，在安全评价过程中，评价人员常常面临的问题是信息资产的重要性如何度量？资产如何分级？什么样的系统损失可能构成什么样的经济损失？如何构建技术体系和管理体系达到预定的安全等级？连锁企业因一个由病毒中断了的邮件系统造成的经济损失和社会影响如何计算？如果黑客入侵，尽管没有造成较大的经济损失，但连锁企业的名誉损失又该如何衡量？另外，对连锁企业的管理人员而言，哪些风险在连锁企业可承受的范围内？这些问题从不同角度决定了一个信息系统安全评价的结果。目前的信息安全评价标准都不能对这些问题进行定量分析，在没有一个统一的信息安全评价标准的情况下，各家专业评价公司大多数是凭借各自积累的经验来解决。因此，这就需要出台一个统一的信息安全评价标准。

▶ 10.4.4 信息安全评价的市场前景

随着业界对于信息安全问题认识的不断深入，随着信息安全体系的不断实践，越来越多的人发现信息安全问题最终都会归结为风险管理问题。据统计，国外发达国家用在信息安全评价上的投资占连锁企业总投资的 1%～5%，电信和金融行业达到 3%～5%。照此计算，每年仅银行的安全评价费用就超过几个亿。而且，连锁企业的安全风险信息是动态变化的，只有动态的信息安全评价才能发现和跟踪最新的安全风险。所以连锁企业的信息安全评价是一个长期持续的工作，通常应该每隔 1～3 年就进行 1 次安全风险评价。因此，信息安全评价有着广阔的市场前景。

10.5 电子商务时代网络信息系统的安全

网络应用给人们带来了无尽的好处，但随着网络应用的扩大，网络安全风险也变得更加严重和复杂。原来由单个计算机的安全事故引起的损害可能传播到其他系统和主机，引起大范围的瘫痪和损失；另外加上缺乏安全控制机制和对网络安全政策及防护意识的认识不足，这些风险正日益加重。瞄准网络系统可能存在的安全漏洞，黑客们所制造的各类新型的风险将会不断产生。这些风险由多种因素引起，与网络系统结构和系统的应用等因素密切相关。

由于计算机信息具有共享和易于扩散等特性，它在处理、存储、传输和使用上有着严重的脆弱性，很容易被干扰、滥用、遗漏和丢失，甚至被泄露、窃取、篡改、冒充和破坏，还有可能受到计算机病毒的感染。

计算机安全的内容应包括两方面：即物理安全和逻辑安全。物理安全指系统设备及相关设施受到物理保护，使其免于破坏、丢失等。逻辑安全包括信息完整性、保密性和可用性。系统存在的安全问题可能主要来源于两方面：安全控制机构有故障；系统安全定义有缺陷。

▶ 10.5.1 网络安全的威胁分析

大型网络系统内运行多种网络协议（TCP/IP，IPX/SPX，NETBEUI），但这些网络协议并非专为安全通信而设计。

（1）来自于公网互联的安全威胁。由于金融系统的中间业务部分与 Internet 相连，而 Internet 公网是基于开放性、国际性与自由性的，所以金融系统内部网络受到攻击的可能性将增大。因为每天黑客都在试图闯入 Internet 节点，并寻找一些目标试图进行攻击。假如我们的网络不保持警惕，可能连黑客怎么闯入的都不知道，甚至会成为黑客入侵其他网络的跳板。假如内部网络的一台机器的安全受损，就会同时影响在同一网络上的许多其他系统。透过网络传播，还会影响到与本系统网络有连接的外单位网络。影响所及，还可能涉及法律、金融等安全敏感领域。因此，对有特殊要求的网络系统必须做相应的安全防范措施。

（2）内部网络互联安全威胁。网络安全风险不仅来自外部网，内部网及不信任域同样存在着对内部系统网络的安全威胁。内部网络容易遭到来自内部或不信任域用户中一些不怀好意的入侵者攻击。攻击方法有入侵者通过 Sniffer 等嗅探程序来探测扫描网络及操作系统存在的安全漏洞，例如 IP 地址、应用操作系统的类型、开放哪些 TCP 端口号、系统保存用户名和口令等安全信息的关键文件等，并通过相应攻击程序对内网进行攻击。

入侵者通过网络监听等先进手段获得内部网用户的用户名、口令等信息，进而假冒内部合法身份进行非法登录，窃取内部网重要信息。入侵者通过发送大量 PING 包对内部网重要服务器进行攻击，使得服务器超负荷工作以至拒绝服务甚至系统瘫痪。内部不怀好意的员工通过上传一些破坏程序，也可能危及金融系统内部网络的安全。

入侵者通过发电子邮件或内部员工自己投放病毒软件，感染某主机，进而通过网络传播，影响整个网络的正常运行，并可能破坏网络系统。

▶ 10.5.2 网络安全方法

（1）确保物理安全。网络安全首先要保障网络上信息的物理安全。物理安全是指在物理介质层次上对存贮和传输的信息的安全保护。物理安全是信息安全的最基本保障，是不可缺少和忽视的组成部分。

（2）使用加密技术。可通过适当的密钥加密技术和管理机制，来保证网络的信息通信安全。密钥加密技术的密码体制分为对称密钥体制和公用密钥体制两种。相应的，数据加密的技术分为两类，即对称加密（私人密钥加密）和非对称加密（公开密钥加密）。对称加密以数据加密标准（DES）算法为典型代表，非对称加密通常以公钥加密算法（RSA）算法为代表。

根据电子商务系统的特点，全面地加密保护应该包括对远程通信过程中、网内通信过程中传输的数据实施加密保护。而实际上，并非系统中的所有的数据都需要加密。一般来说，管理级别越高，所拥有的数据保密要求也就越高，而某些用户涉及的数据可能不需要任何级别的加密。

（3）使用数字签名技术。数字签名的加密解密过程和秘密密钥的加密解密过程虽然都使用公开密钥体系，但实现的过程正好相反，使用的密钥对也不同。数字签名使用的是发送方的密钥对，发送方用自己的私有密钥进行加密，接收方用发送方的公开密钥进行解密，这是一个一对多的关系，即任何拥有发送方公开密钥的人都可以验证数字签名的正确性。

（4）数据保密方法。在这种方法中，一个属性的值被划分到互不相交而且互不相容的类中。考虑离散化的特殊条件是将一个属性的值离散化为一个一个的区间，而且所有的区间不需要等长。例如一个属性中的薪水可以被离散化为 10K 的区间或更高的 50K 的区间，即用户提供一个值所位于的区间而不是该属性的真实值。离散化的方法是隐藏个体真实值的常用的方法。增加区间的长度，因而区间的个数减少。所以，离散化方法与均匀分布相比精度要差一些。而正态分布在信水平越高时，保密程度越高，因而优于其他两种方法。

（5）配置防火墙。防火墙是在两个网络通信时执行的一种访问控制尺度，它能允许你“同意”的人和数据进入你的网络，同时将你“不同意”的人和数据拒之门外，阻止网络中的黑客来访问你的网络，防止他们更改、拷贝、毁坏你的重要信息。它可以确定哪些内部服务允许外部访问，哪些外部服务可由内部人员访问，即它能控制网络内外的信息交流，提供接入控制和审查跟踪，是一种访问控制机制。在逻辑上，防火墙是一个分离器，一个限制器，也是一个分析器，有效地监控了内部网和 Internet 之间的任何活动，保证了内部网络的安全。

应用系统的安全涉及很多方面。应用系统是动态的、不断变化的。应用的安全性也是动态的。这就需要我们对不同的应用检测安全漏洞，采取相应的安全措施，降低应用的安全风险。

本章英文缩写对照表

英文缩写词汇	英　　文	中文翻译
DES	Data Encryption Standard	数据加密标准
ROI	Return on Investment	投资报酬率
DEA	Data Envelopment Analysis	数据包括分析
AHP	Analytic Hierarchy Process	层次分析
PCA	Principal Components Analysis	主成分分析
EPS	Earnings Per Share	每股收益
ROI	Return on Investment	投资报酬率
PKI	Public Key Infrastructure	公钥基础设施
TCSEC	Trusted Computer System Evaluation Criteria	可信的计算机系统安全评价标准
ITSEC	Information Technology Security Evaluation Criteria	信息技术安全评价标准
CC	Common Criteria	通用标准
OCTAVE	Operationally Critical Threat, Asset, and Vulnerability Evaluation	可操作的关键威胁、资产和弱点评价方法和流程
RSA	Ron Rivest, AdiShami, Leonard Adleman	公钥加密算法

10.6 小　结

1. **连锁企业信息化评价的内容。**连锁企业信息化评价要设置全面的评价指标，概括起来有 6 个，即信息技术应用的广度和深度、信息资源的开发和利用、信息安全评价、信息化人才开发、信息化的组织、控制和连锁企业信息化的经济效益。

2. **信息系统评价的重要性。**企业信息化是信息技术应用和信息资源开发由局部到全局、由内部到外部、由战术层次到战略层次不断深化的过程，其建设过程应该包括计划、实施、评价和改进 4 个环节。评价对连锁企业信息化建设有战略意义，可以考察信息技术应用给连锁企业经营和管理带来的影响；彻底检查连锁企业信息化的现状，确定建设阶段；发现实施信息化过程中存在的问题，找出差距；根据连锁企业所面临的新环境和新业务，重新定义信息系统，制订新的信息化方案。

- 对信息系统评价有什么重要意义？

3 **信息系统评价的原则与方法。**信息系统的评价是一项复杂的系统工程，要正确、客观地评价需遵循整体性原则、阶段目标原则、静态评价与动态评价相结合原则和定性评价与定量评价相结合原则。

- 信息系统评价的原则与方法是什么？

4 **信息系统综合评价。**信息系统是一个复杂的系统。它追求的目标有多重性。多指标综合评价的理论和方法研究是一个正在发展的领域，有关它在信息系统评价中的应用研究则更有待人们的努力。综合评价的目的是对信息系统做出一个整体性的判断，并用一个总评价值来反映信息系统的一般水平。一般来说包括 3 方面的内容：综合评价指标体系及其评价标准的建立、用定性或定量的方法确定各指标的具体数值和各评价值的综合。

- 什么是信息系统综合评价？

5 **信息系统效益评价。**正确认识信息系统的绩效，了解信息系统对连锁企业目标的贡献程度，更好地利用和改良连锁企业信息系统，是效益评价的核心问题。知名的信息系统效益评价的方法有多种，一种是显性的效益，另一种没有办法直接把它表示出来。

- 什么是信息系统效益？如何评价信息系统的效益？

6 **计量信息系统的效益。**从财务的角度和非财务的角度可以计量信息化给我们带来的效益。可以用定量、定性的测度计算效益。还需要计算连锁企业的 IT 对连锁企业的业务产生的影响。

7 **信息安全风险评估的意义。**信息安全风险评价是衡量系统安全性的重要手段，为信息系统的建设和管理决策提供了重要依据。信息安全风险评价是风险评价理论在信息系统领域的延伸。风险评价理论产生于安全实践，广泛应用于经济、国防、化工等行业，主要目的是保证人类生命和财产的安全。

8 **信息系统安全评估的标准。**信息安全评价标准是信息安全评价的行动指南。美国国防部于 1985 年公布信息安全评价的第一个正式标准。它把计算机系统的安全分为 4 类、7 个级别。国际社会根据具体需要制定了多个相应的标准。由我国公安部主持制定、国家质量技术监督局发布的中华人民共和国国家标准 GB17895-1999《计算机信息系统安全保护等级划分准则》已正式颁布实施。该准则将信息系统安全分为 5 个等级：自主保护级、系统审计保护级、安全标记保护级、结构化保护级和访问验证保护级。

- 信息系统安全评估的意义是什么？简述目前信息系统安全评估的标准。

9 **信息系统安全的新问题。**网络应用给人们带来了无尽的好处，也扩大了安全风险的严重性和复杂性。原来由单个计算机的安全事故引起的损害可能传播到其他系统和主机。瞄准网络系统可能存在的安全漏洞，黑客们所制造的各类新型的风险将会不断产生。由于计算机信息具有共享和易于扩散等特性，很容易被干扰，甚至被泄露、窃取。系统的安全问题可能主要来源于两方面：安全控制机构有故障；系统安全定义有缺陷。

- 网络环境下，信息系统安全遇到了哪些新问题？

企业 IT 能力评价中的三大误区

在企业信息化过程中经常看到，IT 支出与回报相距甚远。面对企业信息化存在的巨大风险，信息系统投资是否应该继续？信息系统价值如何进行评价？企业IT能力评价中容易忽视的问题是什么？笔者在本文中将对企业 IT 能力评价中的问题进行阐述。

1．IT 部门定位模糊

IT 部门定位是整个评价体系建立的基础。IT 部门应是企业的服务中心，它不仅支撑信息系统的正常运营，更应该为整个企业的发展提供服务。这里 IT 部门定位有两层含义：第一层是为其他部门提供支持服务，第二层是创造价值。如果不对 IT 部门在企业中的定位予以明确，那么 IT 部门的相应工作也就无法顺利开展。许多企业常常对评价内容和方法进行详细说明，却没有明确 IT 部门的定位，这是企业 IT 能力评价中常常忽略的问题之一。

2．能力评价内容不明确

一直以来，对于企业 IT 能力进行评价的内容说法不一，那么针对不同的评价内容，采用的方法以及得到的评价结论又不一致，甚至在某种程度上相互冲突。因此笔者认为对于评价内容的明确是企业 IT 能力评价中最容易忽视的问题之二。

企业 IT 能力评价的内容主要应包括 6 个方面：IT 的经济效益、IT 安全评价、IT 人才开发、IT 技术应用的广度和深度、IT 的组织和控制、IT 资源的开发和利用。

3．评价方法选择有偏差

IT 能力评价需要直接、明确的计算方法，才能充分表现评价的结果。IT 投资的科学计算使 IT 投资最后作用于组织的业务成长和财务健康。用于计算 IT 投资回报的方法大约可以分为三类十多种。但是，这些方法往往也使部分企业走进了误区，即认为评价体系的设计越全面、越复杂，就越能客观体现信息系统的价值，这是企业 IT 能力评价中最容易忽视的另一个问题。

很多企业认为 IT 项目的评价对象只是最终应用的系统，一旦评价的结果差强人意，就可能宣告整个项目的失败，甚至推倒重来。

但实际上，系统评价的目的并不只是要证明 IT 项目的成败，更为重要的是明了其中的原因所在。即使 IT 项目失败了，也不等于系统本身的失败，而可能是构建了系统内的体制的失败。这一内化于系统之中的体制，我们通常称为信息体制。信息体制是规范与管理信息业务的一切信息业务工作流程，例如，规定、原则、习惯、制度等简单标准背后的复杂体制没有价值衡量的信息化项目，管理者很难做出决策，更难以树立 IT 投资的良性环境。

对于企业的 IT 项目而言，适合的评价指标很多，但是通常只有 20%的关键性指标起作用。与其将大量人力、财力放到对于所有指标的测评与权重设置上，不如将注意力聚焦于关键指标的评价上。例如可以从信息采集能力、信息工作对决策支持度以及信息采集人员素质等方面建立评价指标。很显然，这些指标评价的对象实际是信息体制，而不是系统本身。决定 IT 项目的成败关键并不在于系统本身，内化于系统的信息体制才决定组织运作效率，是决定决策准确程度的根本因素。

所以，真正需要评价的不是信息系统本身，而是与信息系统配套的信息体制的完善程度。企业首先考虑的是，信息体制与企业现状及未来业务需求的匹配程度。完善了信息体制，在其基础上设计的为其服务的信息系统才能够发挥应有的作用。

4．其他须引起注意的四个方面

在企业 IT 能力评价中还需要注意以下四个方面：第一，IT 评价体系的建立必须得到企业高层领导的认可和全力支持；第二，IT 评价的对象不仅仅是 IT 部门，还需要对企业所有部门的 IT 工作职责进行明确和评价；第三，推行评价体系需要做大量的培训，让所有部门了解该体系的目的、适用程序、方法等；第四，切实做到考核结果与个人收入合理挂钩。

资料来源：http://news.csdn.net/n/20070803/106993.html

参 考 文 献

[1] 黄武，王秉湖，金瑞卿．商业自动化：流通现代化之路[M]．北京：中国商业出版社，1997．

[2] 赵刚．物流信息系统[M]．成都：四川人民出版社，2002．

[3] 王安武．管理信息系统[M]．北京：电子工业出版社，2006．

[4] 宋远方，成栋．管理信息系统[M]．北京：中国人民大学出版社，1999．

[5] 胡玫艳．电子商务概论[M]．广州：华南理工大学出版社，2007．

[6] 杜江萍．电子商务管理[M]．广州：华南理工大学出版社，2006．

[7] 苏同华．连锁企业经营管理[M]．上海：立信会计出版社，1996．

[8] 李大军．连锁企业与计算机管理[M]．北京：清华大学出版社，2002．

[9] 李大军．商业管理信息系统[M]．北京：清华大学出版社，2002．

[10] 吴建国．流通现代化原理与实务[M]．北京：中国物资出版社，2003．

[11] 周贺来．商业管理信息系统[M]．北京：中国水利水电出版社，2006．

[12] 宋文官．连锁企业信息管理[M]．上海：立信会计出版社，2006．

[13] 卢向华．管理信息系统．讲义稿，2004，12．

[14] 薛华成．管理信息系统[M]．北京：清华大学出版社，2002．

[15] 李增晖．连锁企业信息化之路[J/OL]．[2007-12-01]．http://bbs.lenso.cn/htm_data/601/0704/260597.html.

[16] 孔杰．商业连锁公司的信息需求[J/OL]．[2007-12-01]．http://www.siod.cn/siod_article/c3/4468.html

[17] 吴建国．连锁企业信息化进程中的问题与解决建议[J]．信息与电脑，2005（3）：27-28．

[18] 郑红友．浅谈连锁企业中物流信息的应用[J]．商业时代，2007（5）：19．

[19] 王瑞梅．零售业信息化建设策略探讨[J]．商业时代，2007（3）：20-21．

[20] 王如龙．商业连锁企业管理信息系统的研究与设计[J]．计算机系统应用，1999（3）：3-6．

[21] 林泽生．连锁经营企业信息系统的设计与实现[J]．计算机时代，2003（10）：37-38．

[22] 王文莲．药店连锁经营信息系统的开发[J]．商业研究，2002（8）：143-145．